双美兼具

姿质天成

是首都『全国文化中心』

建设中

最为耀眼的一颗明珠

世界文化遗产颐和园
恰好位于
西山永定河文化带
与大运河文化带
的交汇之处

颐和园是首都北京一片融汇园林、宫殿和湖泊的大型风景区，排云殿、佛香阁是园内建筑布局最完整、建筑形式最丰富的中轴建筑群体。以排云殿为中心，由云辉玉宇牌坊通向排云门、排云殿、德辉殿、佛香阁，再至众香界、智慧海两座琉璃贴面牌楼，层层升高，排列有序，气势巍峨，金碧辉煌，将园林、寺庙和宫殿融为一体。

靜中觀造化

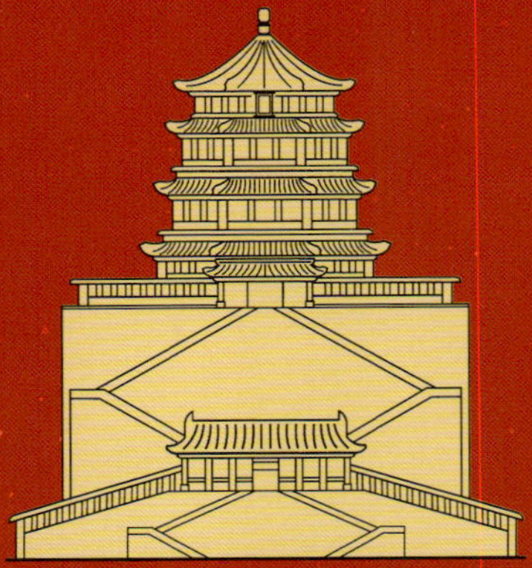

明珠耀『两河』

西山永定河与大运河文化带中的颐和园

北京市颐和园管理处
国家图书馆
中国科学院文献情报中心
北京市海淀区档案馆
编著

国家图书馆出版社

编纂委员会

主　　任：　李国定

副 主 任：　陈红彦　杨军昌　杨　静　王　馨
　　　　　　秦　雷　周子牛　吕高强

主　　编：　秦　雷

副 主 编：　赵晓燕　白鸿叶　徐慧芳

执行主编：　张鹏飞　陈　忱

撰稿人员（以姓氏笔画为序）：

　　　　　　张　超　张鹏飞　陈　忱　周尚云
　　　　　　隗丽佳　莫小霞　翟小菊　樊志斌

永定波平 代代相承

西山畅情 无双昆明

灌田储水 桥闸纵横

就水成景 勒石记铭

皇家航线 一脉连通

前言

大运河文化带、西山永定河文化带建设是北京“全国文化中心”建设的核心内容之一。而世界文化遗产颐和园，恰好位于西山永定河文化带与大运河文化带的交汇之处，双美兼具，姿质天成，是首都两个文化带建设中最为耀眼的一颗明珠。

历史上，经过历代人民的建设开发与智慧创造，京西地区形成了上接香山静宜园、颐和园等“三山五园”，下至长河沿线行宫、庙宇、桥闸等，以皇家园林为核心，以农业、交通水利设施为功用，集园林景观、农业生产、水利交通等为一体的自然与人文和谐的社会图景，代表了中国封建社会帝都近郊城乡规划建设的最高范式，为我们留下了一大笔极其丰厚并仍在发挥着巨大文化、经济、生态效益的文化遗产。今天，重视、保护、传承和建设好这一遗产，必然是北京“全国文化中心”建设的题中应有之义。

目录

第三章

灌田储水　桥闸纵横

第四章

就水成景　勒石记铭

第五章

皇家航线　一脉连通

北京
2011.10.24.20
颐和园

第一章

永定波平 代代相承

永定河

永定河古代又称灅水、桑干河、卢沟河、浑河、小黄河、无定河，清朝康熙皇帝正式定名“永定”。永定河是北京的母亲河，永定河古渡口是北京城市形成的重要条件之一。由于特定的气候条件，夏季永定河水泛滥，灾害时有发生，威胁到北京城乡地区的安全。自辽代以后至民国时期，历代定都北京的统治者都非常重视永定河的治理，通过各种手段维护河堤稳固，保护沿线民众安全。

历史上的永定河在北京平原上不断摆动，迁徙无常。距今大约10000—5000年前，永定河从石景山出山后向东北方流动，经西黄村、西苑进入清河谷地，这条永定河故道被称为“古清河”。颐和园的昆明湖就是在这条永定河故道及其冲积扇上形成的湖泊。永定河故道上的泉水溢出带是海淀地区进行大规模皇家园林建设的前提条件。可以说，没有永定河，就没有辉煌灿烂的皇家园林。

2016年北京市在全国文化中心建设中提出进行西山永定河文化带建设，颐和园正处于西山永定河文化带之中。在此背景下，2017年颐和园征集到一批清代民国的永定河文书，内容涉及永定河治理的方方面面。由于颐和园与永定河的历史渊源，这些文书入藏颐和园适得其所，成为颐和园重要的文书藏品，是展示永定河文化的重要实物。

一、颐和园与永定河的关系

永定河离开古清河区域后，留下的故道十分宽广，河床砂砾层很厚，同时接纳西山山水的补充，古清河故道中的泉水十分丰沛，形成分布广泛的水面。

现在的昆明湖是清代乾隆皇帝拓展而成的地上湖。在乾隆之前，瓮山区域有两处水面，分别是玉泉诸水汇聚而成的西湖和平地涌泉形成的黑龙潭。黑龙潭的泉水就是在永定河故道泉水溢出带上形成的湖泊。《帝京景物略》中记载："堤行八九里，龙王庙。庙之旁，黑龙潭。隔湖一堤而各为水。"说的就是西湖和黑龙潭隔西堤相对。

永定河给这一地区带来了丰沛的水源，也因此西湖区域自明代以来才能够成为京郊知名的游览胜地。

二、颐和园藏永定河文书概况

清代永定河的治理较之前代尤其规范。总督兼管河务，永定河道主管永定河一应大小事务。永定河道下属有厅、汛，分工负责所管地段。颐和园收藏的永定河文书基本上都是这些官员之间往来的文书，涉及河工治理的方方面面，如官员选任、饷银发放、河兵部署、种植堤柳等等。下面我们按文书类型一一介绍：

（一）地图

地图在河工治理中有重要作用，它可以体现水势走向、汛段划分、堤防情况，是指挥决策官员的重要辅助工具。清代的几部《永定河志》中都绘制有舆图，可见其重要性。

颐和园藏永定河文书中有一幅《永定河河道图》，该图绘制于清光绪六年（1880）。地图反映永定河永清县、东安县（廊坊安次区）、武清县段的堤防情况，涉及南五汛、南六汛、南七汛三个防汛工段，体现划段管理及

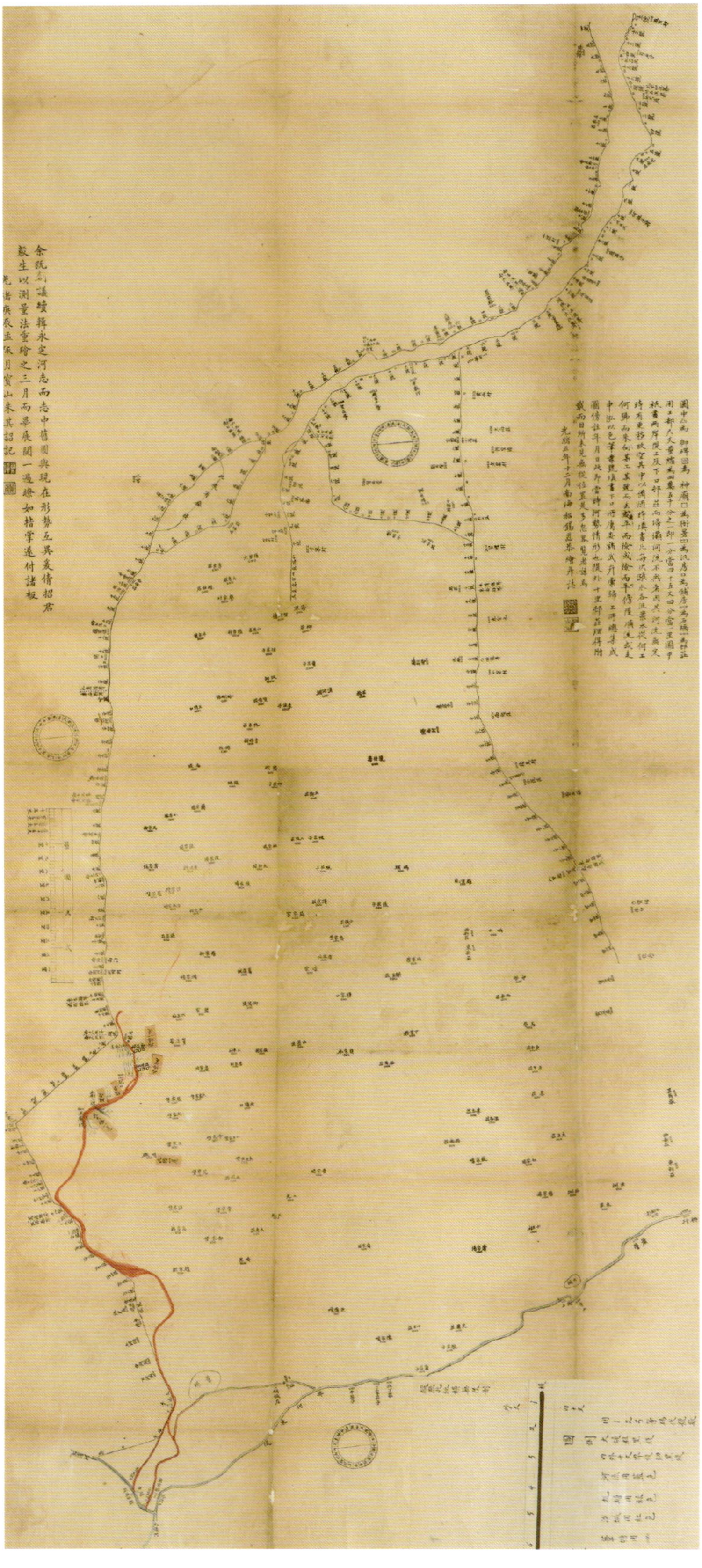
余既創議續輯永定河志而志中舊圖與現在形勢互異爰倩招君
毅生以測量法重繪之三月而畢展閱一過瞭如指掌遂付諸

永定河图

网格化的治河理念。委托绘图的是当时的永定河道朱其诏。朱其诏在图上写道："余既创议续辑《永定河志》，而志中旧图与现在形势互异。爰倩招君毅生以测量法重绘之，三月而毕。展阅一过，了如执掌，遂付诸板。光绪庚辰孟陬月宝山朱其诏记。"朱其诏记述了绘图的缘起，特别强调了这幅地图是用测量法绘制的。根据地图及绘制者招锡恩的题记可知这幅图有明确的图例和比例尺，御碑、神庙、衙署、汛房、铺房、石桥、村庄都有相应的符号。招锡恩在题记中写道："用工部尺丈量缩为四万五千分之一，即一分当四十五丈，四分当一里。图中只画两岸堤工及下口村庄，而埽坝河流不与者，因其河流无定，时有更移，故空其中以备随时填画。凡每次涨水，各汛案水从何工何号而来，向某工某号而去。或平而险，或险而平，傍堤顺流，或走中泓，以色笔案号填画。下口所属委诸武弁，汇归工所总集成。图旁注年月日，此即当时河势情形也。堤外十里村庄，理得附载，而目所未见，无从位置，是多忽略，览者谅焉。光绪五年十二月南海招锡恩恭绘并志。"招锡恩着重介绍这幅图的使用价值，可以勾画出河水的走向，也就是能够在防御洪水上起到作用。

这幅地图与传统的舆图绘制方法不同，体现出一定的近代特征，具备了完备的比例尺和图例，对于治河防汛的指导意义更大。

（二）咨、呈、详、禀、牌、札等上行、下行、平行文书

永定河在冲出西山后，在平原地区摆动无常，对北京城及流经区域造成很大危害。历代朝廷对于永定河的治理都相当关注。金代曾经下诏征发中都附近三百里内民夫堵塞永定河决口。元代也曾经多次修筑永定河河堤。明代延续元代治理永定河的策略，多次加固永定河堤岸，其中英宗正统元年（1436）修堤，"累石重口，培植加厚"，被赐名为"固安堤"，并专派二十户人家守护。清代之前，永定河治理虽然一直在进行，但朝廷并没有设立专门的机构。清康熙三十七年（1698），清廷设置永定河南岸分司、北岸分司，在固安县城设置衙署，专门管理永定河河务，雍正元年（1723）裁撤南岸分司，以北岸分司兼管南岸分司事务。雍正四年，清廷设立永定河道，专门管理永定河河务。民国时期永定河道改为永定河河务局。永定

河道管辖石景山厅、永定河北岸厅、永定河南岸厅和三角淀厅四处衙门。

永定河南北两岸的河堤按照一定长度和顺序划分为若干个防汛工段。乾隆二十九年（1764）按照本工里数编号，如南岸头工、南岸二工，北岸头工、北岸二工等。有时一工可以分为上下两汛。各工由沿岸驻地官员管理。南岸头工上汛由霸州州同经管，南岸头工下汛由宛平县县丞经管，南岸二工由良乡县县丞经管。

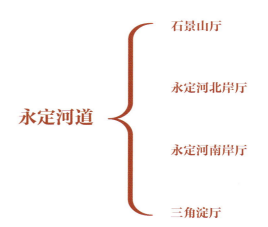

- 永定河道
  - 石景山厅
  - 永定河北岸厅
  - 永定河南岸厅
  - 三角淀厅

表 1-1 工段及经管官员表

防汛工段	经管官员	所管堤长及号数
南岸头工上汛	霸州州同	17 里，17 号
南岸头工下汛	宛平县县丞	11.3 里，11 号
南岸二工	良乡县县丞	22.7 里，22 号
南岸三工	涿州州判	20.7 里，20 号
南岸四工	固安县县丞	27.7 里，28 号
南岸五工	永清县县丞	24.6 里，25 号
南岸六工	霸州州判	30 里，30 号
北岸头工上汛	武清县县丞	15 里，15 号
北岸头工中汛	武清县县丞	16 里，16 号
北岸头工下汛	武清县县丞	16.2 里，16 号
北岸二工	良乡县县丞	23.4 里，23 号
北岸三工	涿州州判	18.3 里，18 号
北岸四工	固安县县丞	24.9 里，25 号
北岸五工	永定县县丞	21.4 里，21 号
北岸六工	霸州州判	18 里，18 号

厂船图

除了文职官员外，永定河道还统辖武职。乾隆四年设立河营守备一员。据李逢亨《永定河志》中记载永定河道所辖河营员弁有："河营都司一员，南岸守备一员，协备一员，南、北岸千总各一员，南、北岸把总各一员，凤河东堤把总一员，石景山经制外委一员，淀河经制外委二员，随辕经制外委九员，额外外委十五员。"这些河营员弁的职责是率领河兵防守大堤。

清代有严格的官文书制度，用于各级各类官署之间的公务往来。上行、平行、下行文书的使用有明确的规定。呈、详、禀等为上行文书；移、咨为平行文书；牌、札等为下行文书，为上级官员向下级官员发送的。这些公文种类在颐和园藏永定河文书中都存在。颐和园藏永定河文书中涉及的管河官员有直隶总督（兼管河道）、直隶布政使、永定河道、石景山同知、北岸同知、南岸同知、南三工、南五工、南六工、南七工等等。

呈、详、禀等为下级官员向上级官员报送的文书。颐和园收藏有一件民国八年（1919）十月十六日北遥堤兼拦水埝武汛官徐鼎呈送给北岸河防理事厅厅长的《呈为遵令造送北遥堤各号内外十丈地亩数目能种与不能种数目分别填表绘图呈请钧宪核转事》文书。文书中提到：“将该汛各号内外十丈地亩共若干，能种与不能种者各若干，或系靠河，或系坑塘，承租者姓名、亩数，是否兵籍，按号查明，填表绘图具覆以凭核转。”按照这样的要求，徐鼎“即实地查勘分别能种与不能种，绘图填表各一纸”，呈送给北岸河防理事厅厅长。

颐和园收藏的永定河文书中有一份直隶布政使致永定河道的咨文，是咸丰十一年（1861）八月二十六日直隶布政使为转东河河道总督奉上谕委员查勘东省各河渠有无淤塞情形致直隶总督咨文致永定河道的文书。咸丰十一年五月十七日东河河道总督向直隶总督发出咨文，按照皇帝上谕要求查勘咸丰十年霜降后河渠有无淤塞情况。直隶总督接到咨文后，向直隶布政使下达牌文，要求遵照执行，为此直隶布政使向永定河道发出咨文，通知永定河道遵照执行。直隶布政使与永定河道不相统属，故用咨文的形式。文书首尾为保定府满汉双文印，为保定府代直隶布政使用印。

颐和园收藏的永定河文书中有多张宪牌，为下行文书，多关于人事任免。牌是下行文书的名称，即牌文，宪

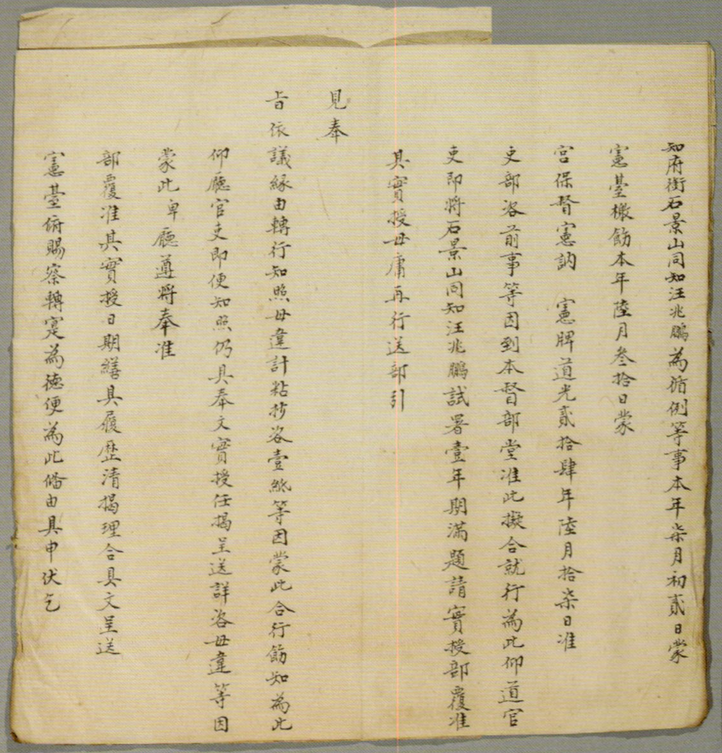
知府銜石景山同知汪兆鵬為循例等事本年柒月初貳日蒙
憲臺檄飭本年陸月叁拾日蒙
宫保督憲詢　憲牌道光貳拾肆年陸月拾柒日准
吏部咨前事等因到本督部堂准此擬合就行為此仰道官
吏即將石景山同知汪兆鵬試署壹年期滿題請實授部覆准
具實授毋庸再行送部引
見奉
旨依議缘由轉行知照毋違計粘抄咨壹紙等因蒙此合行飭知為此
仰廳官吏即便知照仍具奉文實授任據呈送詳咨毋違等因
蒙此卑廳遵將奉准
部覆准具實授日期繕具履歷清摺理合具文呈送
憲臺俯賜察轉寔為德便為此備由具申伏乞

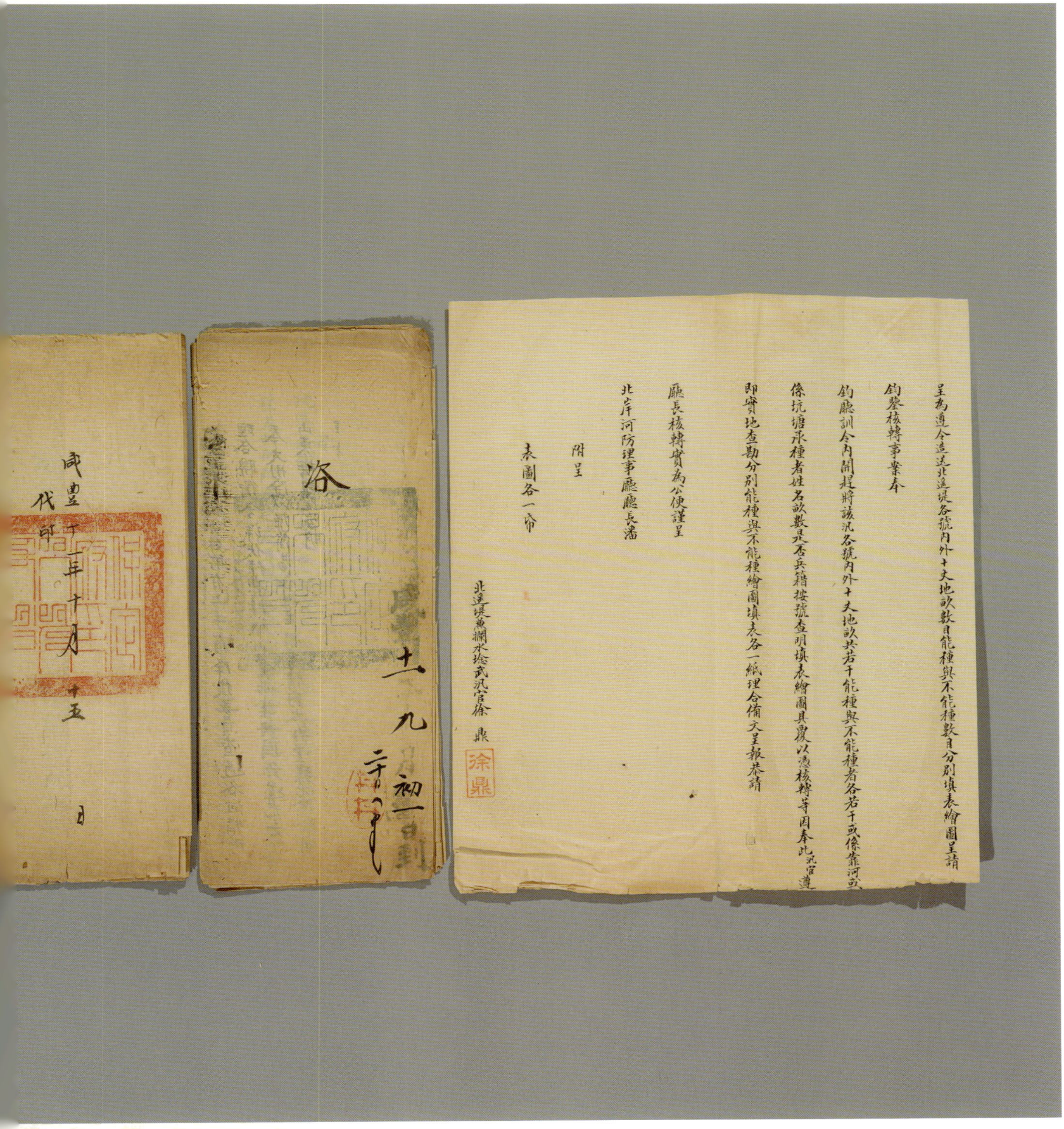

徐鼎呈文、咸丰十一年咨文及汪兆鹏文书

是对上级官员的尊称。宪牌的作用相当现今的告示牌。乾隆五十二年六月《直隶总督刘峨为拣选永定河南岸同知事宪牌》和嘉庆二十一年（1816）八月《直隶总督方受畴为史连登勒休事牌》两件宪牌都是关于官员选任的。刘峨的宪牌中称：“案查永定河南岸同知王湘若病故，遗缺例应拣员详题，合行饬遵，为此牌，仰该道官吏照牌事，理文到立即拣选合例人员，会同藩司呈请察核题署。毋违。速速。须牌。右牌仰永定河道，准此。”因为永定河南岸同知病故出缺，刘峨要求永定河道尽快提出合适的人选。这件文书中刘峨的结衔是“兵部尚书兼都察院右都御史总督直隶等处地方军务紫荆密云等关隘兼理粮饷河道管巡抚事”，这是当时直隶总督的全部头衔。

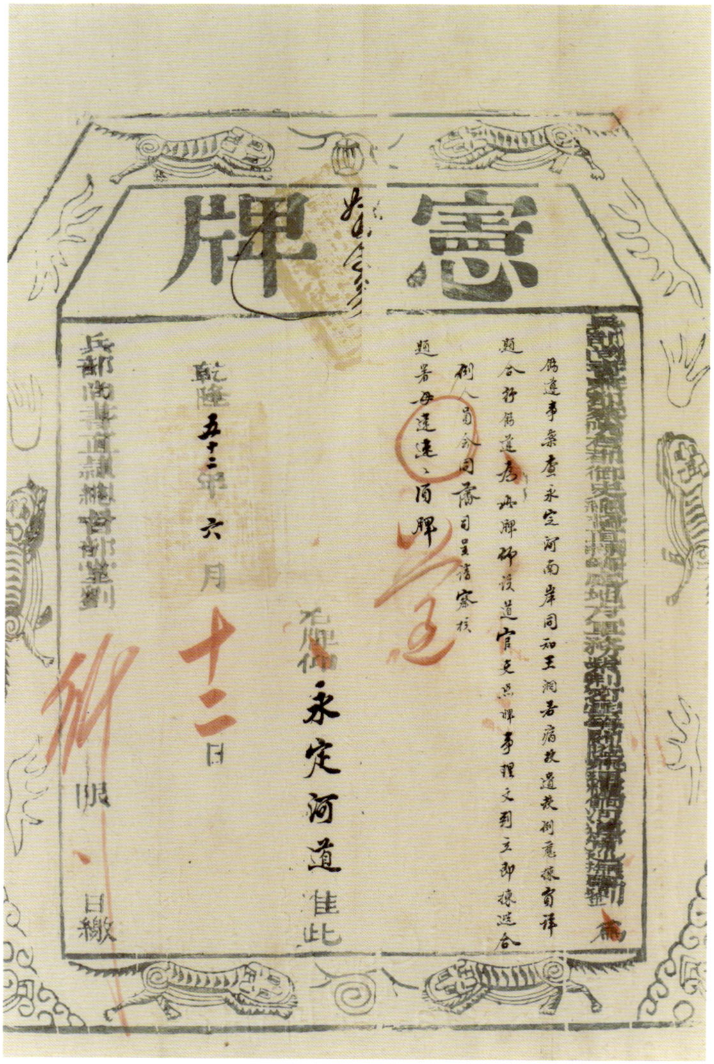

直隶总督刘峨宪牌

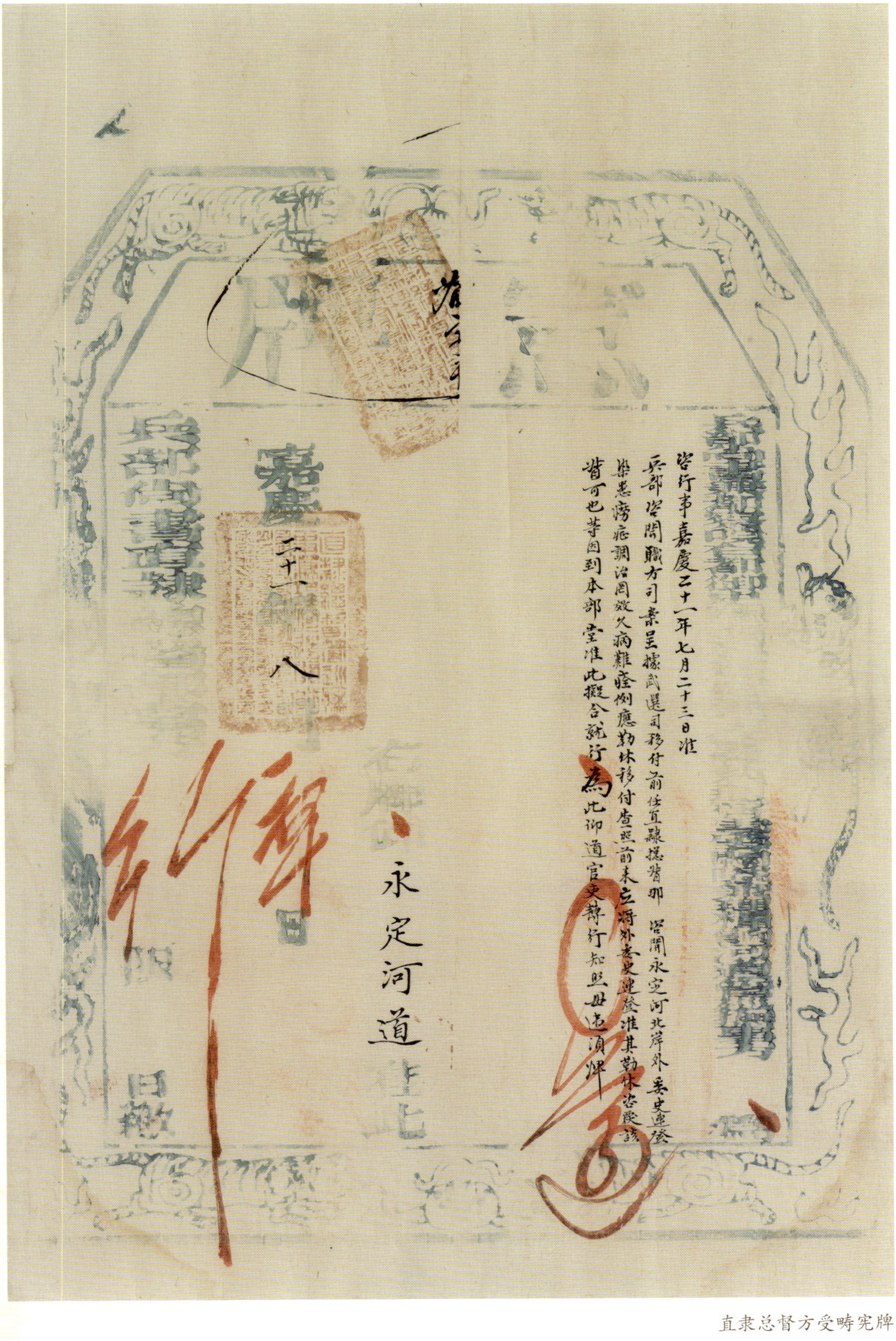

咨行事嘉慶二十一年七月二十三日准
兵部咨開職方司案呈據武選司移付前任直隸總督那 咨開永定河北岸外委史連登
染患癆病調治罔效久病難痊例應勒休移付查照前來應將外委史連登准其勒休咨覆該
督可也等因到本部堂准此擬合就行為此仰道官吏轉行知照毋違須牌
永定河道
嘉慶二十一 八

直隶总督方受畴宪牌

（三）清册类文书

清册类文书主要涉及种柳固堤、发放饷银、堤内外田亩地租、衙署修理、堤岸丈量等事项。

种柳是清代以来永定河治理制度的要求，按规定每名护堤的士兵要在附堤内外十丈栽植柳树一百株，以巩固堤防。这一制度一直持续到民国时期。当时所种的柳树为旱柳，由于根系发达，能够深入到地下 1 米，并且较为密集，能够起到很好的固堤作用。颐和园藏永定河文书中有数份关于种柳的清册文书。其中一份是洪宪元年（1916）三月三十日调署南七工县佐庄荣向永定河南岸理事厅呈送的《详报采买栽种柳树并查验事》，其中

庄荣《详报采买栽种柳树并查验事》与宋安澜《详为详报柳秧栽竣事》

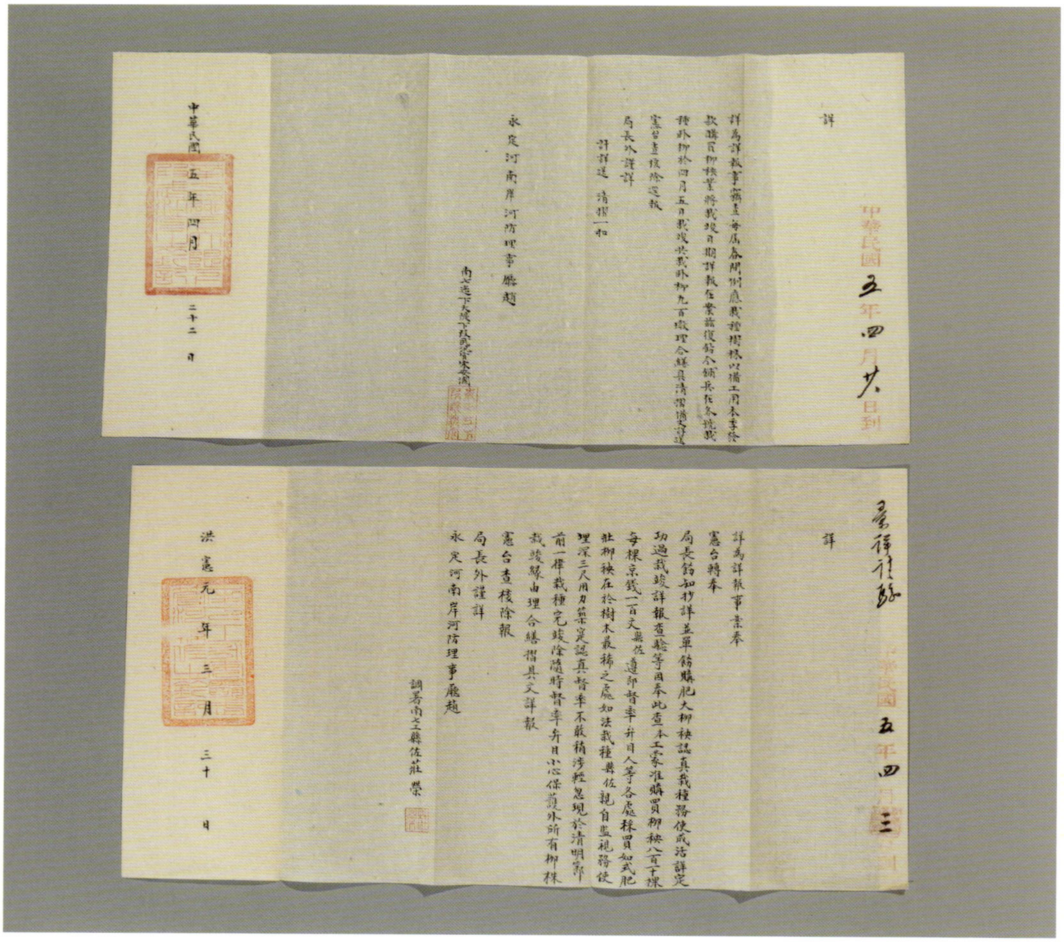

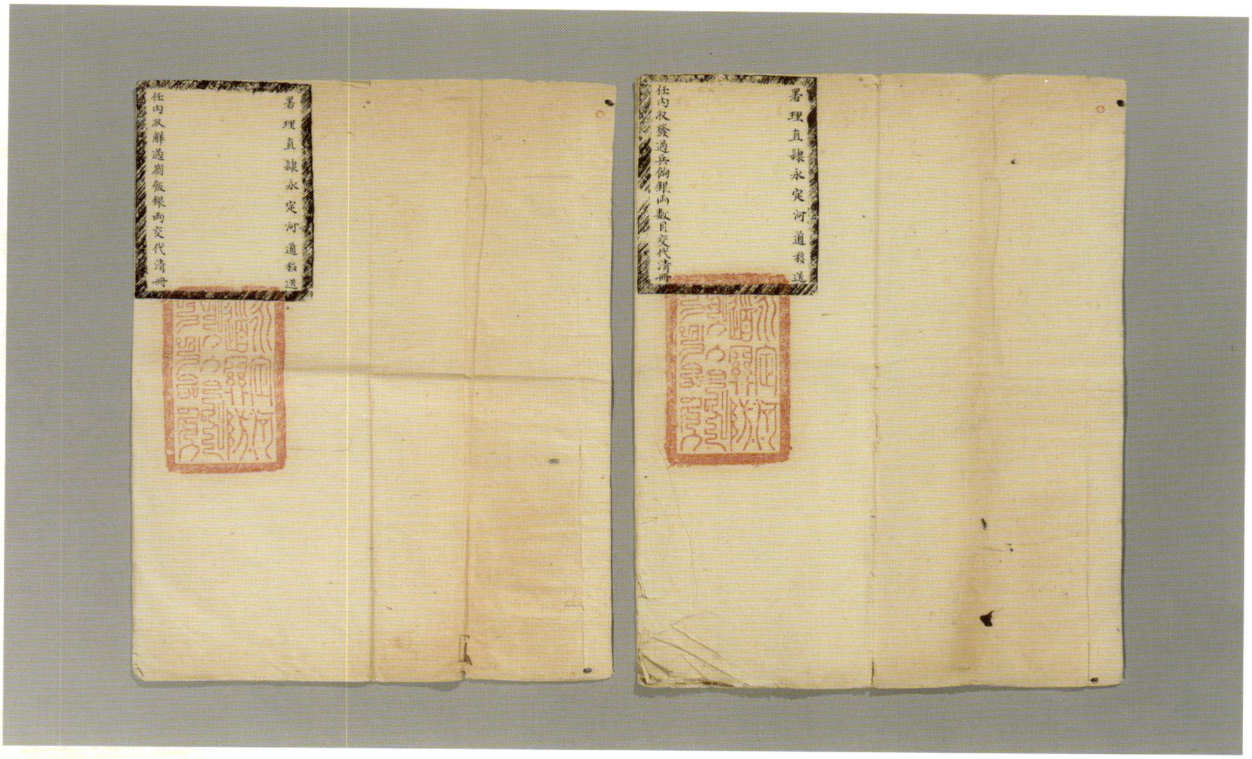

《署理直隶永定河道移送任内收发过兵饷银两数目交代清册》与《署理直隶永定河道移送任内收解过札饭银两交代清册》

提到:“案奉宪台转奉局长饬知抄详并单饬购肥大柳秧，认真栽种务使成活，详定功过，栽竣详报查验等因。奉此，查本工蒙准购买柳秧八百一十课，每课京钱一百文，县佐遵即督率弁目人等各处采买如式肥壮柳秧在于树木最稀之处如法栽种。县佐亲自监视，务使埋深三尺，用力筑实，认真督率，不敢稍涉轻忽。现于清明节前一律栽种完竣。除随时督率弁目小心保护外，所有柳株载竣缘由，理合缮折具文详报宪台查核。除报局长外，谨详永定河南岸河防理事厅赵。”这件文书后附清折，记载南七工所属各号栽种柳秧的数目。

清代永定河兵发放饷银，需要提前向上级衙门申请拨付，颐和园藏永定河文书中就有一件《署理直隶永定河道移送任内收发过兵饷银两数目交代清册》，这是嘉庆八年三月永定河道卸任时移交的他任内收取、发放兵饷银两情况的说明。此外颐和园还收藏一件《署理直隶永定河道移送任内收解过札饭银两交代清册》，是关于札饭银这种正薪之外的补贴的收解情况。

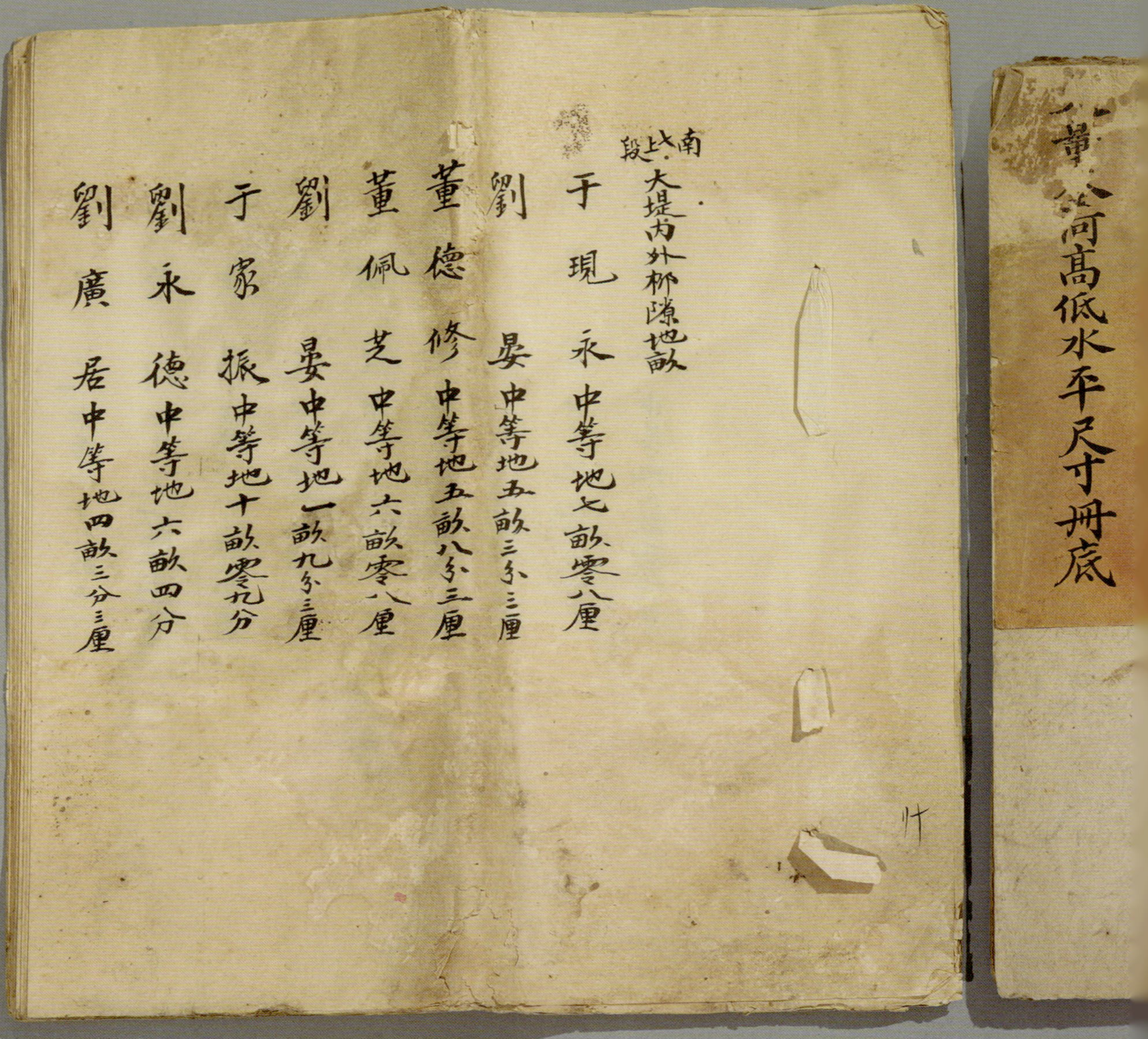
南七上段大堤内外柳隙地畝
于現永 中等地七畝零八厘
劉晏 中等地五畝三分三厘
董德修 中等地五畝八分三厘
董佩芝 中等地六畝零八厘
劉晏 中等地一畝九分三厘
于家振 中等地十畝零九分
劉永德 中等地六畝四分
劉廣居 中等地四畝三分三厘
河高低水平尺寸册底

《南七上段大堤内外柳隙地亩》《丈量全河高低水平尺寸册底》
与《南四汛修理衙署估册》

同治十年
南四汛修理衙署估册

永定河堤内外河滩会种植柳树，柳树间隙的土地由地方官招佃征租，每亩征收一定数额的租金，这些租金交由永定河道，用于堤工加修之用。颐和园藏文书中有一件《南七上段大堤内外柳隙地亩》，其中记载了各承租佃户的姓名、地亩等级和数量，这是地方官员收取地租的依据。

颐和园藏文书中有一件《南四汛修理衙署估册》，是关于南四工拆移衙署做法、工料、银钱数目的清册，详细开列了各项做法所需用的用料数目以及价钱情况。

同治十年（1871）的《丈量全河高低水平尺寸册底》记录的是永定河两岸河堤的相对高低尺寸。比如文书中提到：“自卢沟桥下桥空起至龙王庙止一段，西高于东二尺一寸，芦沟司头号起至四号工尾止一段，西高于东

《署永定河北岸同知造送卑职暨所属北岸贰工汛员王凝才伍工汛员汪世兰办差衔名事由清册》与《永定河石景山同知造送乾隆四十二年办差应行加级衔名册》

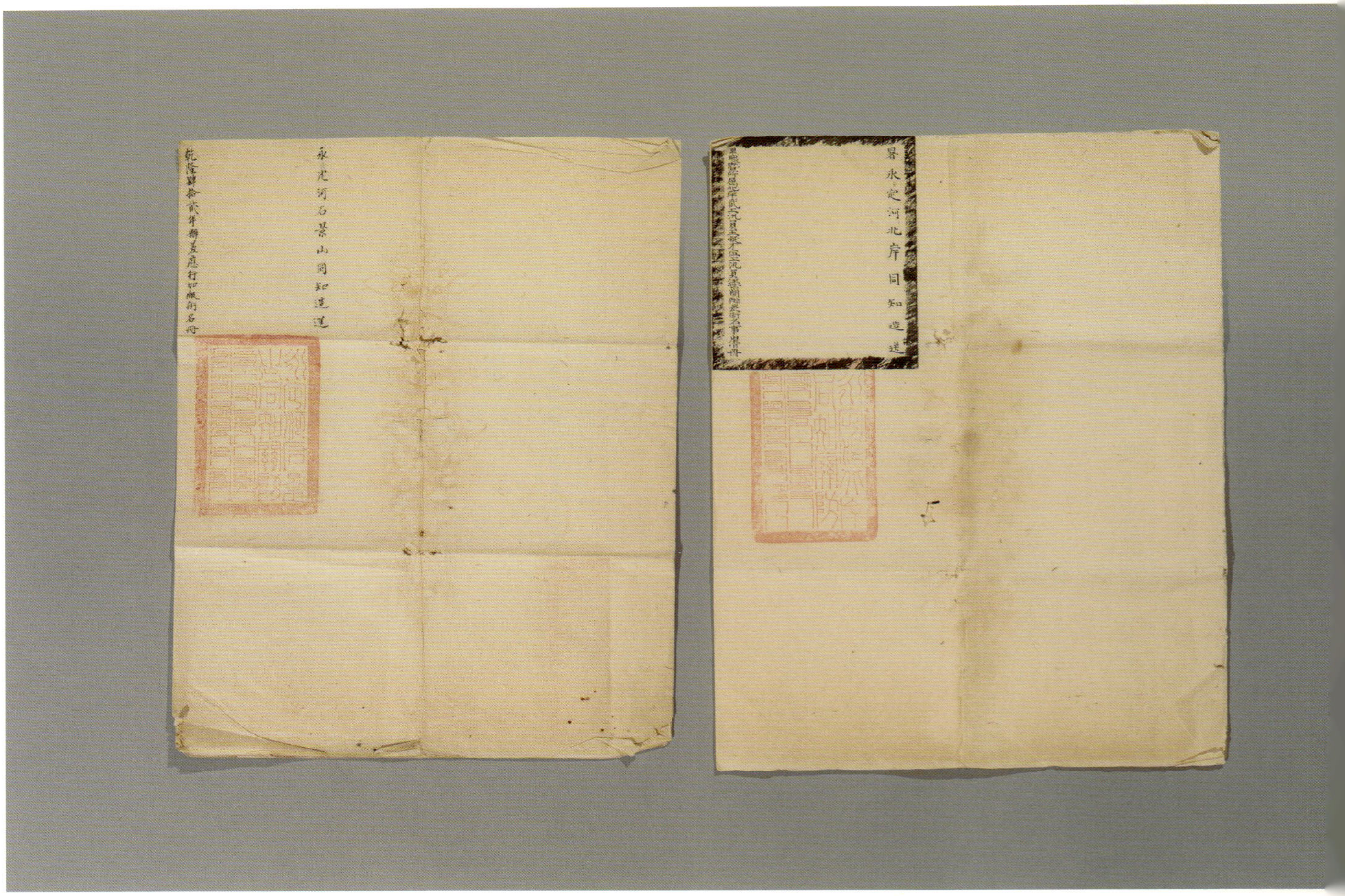

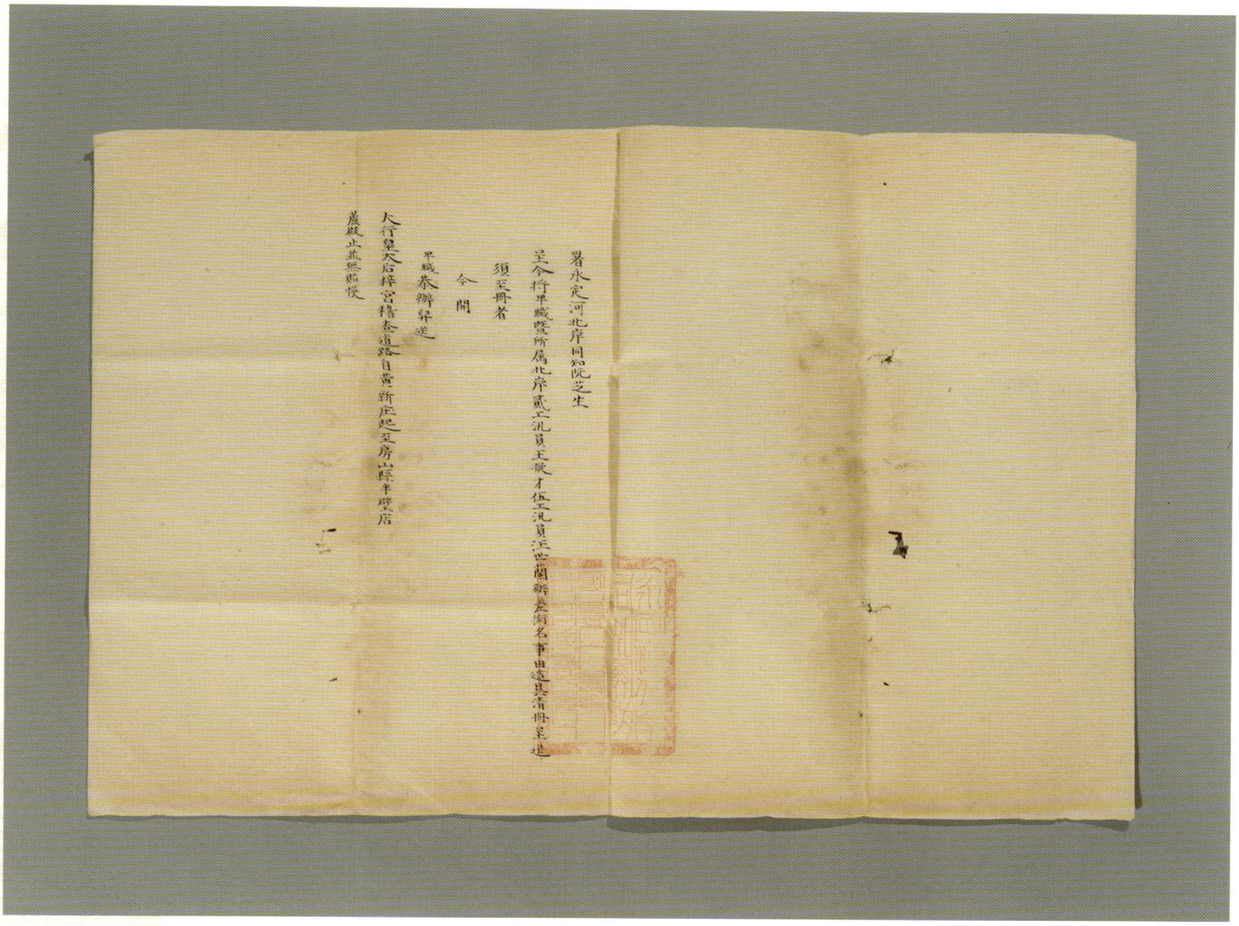
署永定河北岸同知阮芝生
呈今將卑職暨所屬北岸貳工汛員王凝才伍工汛員汪世蘭辦差銜名事由造具清册呈送
須至册者
今開
卑職恭辦昇送
大行皇太后梓宫稽奉道路自黄新庄起至房山縣半壁店
蘆殿止並無貽悮

《署永定河北岸同知造送卑职暨所属北岸贰工汛员王凝才伍工汛员汪世兰办差衔名事由清册》内页

一尺三寸，二段西高于东一尺四寸。”这些高低测量数据对于判断水势走向极为关键，对于堤防工作十分重要。

颐和园收藏的永定河文书中有一件《署永定河北岸同知造送卑职暨所属北岸贰工汛员王凝才伍工汛员汪世兰办差衔名事由清册》，讲述的是北岸同知阮芝生及属员王凝才、汪世兰在移送皇太后梓宫过程中承担了相关工作，按照当时的惯例，将三人的职衔姓名呈报上司。

三、颐和园藏永定河文书的价值

（一）对于了解清代、民国时期永定河的治理具有重要的史料价值

颐和园藏永定河文书使我们了解永定河河务的运作模式。由于历史的变迁，现存的永定河文书不像现在的档案管理一样完整规范，都是一鳞半爪的零散资料。颐和园藏永定河资料恰好可以弥补相关史料的不足，并与之相参证，使历史上发生的事件更为清晰。在这个层面上看，这些文书的价值是独特的，不可代替的。光绪十年五月二十六日《许钤身、游智开关于停止交土的告示》就是其中具有代表性的一件文书。其内容如下：

委查河工交土章程：二品顶戴总理北洋水师营务处尽先题奏道许、总理直隶永定河道游晓谕事，案奉钦差大臣阁爵署督部堂李札开，光绪十年四月二十二日奉上谕，永定河一带被水灾民异常困苦，所有河工令民交土章程着即行停止，钦此，等因。蒙此，除详细查明该汛弁等，如非禀明折价，设有勒折肥己情事，详请参办外，合行出示晓谕尔村乡人等知悉。所有出夫上工交土及折价雇夫代办土方各事自应钦遵永远停止。自示之后，倘有本工弁兵或不法匪徒仍借交土名目私向各村民需索骚扰，尔村民即扭赴行辕喊告，本道等定将需索骚扰之人从重究办不贷，切切，特示。右仰知悉。光绪十年五月廿六日。告示。实贴。

同年七月初六日李鸿章上《遵停永定交土章程折》，其中写道："又派候补道许钤身前往周历通工，认真详细确查。凡系私自勒折浮索员弁，即会同游智开指名禀请参办；其村民交土虽系向章，渐多流弊，应即遵旨停止。饬先出示晓谕，旋据该道等查明拟议禀复前来。臣查永定河额设防险民夫一千六百五十名，系沿河宛平、良乡、涿州、固安、霸州、永清、东安、武清等州县近堤十里村庄派拨，协同积土防险，原所以各保身家，载在《河工则例》，仍分别拨给养夫田亩，优免杂差，以资捍注。此项民夫向于夏至

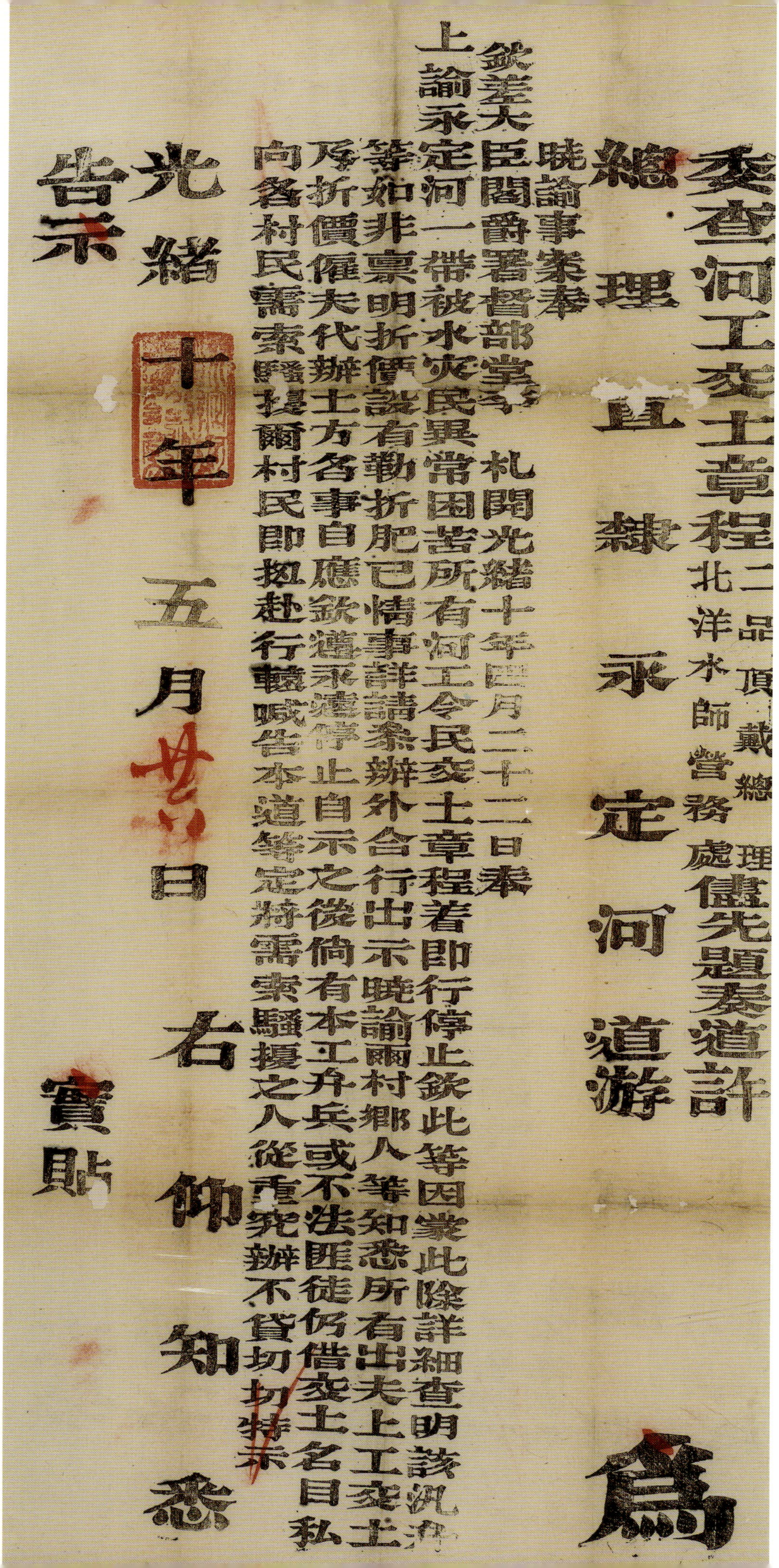
委查河工交土章程二品頂戴總理北洋水師營務處儘先題奏道許
總理直隸永定河道游　爲
曉諭事案奉
欽差大臣閻爵署督部堂李　札開光緒十年四月二十二日奉
上諭永定河一帶被水災民異常困苦所有河工令民交土章程着即行停止欽此等因蒙此除詳細查明該汛汛
等如非稟明折價設有勒折肥己情事詳請參辦外合行出示曉諭爾村鄉人等知悉所有出夫上工交土
照折價僱夫代辦土方各事自應欽遵永遠停止自示之後倘有本工弁兵或不法匪徒仍借交土名目私
向各村民需索騷擾爾村民即扭赴行轅喊告本道等定將需索騷擾之人從重究辦不貸切切特示
右仰知悉
光緒十年五月廿六日
告示
實貼

《委查河工交土章程》

上堤，秋分下堤，计时须九十日之久。”李鸿章的奏折中提到按清代的规定在永定河沿岸州县近堤十里内村庄中的拨派民夫，要向河堤上交土方。这实际上是一种劳役，在当时的《河工则例》中有规定，交土民夫在田亩及杂差方面有一定的优惠。因为光绪十年永定河发生水灾，皇帝命令免除交土的劳役。所以才有许钤身、游智开的告示。从李鸿章的奏折中我们可以看到停止交土事件的来龙去脉。许钤身、游智开发布的告示是这一事件中重要的一环。这一告示使我们知道交土这一永定河治理中的重要措施，也了解到这一措施在实行过程中的流弊，以及当时朝廷对于弊端的纠正，这就是告示的珍贵价值所在。

永定河防汛是河务官员的重要工作，有关情况河务官员都需要向上级官员汇报。民国四年（1915）六月二十八日的《协防南六工大汛委员程鉴为详报住工日期事》中提到程鉴被委派到南六工协防伏秋大汛，会同该汛员认真防范。上级要求程鉴将住工日期详报查核。程鉴在六月二十七日到任后，住宿在十四号汛房，并将住工日期以详文的形式报永定河南岸河防理事厅。

（二）有助于了解清代、民国的政治运作

文书中有众多涉及上行、平行、下行的文书，可以使我们了解当时公文的一般格式，以及其体现的政治运作模式。下级官员有关工作的诸多事项都需要向上级衙门汇报，上级衙门根据权限会再向上级汇报，或直接进行批复处理。

嘉庆二十一年，永定河道叶观潮向直隶总督发出《禀抽拨各汛河兵分归北四北七两工力作由》，三月初一日直隶总督那彦成批复：“仰即照章抽拨，以资防守，其廿四号及八号两处应否添下新埽，该道履勘确实，具禀酌办。缴，折存。”三月初二日，叶观潮收到批复后马上向北岸厅都司下札：“札北岸厅都司知悉：本月初二日蒙宫保爵督部堂那批本道具禀，该厅北岸厅禀请北四北七两工险工林立，兵力不敷修守，拟于两岸上下各汛酌拨河兵四十二名，分派北四工十名，北七工三十二名，以资防守缘由，蒙此云云，等因。蒙此合亟抄单札饬。札到该厅员即便

叶观潮禀文首页

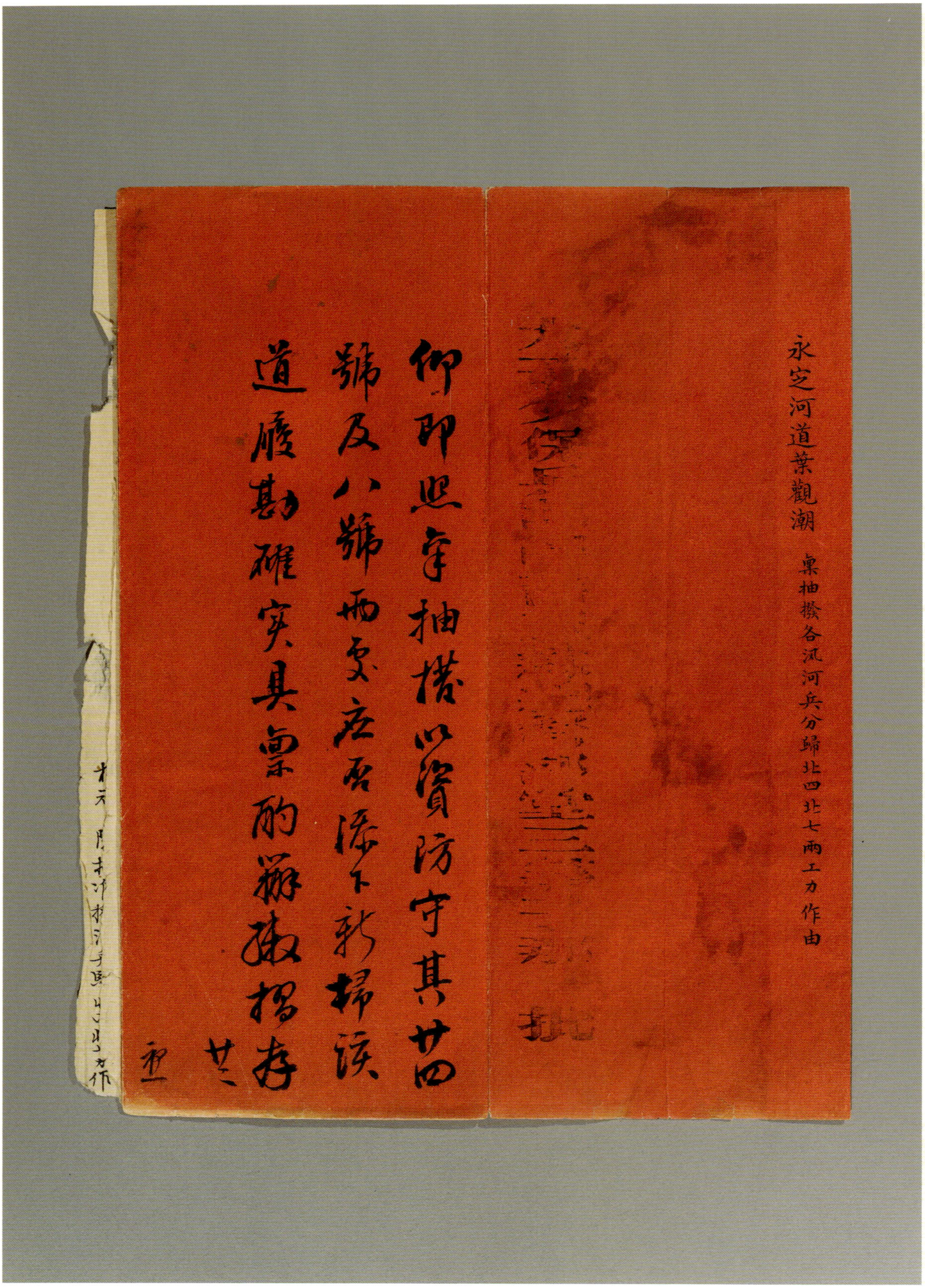

叶观潮禀文内页

转行各该汛遵照办理，即遵照单开数目拨归各该汛入伍，一面将拨去河兵姓名造具花名清册四番刻日程送，以见详咨，毋违。”这两件文书很好的体现了清代关于永定河河务的运作模式。先是由永定河道叶观潮向上级直隶总督发送抽拨河兵的禀文，之前河营官员应该向他发送了抽拨河兵的公文，可能因故没有留存下来。直隶总督那彦成接到公文后批复同意，叶观潮接到批复后向北岸厅都司下达札文，进行部署。到这里整个运作过程还没有完结，按照札文，北岸厅都司还需将抽拨河兵的花名清册报送永定河道。

颐和园藏永定河文书中有一件《永定河石景山同知汪兆鹏呈送履历揭由》和李载苏、王茂壎两位官员的履历清揭。按照清代官制，新官就任，须向吏部报送“履历清揭”，又称“清折”，在折纸上开列官员的年龄、籍贯、出身、历任官职与时间等经过的履历，相当于现在的简历。职级较低的官员需由上司层层转递。李载苏的职务是署石景山同知，他首先向永定

《王茂壎履历清揭》及相关文书

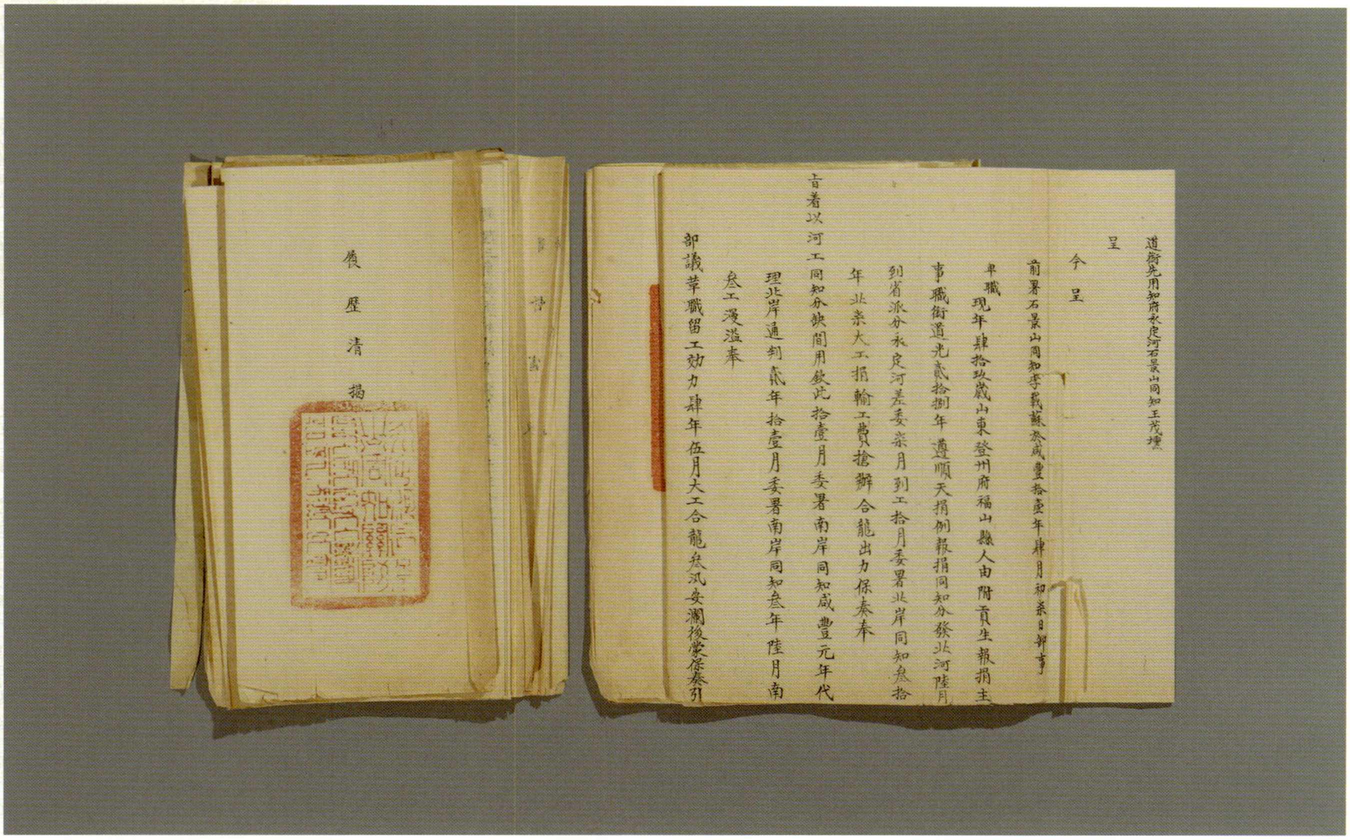

河道发出了《运同衔署石景山同知呈报到任日期由》的公文，并附履历清揭，永定河道再以《护理直隶永定河道详送署石景山同知李载苏到任职揭由》的公文将他的履历清揭呈送给直隶总督，之后再由直隶总督送达吏部。

在《履历清揭》中李载苏写道：“卑职现年六十一岁，浙江绍兴府山阴县籍，由监生遵筹饷事例，报捐县丞，分发湖北试用。道光十六年到省，历署汉阳县县丞、襄阳县县丞，代理黄安县知县事……咸丰元年蒙前阁督部堂讷咨，补永定河北岸肆工上汛涿州州同，五月到任，三年八月委署三角淀通判，四年四月交卸，六月代理南岸同知，五年正月交卸。是年蒙前阁督部堂桂题，升三角淀通判，四月到任……八年叁汛安澜，蒙前督部堂庆奏请开复，旋准部文调取引见。九年十月蒙总督部堂恒给咨送部，十二月十九日带领引见。奉旨准其开复通判原官，照例用，钦此。十年二月初八日到省，蒙总督部堂恒札派分天津道差委。于是二十六日到工。兹蒙委署今职。遵即束装于五月二十二日到任接印任事。须至履历揭帖者。”李载苏的履历清揭中详细载明了他的年龄、籍贯、出身以及历任官职和时间。

根据清代官制，凡官员立有功绩或经考核成绩优良者，可交部议叙，给予加级的奖励。颐和园收藏的《永定河石景山同知造送乾隆四十二年办差应行加级衔名册》是石景山同知朱曾敬呈送的乾隆四十二年办差应行加级的人员的衔名，文中只开列一个人，就是石景山同知朱曾敬，他的功绩是稽查道路。

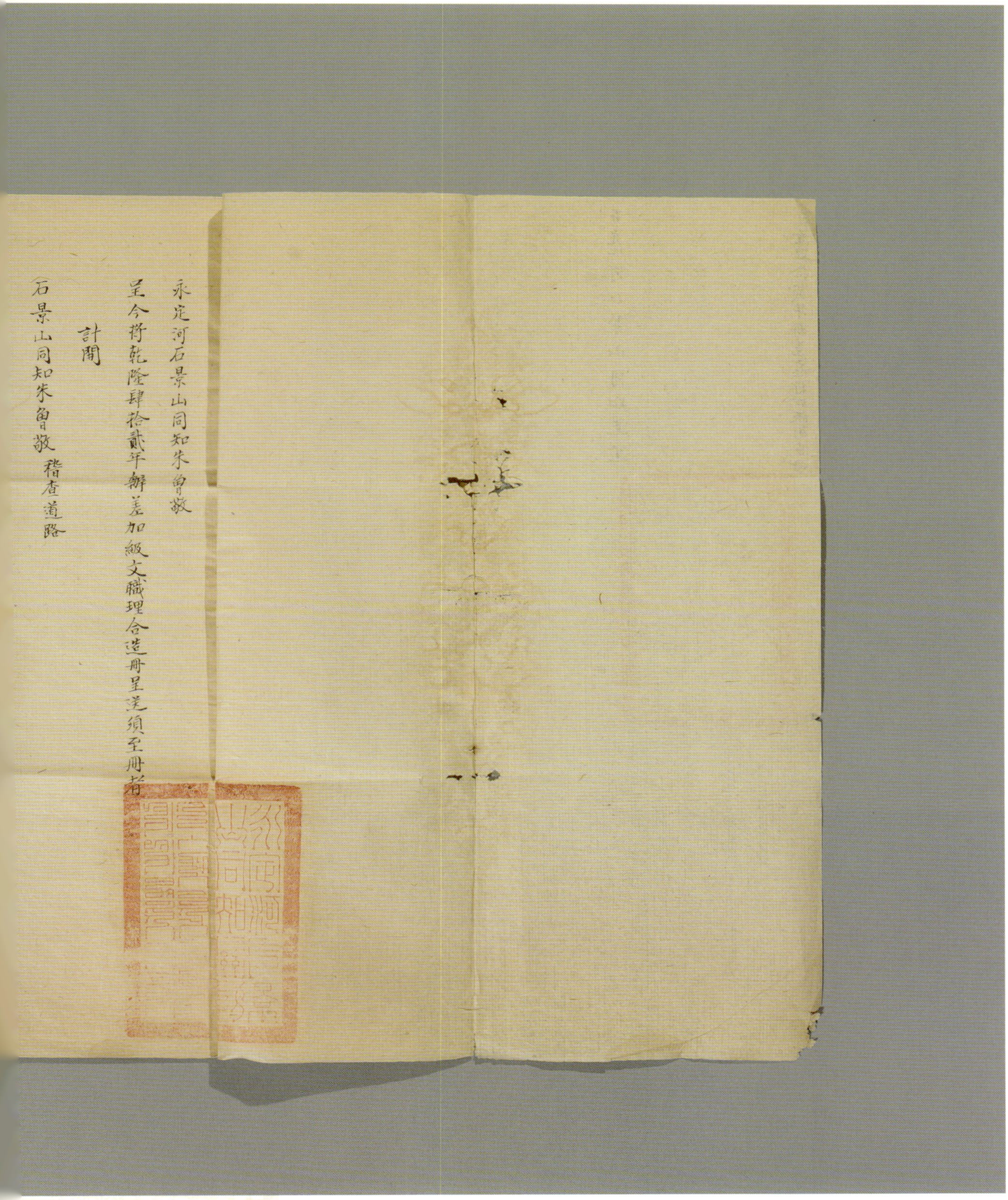

永定河石景山同知朱曾敬
呈今將乾隆肆拾貳年辦差加級文職理合造册呈送須至册者
計開
石景山同知朱曾敬 稽查道路

朱曾敬加级文书

北京
2011.10.24.20
颐和园

第二章

西山畅情 无双昆明

正如乾隆诗中写道："何处燕山最畅情，无双风月属昆明。"万寿山为西山余脉，昆明湖的前身西湖是在永定河故道上形成的湖泊。明清时代，游人游览西山多从西湖开始，称为"逛西湖景"。西湖可以说是西山优美画卷的开端。乾隆皇帝在此处因地制宜建成清漪园，凭着该区域最广大的水面，这里跃然成为西山地区最具魅力的皇家园林。

一、引言

京西园林之所以闻名于世，在于它们的用水。清漪园之所以在清代皇家园林中占有特别重要的位置，也是在于它对水的利用。"清漪园"三个字就清楚地表明了这一点。众所周知，清代清漪园的水源来自它西面的玉泉山"天下第一泉"。实际上，除玉泉泉水外，玉泉山范围西部用水还有另外的来源。《日下旧闻考》卷一百一《郊坰·西十一》：

西山泉脉随地涌现，其因势顺导、流注御园，以汇于昆明湖者，不惟疏派玉泉已也，其自西北来者尚有二源：一出于十方普觉寺旁之水源头，一出于碧云寺内石泉，皆凿石为槽以通水道。

清人京郊西山名胜图

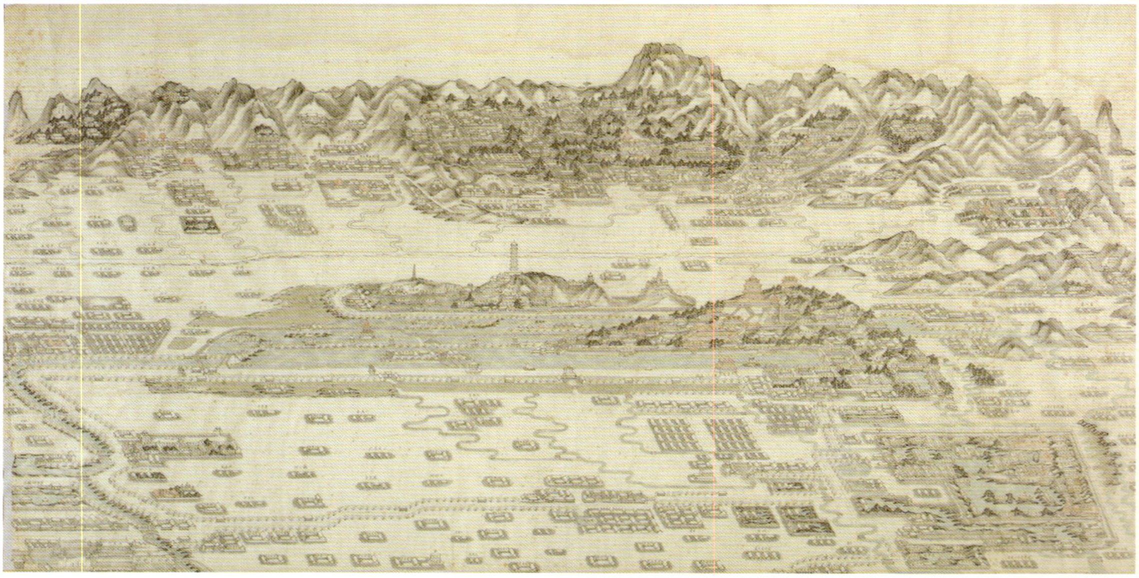

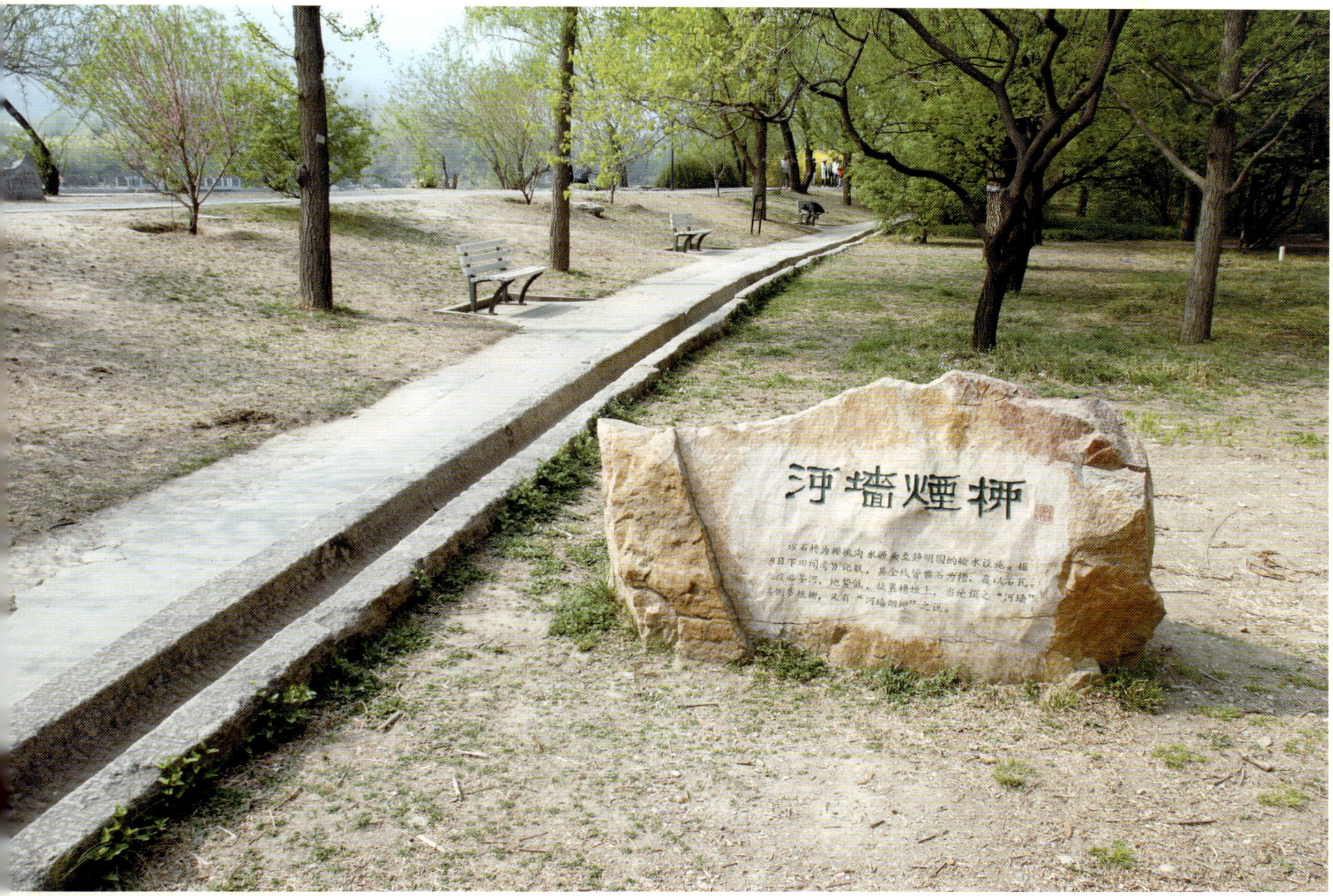

北京植物园内的引水石渠

文中所谓“西北二源”及“凿石为槽以通水道”，就是乾隆时代京西园林建造的一个巨大工程：樱桃沟、碧云寺至玉泉山引水工程。

水源头位于寿安山樱桃沟内；碧云寺石泉即碧云寺行宫内卓锡泉，因泉出乱石中，故名。

为了保持引水石槽的水平，部分地势低洼处以石砌墙，引水石槽置于墙体之上，当地人称这一景象为“河墙”。

乾隆年间的樱桃沟、香山静宜园、碧云寺至玉泉山引水工程将西山诸泉通过石渠引至玉泉山，再经玉河到达昆明湖，这一水利工程进一步密切了清漪园与西山的关系。

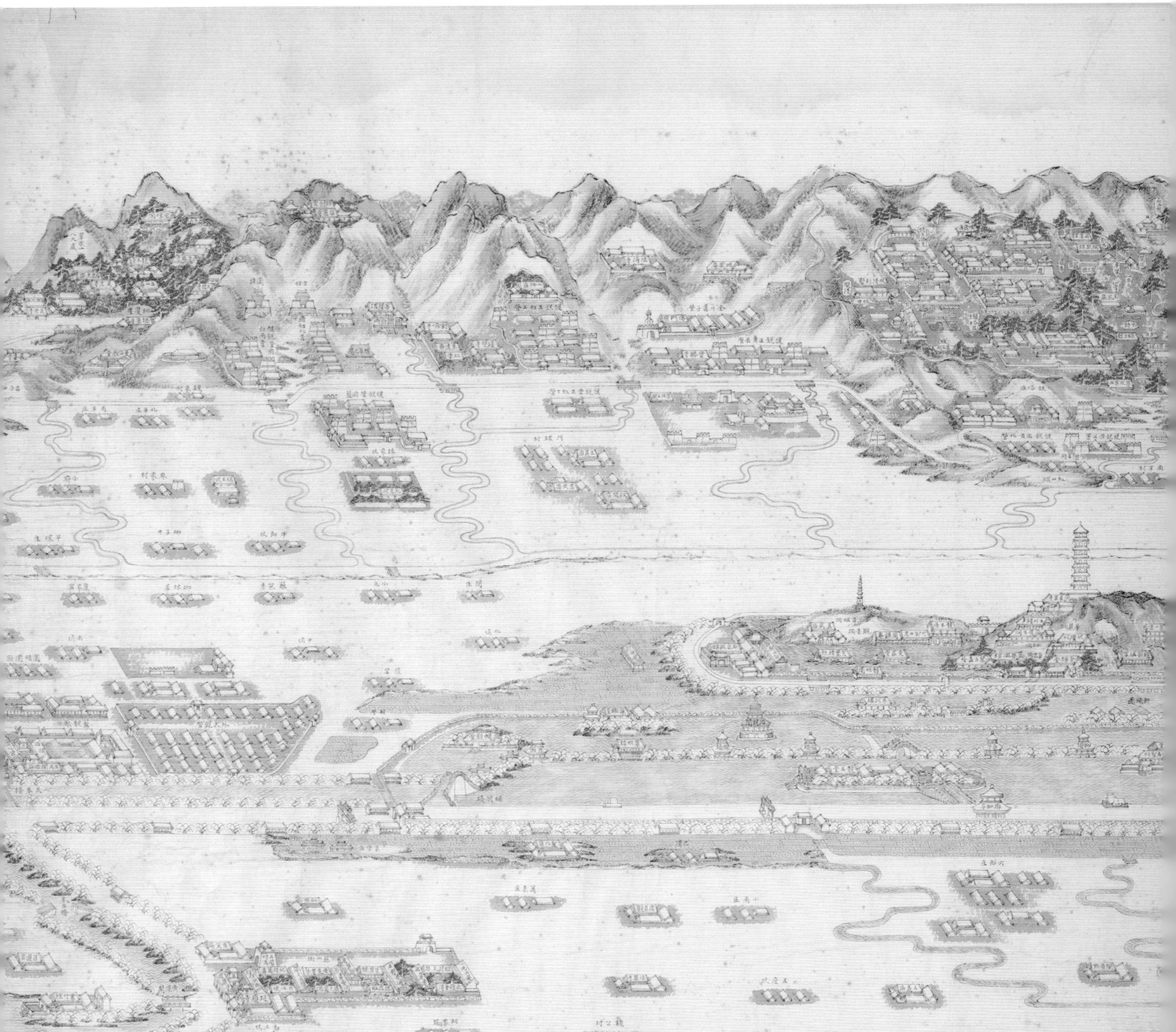

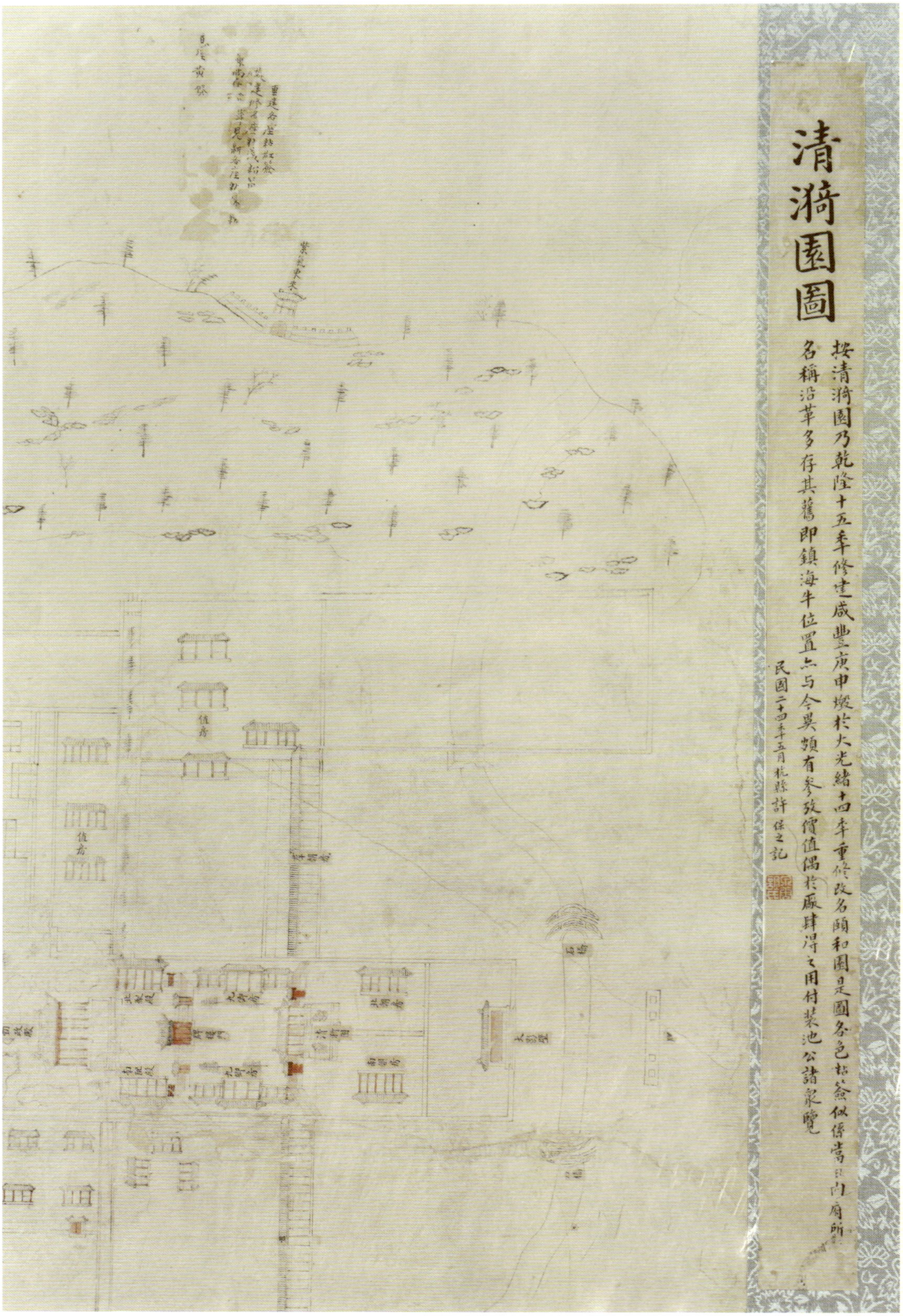
清漪園圖
按清漪園乃乾隆十五年修建咸豐庚申燬於火光緒十四年重修改名頤和園是圖各色粘簽似係當日內府所
名稱沿革多存其舊即鎮海牛位置亦与今異頗有參攷價值偶於廠肆得之用付裝池公諸衆覽
民國二十四年十五月杭縣許保之記

《清漪园图》局部

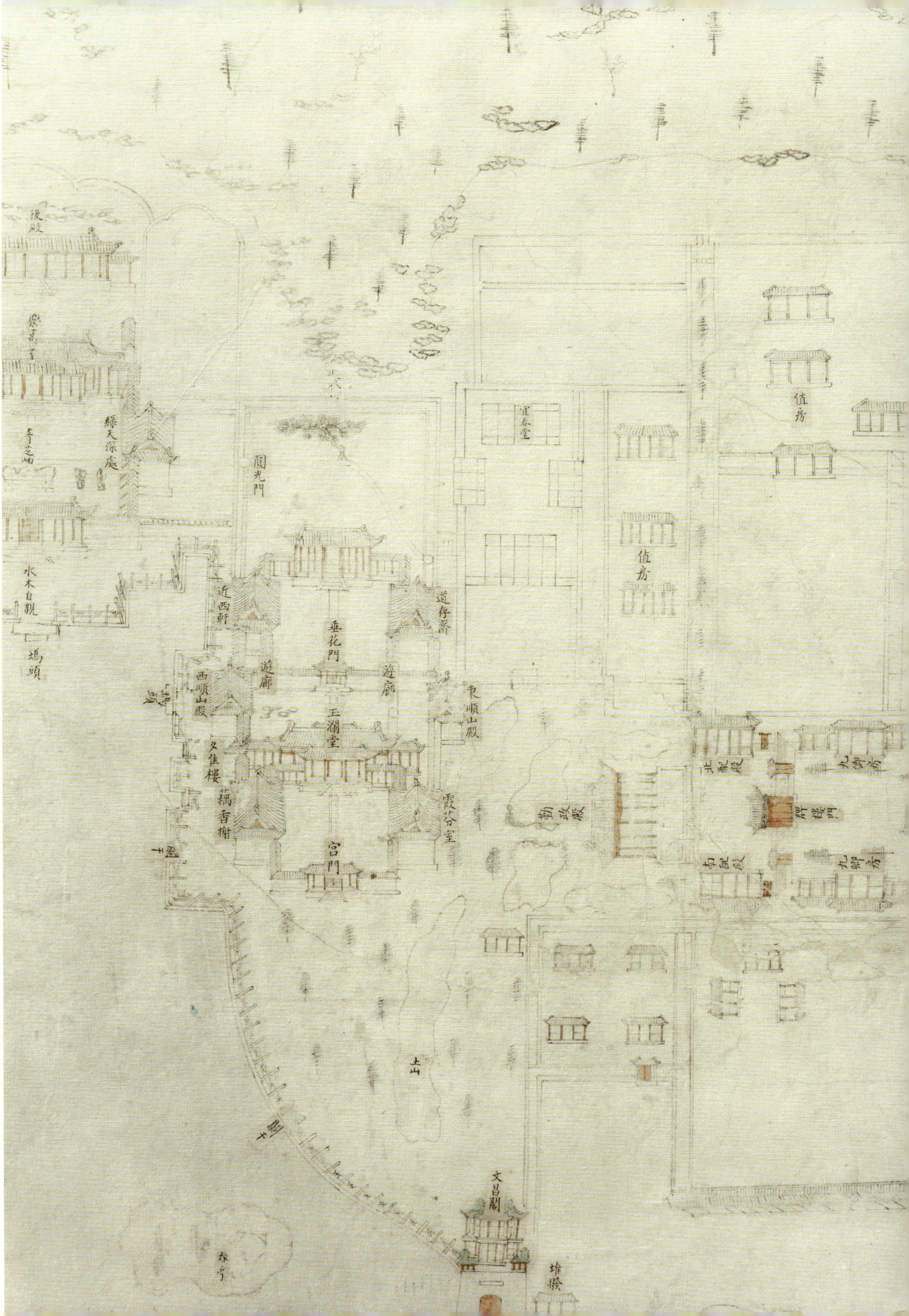
後殿
綠天深處
水木自親
碼頭
圓光門
宜春堂
值房
值房
近西軒
道存齋
垂花門
遊廊
遊廊
西順山殿
東順山殿
玉瀾堂
夕佳樓
藕香榭
霞芬室
宮門
勤政殿
北配殿
南配殿
九卿房
九卿房
土山
文昌閣
堆撥

智慧海
衆香界
香閣
寶雲閣
石牌樓
福式踏跺
多寶室
福式踏跺
邵窩
綠畦亭
雲松巢
垂花門
羅漢堂

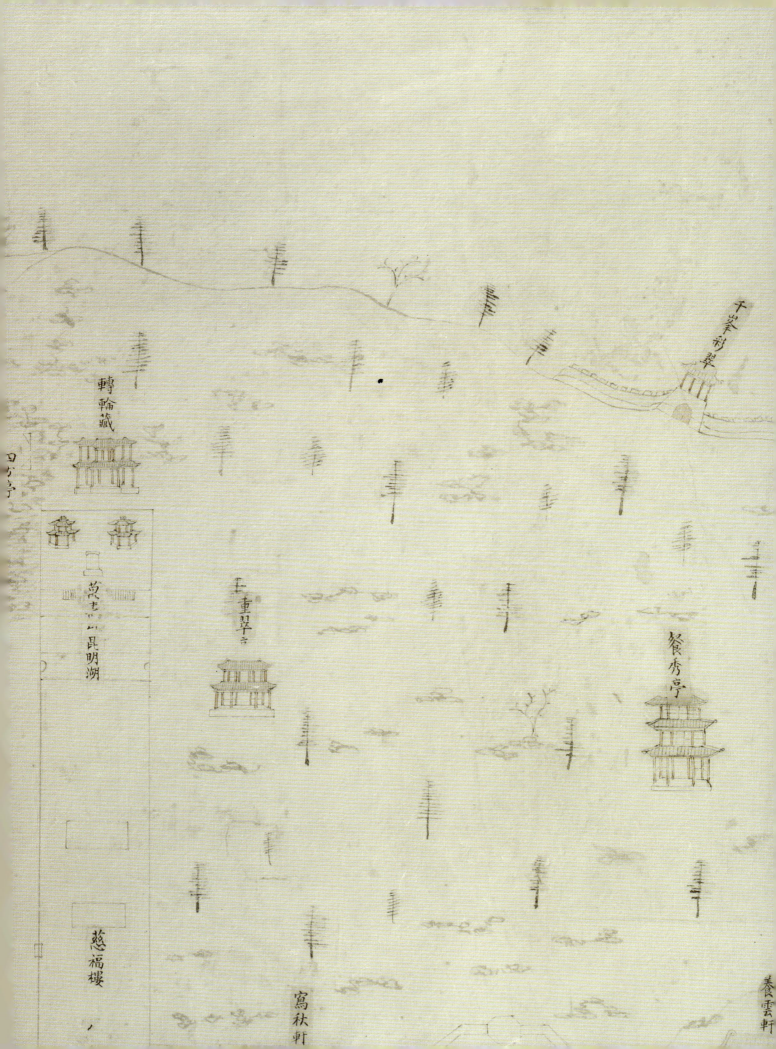

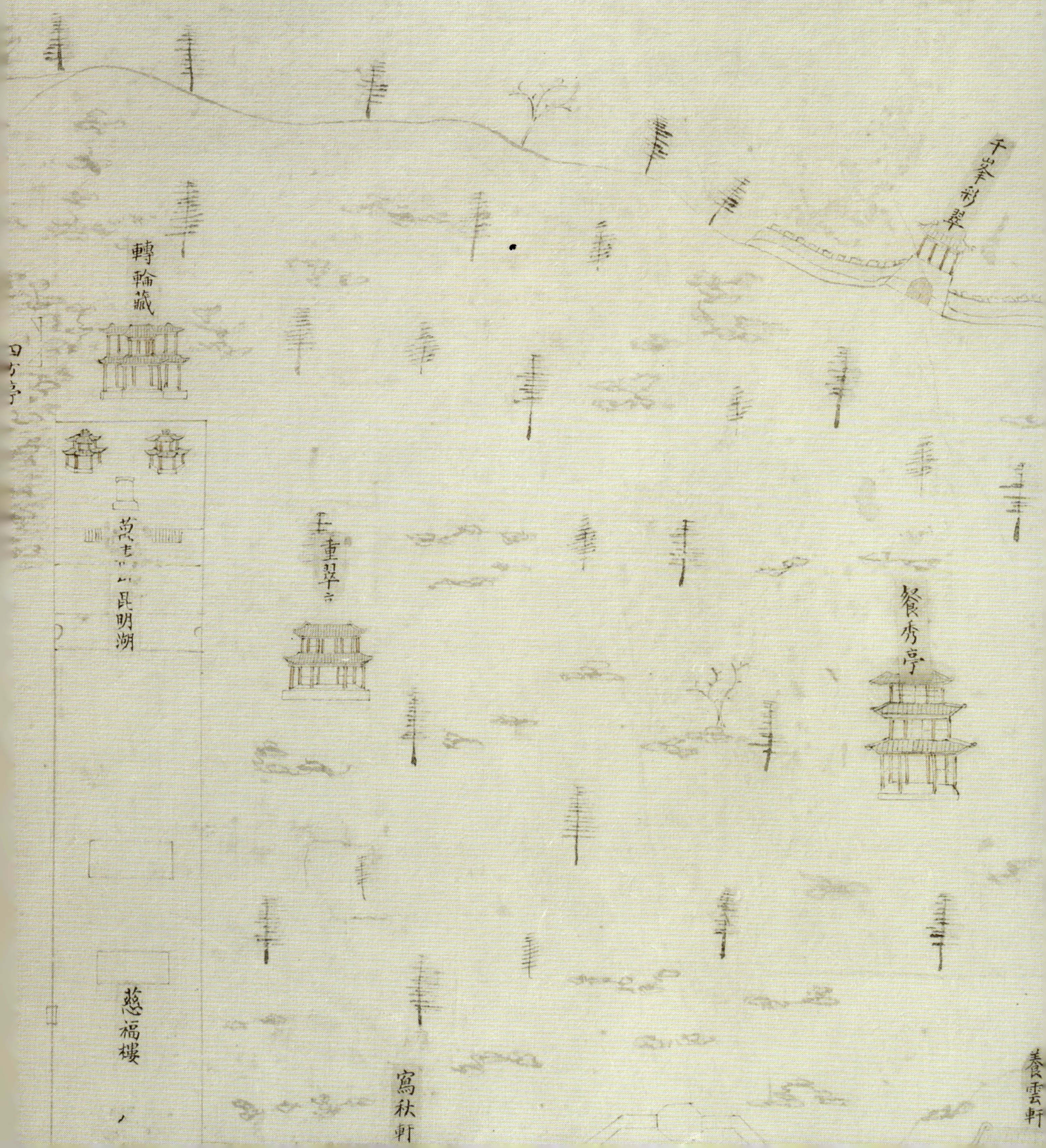
千峰彩翠
轉輪藏
重翠亭
萬壽山昆明湖
餐秀亭
慈福樓
寫秋軒
養雲軒

二、关于樱桃沟、碧云寺至玉泉山引水工程建造时间的思考

学界最早关注到这一引水工程的，是北京大学历史地理学教授侯仁之。1936 年，还在燕京大学读书的侯仁之曾到玉泉山游玩，看到这道引水工程，很是惊讶，并顺着石槽上溯到卧佛寺，拍摄了数张珍贵照片。其 20 世纪 80 年代的《北京历代城市建设中的河湖水系及其利用》写道：

> 乾隆年间……为了补充（昆明）湖水的来源，除了湖区以内的泉水外，还将西山卧佛寺附近以及碧云寺和香山诸泉利用特制的引水石槽汇聚在山脚下四王府村的广润庙内石砌水池中，然后，再从水池继续利用石槽引水东下直到玉泉山。[1]

目前，学界关于乾隆时代樱桃沟、碧云寺至玉泉山引水工程的研究，基本沿用侯先生的成果。

关于引水工程的建造时间，侯仁之先生认为，是在乾隆三十八年[2]；而清华大学周维权教授《清漪园史略》一文则称："乾隆十四年（1749）冬……将寿安山、香山一带的大小泉流集中起来，利用石渡槽导引而东，汇合玉泉山之水……"不过，二人都没有出示证据证明何以是此时间[3]。张宝章先生 2004 年出版的《雷动星流》一书《样式雷与北京西郊水利》一章，利用国家图书馆藏同治年间的"样式雷"樱桃沟、碧云寺至玉泉山引水工程修复档案，对同治年间的引水工程进行了详细的研究，如经由、长度、耗资等问题，证据确凿，极大地推动了学界对京西这一水利工程研究的深化。其在《玉泉山静明园记盛》一文写道：

---

1 侯仁之主编：《环境变迁研究》第二、三合辑，北京燕山出版社，1989 年。

2 2000 年，侯仁之在《北京规划建设》第一、二两期连载《海淀镇与北京城——历史发展过程中的地理关系与文化渊源》，其中写道："乾隆三十八年（1773），又增建石渠，引西山卧佛寺樱桃沟和碧云寺以及香山诸泉，下注山下四王府村广润庙的石砌水池内，然后由广润庙东至玉泉山……"

3 侯先生之所以定引水工程完成于乾隆三十八年，很可能受到《日下旧闻考》完成于乾隆三十九年的影响；而周维权的乾隆十四年说则很可能是将玉泉山上游的这一引水工程与乾隆十四年瓮山泊（昆明湖前身）的整治工程混为一谈了。

乾隆二十二年，为了增加昆明湖蓄水、加大城市供水量、有效利用西山泉水，修建了两道引水石槽，将香山卓锡泉、双清等泉水和樱桃沟泉水在四王府广润祠汇合，再通过高架石槽引到静明园西墙内，并在此修建了涵漪湖和涵漪斋建筑群。[1]

张先生判断时间的依据为：乾隆第一首涵漪斋的御制诗作于乾隆二十二年三月，由此可知，至晚至乾隆二十二年，涵漪斋与为涵漪湖供水的引水工程已经建完。

我们知道，中国园林是一个整体的美学空间，其某一区域内主体景观的建造基本在同一年代。因此，我们可以根据涵漪斋、涵漪湖的建造年代推出为涵漪湖供水的引水工程建造时间。同样可以根据涵漪湖附近主体景观，具体地说，就是东岳庙的建造年代，推测涵漪湖的建成年代，进而推测为涵漪湖供水的樱桃沟、碧云寺至玉泉山引水工程的建造和完成年代。东岳庙位于玉泉山西麓、涵漪湖东侧，系祭祀东岳大帝的场所，一名“仁育寺”。乾隆《御制玉泉山东岳庙碑文》云：“殿宇若干楹，规制崇丽，以乾隆二十有一年工竣。”

东岳庙、涵漪斋分别位于涵漪湖的南、北两侧，它们三者作为玉泉山西部最主体的配套景观应建于同时，由此，则樱桃沟、碧云寺至玉泉山引水工程的完成时间应在乾隆二十一年。

但是，考虑乾隆皇帝京师园林景观建成即游览题诗的习惯，引水工程应完成于乾隆二十一年的十一月份前后，因天气寒冷，迟至乾隆二十二年三月皇帝才一往游览，并留下诗作。

考虑工程从设计、勘察、取材、石槽制作、施工、安装等程序及工程量来看，樱桃沟、碧云寺至玉泉山引水工程开工时间当不应晚于乾隆二十年，甚至可能在乾隆十八年“御制静明园十六景”之后不久即已开始。

1 张宝章：《海淀文史·京西名园》，开明出版社，2005年。

三、关于乾隆建造引水工程初衷的解读

虽然在引水工程建造时间问题上各家观点不一，但是在涉及乾隆建造这一引水工程的目的时，各家的观点却是一致的，即为昆明湖补充水源。从客观效果上看，无疑，引水工程的建造使得泉水从樱桃沟、静宜园、碧云寺流到了玉泉山，并最终汇入昆明湖，但是，须知这只是客观的效果，却不能与乾隆建造这一引水工程的初衷混为一谈。笔者之所以不认同引水工程为昆明湖补水而建的说法，有以下两个原因：

（一）香山一带特殊的地理构造致使西山泉水至玉泉喷薄而出

西山一带泉水丰沛，地势西北高、东南低，然而，在泉水的下游却没有形成规模较大的溪流与湖泊，直到昆明湖处才有湖泊荡漾的景象。之所以如此，完全是由香山一带特殊的地理构造造成的。

香山一带，三面环山，东南处为平原地带，大自然的造化使得地下形成

东沟龙王庙

黑龙潭龙王庙老照片

黑龙潭龙王庙现状

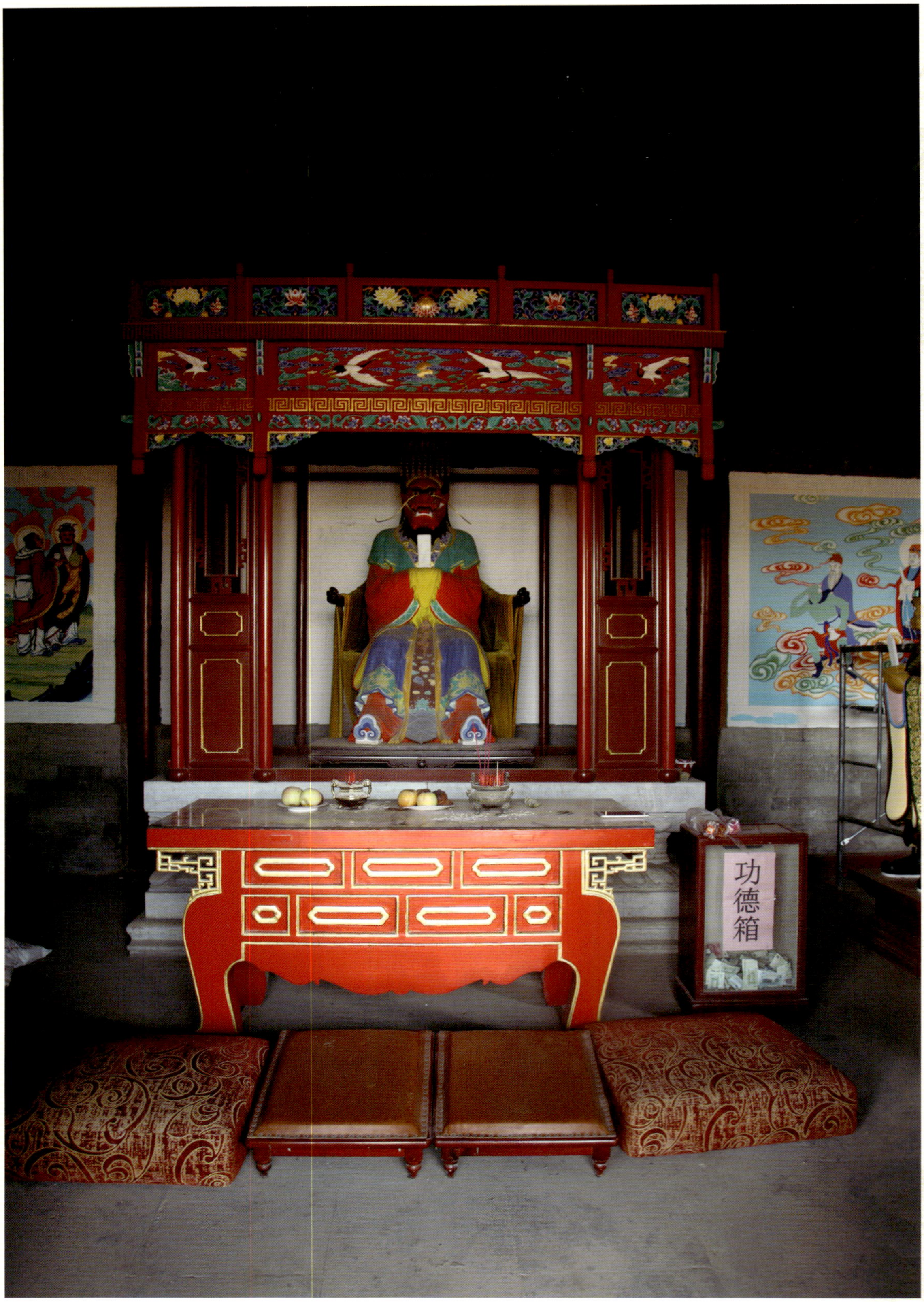

黑龙潭龙王庙内景

“U型凹槽结构”，因此，西山泉水虽然丰沛，只在山中的山林和寺庙中出现，随后在地下顺着“U槽”到达玉泉山、昆明湖，从而形成了香山一带泉水出山即隐的特点。明末清初，孙承泽作《春明梦余录》载：

水源头，两山相夹，小径如线，乱水淙淙……水分为二支，一至退谷之旁，伏流池中，至玉泉山复出。昔有人注油水中，玉泉水面皆油也；一支至退谷亭前，引灌谷前花竹。

乾隆皇帝也深明其中道理，他在乾隆十三年的《御制麦庄桥记》中写道：

京师之玉泉……人但知其源出玉泉山，如《志》所云“巨穴喷沸，随地皆泉”而已，而不知其会西山诸泉之伏流，蓄极溢涌，至是始见……

盖西山碧云、香山诸寺皆有名泉，其源甚壮，以数十计，然惟曲注于招提精蓝之内，一出山，则伏流而不见矣。玉泉地就夷旷，乃腾迸而出，潴为一湖。

在这篇文字里，乾隆指出，西山诸泉的特点“出山即隐”、至玉泉“腾迸而出”。既然西山泉水至玉泉“巨穴喷沸”，深知底细的乾隆皇帝何必还要建造一处规模宏大的引水工程来补充昆明湖水呢？

（二）从客观效果看引水工程不能较大规模的补充昆明湖水量

从现存输水工具河槽的规制来看，引香山、樱桃沟水源头泉水济昆明湖也是不现实的。

输水石槽内径只有25厘米，槽深只有20厘米，而建造从樱桃沟、碧云寺至玉泉山的引水工程，很多地方要经过山林、河滩，不少地方还要建立高墙以放置水槽。笔者请教很多搞规划、工程的专家，他们一看，即否定了该引水工程是为补充昆明湖水量而建的说法，在他们看来，石渠的引水量与工程的巨大投入完全不成比例，不符合清代工程因地制宜、节约成本的建设原则。建造引水工程耗资巨大，这一点在同治年间的修复档案中也能得到证明。

为修缮“三海”（北海、中南海）工程，同治五年（1866）末，皇帝令工部右侍郎魁龄疏通樱桃沟、碧云寺水源，修复引水工程。经过勘察和评估，魁龄等请暂缓办理，原因是“香山等处工程估需钱粮过巨，恐虚耗国帑”[1]。

修复河墙、引水石渠，所要花费的“钱粮过巨”，并且为配合引水工程，乾隆皇帝还在引水工程的沿途修建了五座皇家寺庙，其耗资就更加巨大了。

总之，不管是从西山一带泉水集中于玉泉山喷出的特点而言，还是从引水工程所费与效果的效益比来看，乾隆时代修建引水工程的目的都不可能仅仅是为了补充昆明湖水量。

（三）引水工程改变了部分水源到达玉泉山的方式和方向

既然引水工程并不能较多地增加昆明湖的水量，那么是什么原因促使乾隆不惜工本费用设计、修建樱桃沟、碧云寺至玉泉山的这道引水工程呢？

这就要考虑一个问题，即引水工程能够改变什么？

引水工程改变了樱桃沟、香山部分泉水到达玉泉山的方式：即从地下流动转为地上流动；

改变部分泉水到达玉泉山的方位：即从玉泉山“天下第一泉”及附近泉眼喷出变成从玉泉山西门流出。

在知晓了这些以后，我们就要考虑这种变更有什么样的益处——应该说，这才是乾隆建造这一工程的初衷。

1 《清实录·穆宗毅皇帝实录》卷一百九十六“同治六年二月”。

（四）玉泉山西部乏水和玉泉山没有瀑布是乾隆建造引水工程的基本原因

1. 玉泉山西部乏水造成西部无法造景

如果我们仔细观看、分析玉泉的平面图，就可以发现，玉泉山的泉水主要集中于东南部、南部，并形成溪流和湖泊，如宝珠湖、镜影湖、裂帛湖、玉泉湖等，为园林造景创造了极好的条件；而玉泉山西部的广阔区域却没有泉源和水流经过。

乾隆十八年，清政府设总理大臣，兼管万寿山清漪园、玉泉山静明园、香山静宜园，并御题“静明园十六景”。此时，玉泉山西部广大地区基本还处于一片空白。之所以出现这种情况，无疑是因为西部缺水所致。

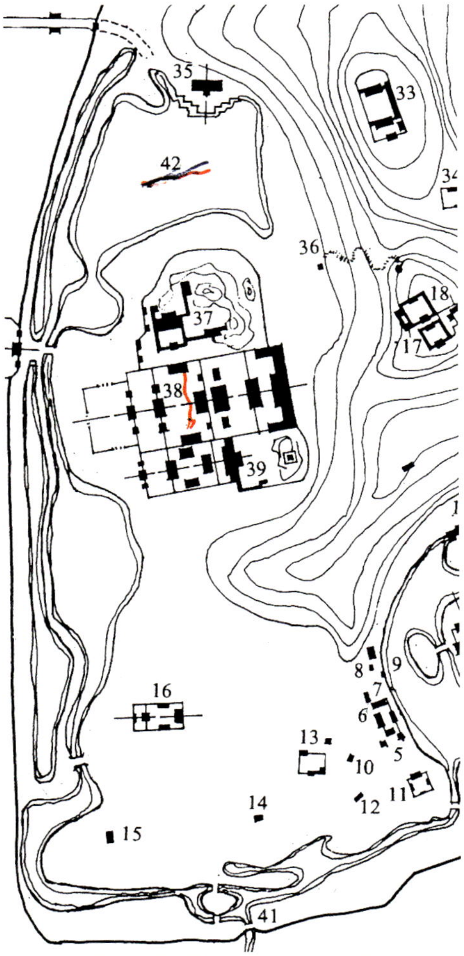

周维权复原玉泉山图

2. 翻检乾隆御制诗可以揣摩乾隆皇帝利用玉泉山西部景区和建造引水工程的用意

玉泉山多泉、多树，却没有瀑布。明人称玉泉为“垂虹”，实际上不过是一种诗意的感受而已。乾隆本来亦随大众称呼玉泉为“垂虹”，待其亲观其泉水，觉得丝毫没有垂虹的感觉。在《御制玉泉趵突》诗序中，他写道：“泉自山腹喷出，‘燕山八景’目以‘垂虹’，谬也，兹始正之。”

研究乾隆时期的历史，尤其是研究京师园林，应该对乾隆皇帝的素养与为人有所了解。“玉泉垂虹”名不副实，缺乏瀑布的遗憾促使乾隆皇帝为玉泉山的瀑布创造条件，这才有了乾隆二十一年末完工的樱桃沟、碧云寺至玉泉山引水工程及玉泉山西部涵漪湖景区。

3. 从乾隆诗看引水工程的效果逆推乾隆造此工程的初衷

工程建成后，樱桃沟、静宜园、碧云寺泉水通过石槽到达玉泉山西门，入园后，北折到飞淙阁，在阁前形成瀑布后，沿院墙北流，然后东折过练影堂、到达山边的挂瀑簷，绕过重檐四方亭，进入石峡，最后汇入涵漪斋南侧的涵漪湖。乾隆在诗序中描写引水工程的效果云：

从香山、碧云及卧佛寺引诸泉曲注于此，垂为瀑布，下汇成湖，方与玉泉合流，下浸稻田，其来源实与玉泉出自趵突者有别。

完工后乾隆曾先后作有数十首诗写及飞淙阁，看到这里瀑布的景象，他甚至有时候会想到庐山的瀑布。《清高宗御制诗三集》卷二《飞淙阁》诗云：

飞淙自在泉石，高阁乃享其名。
可悟主宾无定，益觉云水有情。
大珠小珠空落，日面月面烟生。
香炉蓦问李白，三千尺此何争？

除了要弥补玉泉山没有瀑布的遗憾外，乾隆设计引水工程还受到了郭忠恕《辋川图》的影响。他在《涵漪斋》诗中写道：

位置若还觅粉本，
辋川图里辨新丰。

其诗注云："《石渠宝笈》藏郭忠恕《辋川图》，此处位置略仿之。"

由于王维诗、画在中国文化史上的影响巨大，辋川别业（位于陕西西安兰田县西南辋川山谷中，其中"鹿柴"山冈下为"北宅"，一面临欹湖，盖有屋宇）。造景在中国造园史上也有相当影响，受《辋川图》的影响，乾隆遂仿照辋川别业之北宅，将涵漪斋设计成南临涵漪湖、东靠玉泉山的位置关系。

不仅如此，涵漪湖的存在还将玉泉山西部的广大区域分隔开来，在涵漪湖的分割和连接下，湖北部的涵漪斋建筑群、湖南部的东岳庙仁育宫景区既独立又关联，一片全陆地的区域顿时灵动起来，建筑与湖泊共同营造出气魄与灵动和谐共存的局面，并进而与西南部的溪田课耕形成对照。

可以说，没有这道引水工程，玉泉山西部景区的使用将变得困难，不可能产生之后的园林景观。因此，乾隆时期这道引水工程的建造是玉泉山西部造景成功的关键，是玉泉山景区不可分割的组成部分。

综上可见，乾隆在引水工程建造、玉泉山西部景区建造上都是有意进行的，而这种"意"的核心就是玉泉山西部园林建设的用水需要。

四、香山静宜园、樱桃沟、碧云寺引水工程的经由与长度

（一）乾隆十年至十一年静宜园工程与香山水利

乾隆八年，乾隆皇帝第一次登临香山。九年成立香山工程处。十年七月，开始香山园林的建造，至十一年正月，赐名静宜园，三月，初期工程完毕。

静宜园二十八景中，栖云楼、知乐濠俱在列，而双清泉、璎珞岩俱在二景附近。乾隆十一年，乾隆皇帝有《御制璎珞岩诗》：

横云馆之东，有泉侧出岩穴中，叠石如扆，泉漫流其间，倾者如注，散者如滴、如连珠、如缀旒，泛洒如雨，飞溅如雹，萦委翠壁，淙淙众响，如奏水乐，颜其亭曰“清音”、岩曰“璎珞”。亭之胜以耳受，岩之胜与目谋，澡濯神明，斯为最矣。

滴滴更潺潺，琴音大地间。
东阳原有乐，月面却无山。
忘耳听云梵，栖心挹黛鬟。
饮光如悟此，不复破微颜。

璎珞岩水来自其西南侧的双清泉。双清即双井。《日下旧闻考》卷八十六《国朝苑囿·静宜园》云：“驯鹿坡迤西有龙王庙，下为双井，其上为蟾蜍峰。”乾隆十一年御制《栖云楼听瀑布水拟杜牧三韵体》：

我爱栖云楼，频来有句留。
两山当户辟，一水绕阶流。
如如色里智者乐，虢虢声中太古秋。

双清水下注双清泉、香山寺、璎珞岩交界处的知乐濠内。《日下旧闻考》诸臣按语云：

双井水东北注松坞云庄池内，入知乐濠，由清音亭，过带水屏山，绕出园门外，是为南源之水。

静宜园松坞云庄“双清”石刻

雙清

乾隆十一年，《御制知乐濠诗》云：

山涧曲流湍急，停蓄处苔藻摇曳，轻鯈游泳，如行空中，生物以得所为乐，涧溪沼沚与江湖等耳，知其乐随在，可作濠梁观。

淙淙鸣曲注，然否是濠梁。
得趣知鱼乐，忘机狎鸟翔。
喚喁云雾上，泼刺柏松傍。
寄语拘墟者，来兹悟达庄。

又，璎珞岩水顺山下流，顺山势下（东）行，过石桥（或石垣）至勤政殿前月池。

如此，则南路造景于乾隆十年间，纯粹为静宜园造松坞云庄、璎珞岩、带水屏山、勤政殿前月池、东宫门外大水池等造景方便而为。

静宜园璎珞岩、清音亭、引水石渠

（二）乾隆二十年引水工程的经由

乾隆二十年，为兴造玉泉山静明园西部景区用水需要，清政府引碧云寺水、双清水，出静宜园东宫门，入东宫门外水池，复以墙垣上石槽引而东行，至四王府龙王庙，与樱桃沟水合，再逶迤至玉泉山西宫门内。

此次工程，对香山水系再次有所整理：北路以石槽引碧云寺三世佛殿前放生池水南流，经石垣，过碧云寺南侧山涧，置槽山峦上南流，架石垣（或石桥）过山涧，至正凝堂建筑群之见心斋水池中，复过山涧，至致远斋，勤政殿前月池——致远斋建于乾隆十三年，位于勤政殿西北处，为皇帝处理政务休憩之地。

《日下旧闻考》卷八十六载："宫门内为勤政殿……殿前为月河。"继而诸臣云：

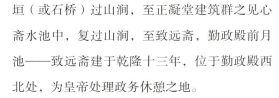

月河源出碧云寺内，注正凝堂池中，复经致远斋而南，由殿右岩隙喷注，流绕墀前。

至于碧云寺行宫建筑分布情况，《日下旧闻考》记："碧云寺北为涵碧斋，后为云容水态、为洗心亭，又后为试泉悦性山房。"由其名称，可见泉水在其中扮演的角色。

各建筑的题额也反映了这一点，《日下旧闻考》诸臣云："涵碧斋内额曰'活泼天机'，试泉悦性山房檐额曰'境与心远'，后檐额曰'澄华'，是为泉水发源处。"乾隆二十年，皇帝有《洗心亭》诗，云："水周八面澈，竹护四邻深。"

碧云寺内的石渠

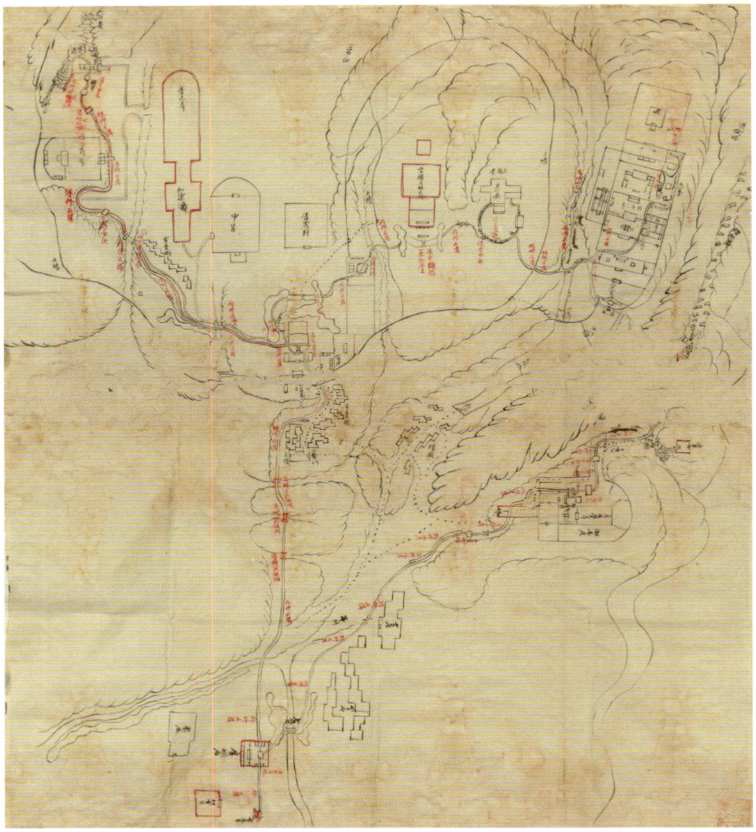

样式雷《樱桃沟卧佛寺接至广润龙王庙碧云寺内外香山北大墙由见心斋至月牙池双井泉起至月牙池东至广润龙王庙山沟道工程画样》（国家图书馆藏）

乾隆樱桃沟、碧云寺至玉泉山引水工程的经由，历史文献记载比较粗略。《日下旧闻考》载：

> 一出于十方普觉寺旁之水源头，一出于碧云寺内石泉，皆凿石为槽以通水道……兹二流逶迤趋赴至四王府之广润庙内，汇入石池，复由池内引而东行……经普通、香露、妙喜诸寺夹垣之上，然后入静明园，为涵漪斋、练影堂诸胜。[1]

结合国图样式雷档案、北京市植物园发掘发现，结合多次采访当地老人和多次实地勘察，使得引水工程的经由比较清晰起来，如下：

1 《日下旧闻考》卷一百一《郊坰·西十一》。

碧云寺卓锡泉与龙王庙

樱桃沟一线引水工程从水源头、五华寺开始，沿山势向下游延展，至隆教寺西南角东折，其后顺着卧佛寺行宫南大墙东折，进入西宫墙后，分作两支：一流向卧佛寺行宫方河，并从地下管道南行至前院水池，东折入卧佛寺放生池；另一支则由卧佛寺御膳房和卧佛寺行宫院西墙之间南流，在御膳房前院东侧东折，经卧佛寺行宫院朝房前、卧佛寺琉璃牌坊前，与卧佛寺放生池流传水流汇合，经卧佛寺东侧院前院东流，至高地最东端南折，石槽突出空中，水流跌落至下方的水池中，顺着孙传芳墓园祠堂院的西侧东流，经现在植物园丁香园北侧入口，东南折向王锡彤墓高地下，顺而东行，至正白旗河滩上游，绕着正白旗外围与河滩之间顺河滩而下，至四王府广润庙（今香泉环岛北侧车站东北一带）。[1]

卓锡泉水绕过香积厨，流入碧云寺内，顺势而下，入大雄宝殿前放生池，出碧云寺后，跨过峡谷上的石桥入静宜园北墙，在今缆车西的高处南下，入静心斋水池，复由此入昭庙外护城河，下勤政殿前水池，出宫门至宫门外月牙河；而双清一路泉水则出松坞山庄，至永安寺前的知乐濠，由地下到璎珞岩，顺山势而下，至带水屏山上方数十米处分为二流，一股依然顺山势而下，跨过峡谷至勤政殿前水池，一股右折从带水屏山及右

1 明清时代，北京水位很高，今樱桃沟内山路遍地生泉，可以自然流到隆教寺处，故水源头至五华寺之间很可能没有修建石渠，石渠从五华寺下的石碣处方铺设。

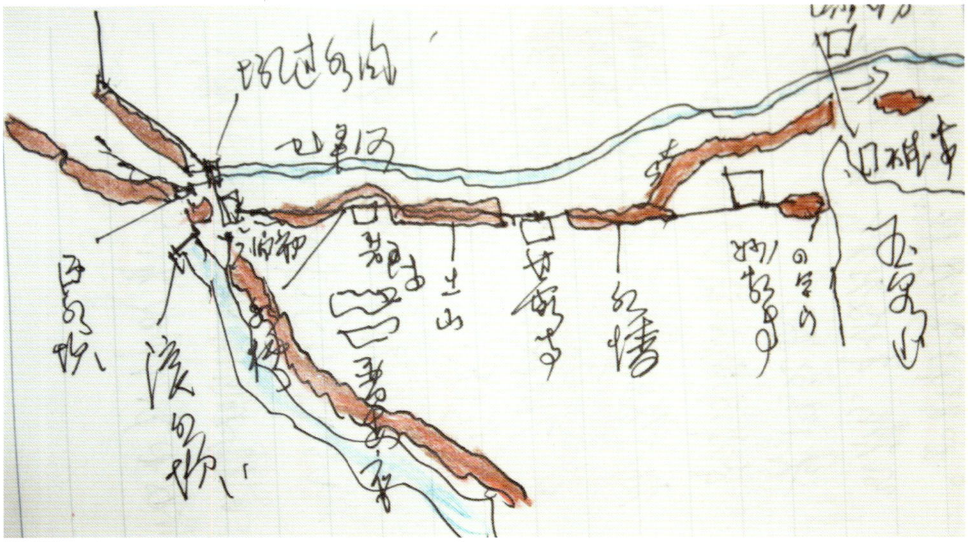

张宝章摹样式雷图

侧岩石底部入静翠湖。卓锡泉、双清两股泉水在静宜园宫门外月牙河汇合后，在河墙的支持下，顺着河滩的北侧（沿途过正黄旗、杰王府、南辛村）东下，过鲍家窑（中科院植物所北部高地）、袁家坟南，东北折向四王府广润庙，在水池中与樱桃沟泉水汇合。

樱桃沟、碧云寺泉水自四王府广润庙合流后，出广润庙（今香泉环岛与五环路北侧交汇处），顺着（北旱河南侧）土山内侧径直东下，至玉泉山西门，入静明园。

（三）乾隆二十年以后香山静宜园水利工程

乾隆二十七年，建造带水屏山景区，分璎珞岩下行数十米处水南折。《静宜园册》载：“带水屏山门宇三楹，南向，西为对瀑，北为怀风楼。”《日下旧闻考》诸臣按语云：

带水屏山瀑，泉自双井迤逦东注，至是汇为池，双井详后。乾隆三十二年《御制对瀑诗》：

到处多吟对瀑诗，不同境亦各殊时。

抑予别有会心者，迅水光阴阅若斯。

见心斋位于静宜园外垣东北处，主建筑为正凝堂。乾隆三十四年《御制题正凝堂诗》云：

一片波当面，堪称正色凝。
山池弗易致，云气以时兴。
阶影涵空映，岸痕过雨增。
垂堂虽不坐，对镜若同澄。

见心斋水南流，过山涧，过昭庙前，入勤政殿前月池，乾隆四十二年为营造昭庙，将昭庙前引水石槽改为露明水渠。过此，复以石槽引水过致远斋、至勤政殿前月池。

可见，香山水利工程施工的分期与复杂。

香山公园内的引水石渠

（四）引水工程的长度

樱桃沟、碧云寺至玉泉山引水工程的全长，同治样式雷修缮工程档案记载：

樱桃沟、碧云寺、静宜园内外来源处起，到静明园内挂水池止，通共明、暗渠凑长二千九百四十丈零四尺。

这“二千九百四十丈零四尺”分布情况如下：

静宜园外月牙河到静宜园北墙石渠全长 232 丈，其中露明石渠 123 丈，暗渠 109 丈，静宜园北墙到碧云寺卓锡泉石渠长 211 丈，总计 443 丈；

双清至静宜园宫门外月河石槽长 240 丈，其中露明水渠 50 丈；

静宜园外月牙池到四王府广润庙石渠长 750 丈；

樱桃沟至四王府广润庙石渠长 986 丈；

四王府广润庙至玉泉山西门 569 丈。[1]

以上各段石渠长度叠加数据为 2988 丈，与样式雷记载的“二千九百四十丈零四尺”有近 50 丈的差别，大概玉泉山内到静明园内挂水池石槽还有 50 丈。

按照清代 1 丈等于 10 尺，1 尺等于 32 厘米计算，则樱桃沟、碧云寺、香山静宜园到玉泉山全部渠道长度为 9561.6 米，即近 5 公里。

1　张宝章：《海淀文史・京西名园》，开明出版社，2005 年。

民国时期的引水石渠

五、乾隆引水工程的做法

（一）引水工程的结构

引水石槽，一名“引水石沟”，以豆渣石（黄色花岗岩，产山后凤凰岭一带）打就，因底部呈荷叶弯曲状，又名“荷叶沟”，是输送泉水的管道[1]。

石瓦，一名“沟盖”，放置在石渠上，防止泉水污染和淤塞，以石头打制而成，有两种形制：长方形条石状、上面造成弧状的“兀脊顶”[2]。

土峰，一名土山，即引水工程一线上的高地，用以放置石槽，代替了地势低洼处河墙的作用，主要位于广润庙至荷叶山一带。

1 同治六年，样式雷“添修并拆修水沟和挑挖河泡淤浅”工程册载：“接修引水石沟长九丈”、“安砌豆渣石沟底，凿作荷叶沟。”

2 同治六年，修复静宜园双清至宫门外月河河槽，其中两段各 25 丈明渠，上加沟盖，凿作“兀脊顶”。

石垣，一名河墙，是在地势低洼处以石头堆砌而成的、用以抬高地势、使河槽保持水平的高墙。河墙分为内外两部分：内为夯土而成的土墙，其外包裹方正石头砌成的墙壁，主要位于静宜园至四王府广润庙一段、卧佛寺至四王府广润庙一段、荷叶山至玉泉山西门一段。

夹垣，是河墙的一种变形，即荷叶山至玉泉山西门一带的普通寺、甘露寺、妙喜寺的墙头，起着寺庙围墙和河槽支撑的双重作用。

碧云寺、双清、樱桃沟至玉泉山一带地势复杂，且传统时代没有先进的测平工具，为了保持水流能送达玉泉山，在沿途修建了数个水池，用以存储流泉，并完成下一段河槽的水平放置。

涵洞，设置于峡谷处石墙的底部，用以泄洪（荷叶山至玉泉山段设有走人与牲畜的大涵洞），规模大小不等，有一孔、三孔、七孔之分，又有桥（上面可以走人）和涵洞两种，碧云寺至勤政殿一线应有两座涵洞，一位于碧云寺与静宜园之间的峡谷上，一位于静心斋北侧。

（二）引水工程的做法

地势低洼处涉及石墙部分引水工程，要经历以下几个步骤：

1. 起沟

打好地基是建造工程的前提，为了保证地基质量，施工中要开挖沟槽。根据清代工部的《工程做法则例》，基础槽的宽度应为墙体宽度的 2 倍。如墙宽 2 尺，则基础槽要开挖到 4 尺；墙宽超过 2 尺，则基础槽在 4 尺的基础上另加宽 2.4 尺即可。

2. 筑打地槽灰土和建造墙体

沟槽起好后，要在槽内夯打灰土；在灰土上夯筑三合土墙体，根据地势的高低筑打不同的高度。

灰、土混合的体积比，清代民房一般为 3∶7，大式房屋 4∶6，散水和回填灰土一般为 2∶8 或 1∶9。

土要分层筑打，每一层称为“一步”。同治六年修复樱桃沟引水工程，称：“地脚刨槽，筑打灰土二步。”这是指沟槽内的地基。碧云寺至四王府一带河墙，在下衬灰土两步的基础上，“衬平筑打灰土四步”。这是指地基上的墙体。

清《工程做法则例》载：灰土每步厚度 7 寸（22.4 厘米），夯实后 5 寸（16 厘米）；素土每步虚铺 1 尺（32 厘米），夯实后 7 寸（22.4 厘米）。则引水工程地槽内灰土夯实后要在 32 厘米上下，其上的墙体则据其地势的高下而定。

3. 砌筑墙体外层

三合土墙体夯筑完成后，为了安全和美观，要在墙体外侧包裹条石，条石分作两种：一是最下层作为基础的条石，比较狭窄；一是基础条石上的石墙，是比较规矩的长方形条石。墙体上，除石渠以外地方，再铺砌石块，用以防雨。

4. 石槽与石瓦的制作

笔者曾对所见引水工程石槽、石瓦进行过测量，数据如下：

引水石槽的尺寸

位置	长度	宽度		高度		
		外径	内径	通高	槽深	榫厚
樱桃沟	160	53	25		19	
牡丹园西	260	55	25	37	19	5
王锡彤墓下侧	60	54	26		19	
曹雪芹纪念馆外	230	56	25	30	19	5

（单位：厘米）

由以上数据，可见引水工程的石槽长度不一，通高也有一定的差距，但其输水用的内径基本保持一致：宽 25 厘米左右，高 19 厘米。

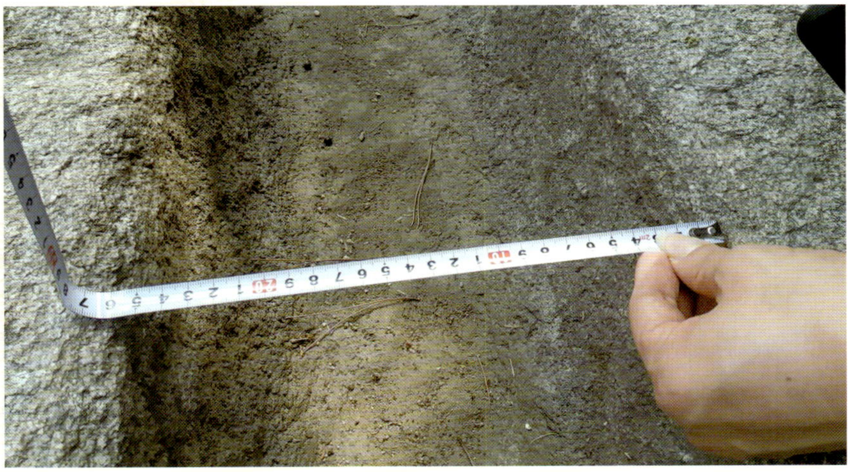

引水石槽内径

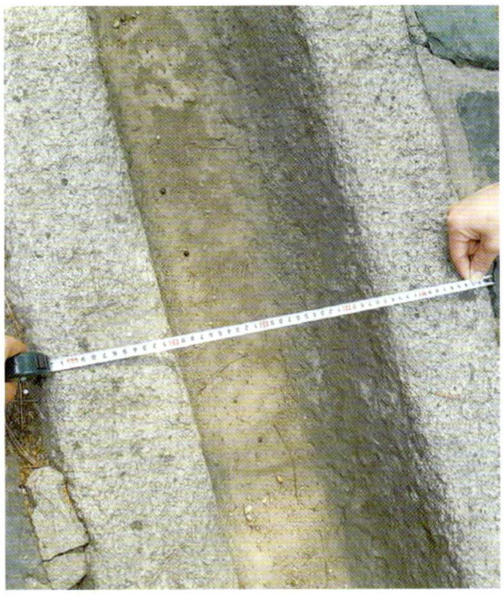

引水石槽外径

北京植物园内河墙工程立面

石槽上的石瓦除了宽度基本统一外，长度、高度并没有严格的规定，甚至在形制上也没有统一的要求，有的打制成长方形的石块，有的打制成半弧形，而静宜园内部分明渠石瓦，因要考虑皇家行宫内的效果，等级高，制成"兀脊顶"，宽、高都比较一致，以显得美观、规矩。

如今所知，裸露在外面的单体石槽有四：一位于曹雪芹纪念馆西侧，一位于北京市植物园展览温室西侧苗圃，一位于香山村树地，一位于军事科学院内。经观察、测量，石渠接缝处以上下榫连接，榫壁厚 5 厘米。

5. 安置石槽

按照墙体的总体走向，将石槽放置在河墙上一段段连接起来。石槽内部是荷叶沟底，下部水平，而两端接口处有接榫相连，勾以油灰，以保证不会漏水，损害墙体。

石槽接口处

6. 铺置石瓦

将石瓦铺置在石槽之上，以保证水流不会受到污染和堵塞。实际上，并非所有的石槽都需要铺盖石瓦，行宫内的部分石渠是露明的，以便形成水行宫中的泉水下流效果，石瓦主要铺在行宫内需要埋入地下的石渠和行宫外石槽上，以保证美观和水体洁净。

一般说来，当石瓦铺就以后，整个引水工程就算大功告成了；但是，对于部分埋入地下的暗渠来说，还需要最后一遍工序，即加土和行夯。具体而言，就是在石瓦上“平垫黄土均一尺，上面行夯一次”，以保证石瓦上黄土的紧密，不致散落石渠之内。

石槽上石瓦的规制

位置	长	宽	高
曹雪芹纪念馆	82	59	20
	86	44	19
香山带水屏山西北	189	45	30
香山带水屏山西北	70	45	30

（单位：厘米）

颐和园藏样式雷佛香阁排云殿图

德暉殿
順山殿
雲步山石
值房
排雲殿
大月台
紫霄殿
芳輝殿
二宫門
玉華殿

六、河墙和南旱河：香山引水工程的配套工程

香山两大山涧，一在南侧，在带水屏山南、东，东行至鲍家窑一带——香山引水工程至四王府段沿前涧北侧东行；一在碧云寺南北两侧，于碧云寺山门前汇合，北行后，东折至四王府村南。

按样式雷图档，“静宜园外月牙池到四王府广润庙石渠长 750 丈；四王府广润庙至玉泉山西门 569 丈”。

静宜园外地势低下，为了保证石槽的基本高度水平，即需要建造石墙作为引水石渠的支撑。

石垣，一名河墙，是在地势低洼处以石头堆砌而成的、用以抬高地势、使河槽保持水平的高墙。河墙分为内外两部分：内为夯土而成的土墙，其外包裹方正石头砌成的墙壁，主要位于静宜园至四王府广润庙一段、卧佛寺至四王府广润庙一段、荷叶山至玉泉山西门一段。

另外，香山夏季雨大，方圆十数平方公里雨水汇集到山涧，瞬间水势极大。乾隆三十六年夏，西山洪水淹没京西大片土地。乾隆皇帝遂令从香山四王府（香山河滩、寿安山河滩交汇处）向东北、东南分别开辟两条泄水河渠（因夏季以外，无水干涸，亦称南、北旱河），其走向《日下旧闻考》卷一百一《郊坰·西十一》记：

四王府东北至静明园外垣皆有土山，土山外为东北一带泄水河，其水东北流，合萧家河诸水，经圆明园后，归清河；四王府西南亦有土山，土山外为西南一带泄水河，其水流经小屯村、西石桥、平坡庄、东石桥，折而南流，经双槐树之东，又东南至八里庄西，汇于钓鱼台前湖内，为正阳、广宁、广渠三门城河之上游。

七、乾隆樱桃沟、碧云寺、香山至玉泉山引水工程的价值评价

（一）樱桃沟、碧云寺、香山至玉泉山引水工程是玉泉山西部造景的决定因素

引水工程将樱桃沟、碧云寺泉水送抵玉泉山西部，形成了飞淙阁、挂瀑簷、涵漪湖等水景，弥补了玉泉山没有瀑布的遗憾，同时，涵漪斋、涵漪湖与玉泉山西部陡峭的山壁一起模仿出辋川别业“北宅”的景象[1]。

不仅如此，涵漪湖的存在还将玉泉山西部的广大区域分隔开来，在涵漪湖的分割和连接下，湖北部的涵漪斋建筑群、湖南部的东岳庙仁育宫景区既独立又关联，建筑与湖泊共同营造出气魄与灵动和谐共存的局面。

（二）引水工程对沿途景区的关照

樱桃沟、碧云寺、香山至玉泉山引水工程的建造，不仅使得玉泉山西部景区顿时活泼起来，还极大的关照了沿途各景观的营造。

引水工程经过处的碧云寺行宫、碧云寺、静心斋、昭庙、静宜园静翠湖及宫门外月池、卧佛寺行宫、卧佛寺、正白旗旗营内的饮马池等，既起着平衡储蓄泉水的作用，同时也因引水工程的存在提升了景区的质量。

（三）配套工程对玉泉山、香山之间景区的影响

为了缩短四王府广润庙至玉泉山西门之间引水工程的距离，这一段工程尽量走直线，为此，除了充分利用天然的土峰外，乾隆皇帝在玉泉山至香山之间建造了五座皇家寺庙，利用部分寺庙的墙体作为石槽的承载物，并造成玉泉山至四王府之间的寺庙景观群。

---

1 岳升阳等:《海淀文史·海淀古镇环境变迁》一书开始注意到引水工程对玉泉山西部景区的影响，云:“唯有侯仁之先生的学生、北京大学教授岳升阳提出了不同的观点,《海淀古镇环境变迁》一书中指出:‘石渠之水不但为静明园景观提供了水源，还成为蓄水湖泊的水源之一。’”开明出版社，2009年。

玉泉山西门外为妙喜寺。《日下旧闻考》卷八十五《国朝苑囿·静明园》称："涵漪斋之西夹墙门外为妙喜寺"，"妙喜寺以西为静宜园界。"而《日下旧闻考》卷一百一《郊坰·西十一》载："妙喜寺西为香露寺，又西为普通寺，普通寺南为妙云寺，又西为广润庙。"

这样，石渠与散布其沿途的村庄、旗营、寺庙将整个香山、寿安山至玉泉山一带贯穿起来，形成了连续和谐的景观带。另外，为了点缀沿途景观，乾隆还令人在河墙沿线栽植柳树，当地称为"河墙烟柳"。

（四）对玉泉山南部稻田种植和玉泉山南部景观的影响

引水工程不仅成就了玉泉山西部及沿途的造景需要，还对玉泉山南部稻田种植和玉泉山南部景观产生重要的影响。

乾隆十五年，瓮山泊疏浚工程完工，由于整个瓮山泊的面积增加了一

玉泉稻种植（海淀区档案馆提供）

倍，玉泉及周边稻田、沼泽中的泉水都被吸纳到湖泊中，这就造成玉泉山南部上游稻田灌溉上的困难。

由于拓展瓮山泊出于乾隆的旨意，自负的皇帝不愿承认，玉泉山地区御稻种植用水的困难因挖掘扩大瓮山泊面积所致，称产生这一结果的原因是“迩年，开水田渐多”。

为了解决这一问题，乾隆皇帝令在玉泉山南水门外“接拓一湖，俾蓄水上游，以资灌溉”。这个接拓出来的湖泊称为“高水湖”。

引水工程引来的泉水和玉泉合流后进入高水湖，为了照应清漪园（颐和园前身）与玉泉山景区的关系，皇帝复令在高水湖中建影湖楼，从而使蓄水的高水湖也变成静明园的附属景观。高水湖一口连接东南处的养水湖，复在养水湖北口建界湖楼，在楼旁玉河石桥上建两座石牌坊。

（五）为昆明湖的景观建设及北京城市提供了水源

昆明湖水在引水石渠建设之前主要依靠玉泉山泉水，引水工程将静宜园、碧云寺、樱桃沟的泉水引至昆明湖，扩大了昆明湖的水源，为昆明湖的景观建设尤其是水景建设提供了保障。北京运河漕运及城市供水仰赖昆明湖，新水源的开辟，使北京城市供水得到更为有力的保障，使三山五园地区在城市体系中的作用更加显著。

留佳亭匾额

总之，静宜园、樱桃沟、碧云寺至玉泉山引水工程是玉泉山整体造景的重要组成部分，在“三山五园”史上占有重要地位，理应引起人们的重视，并加以保护、合理利用。

颐和园藏民国时期《颐和园全图》

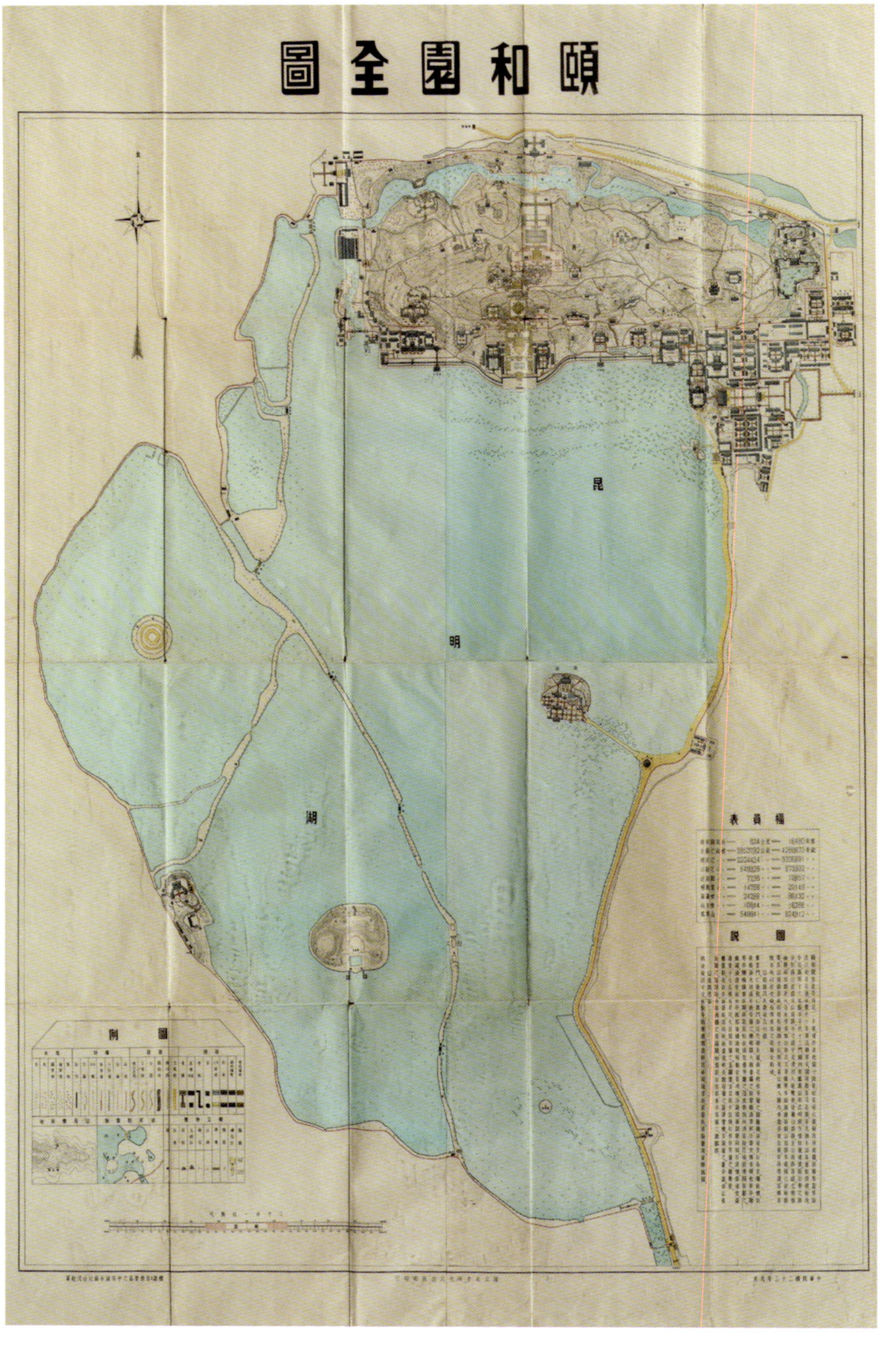

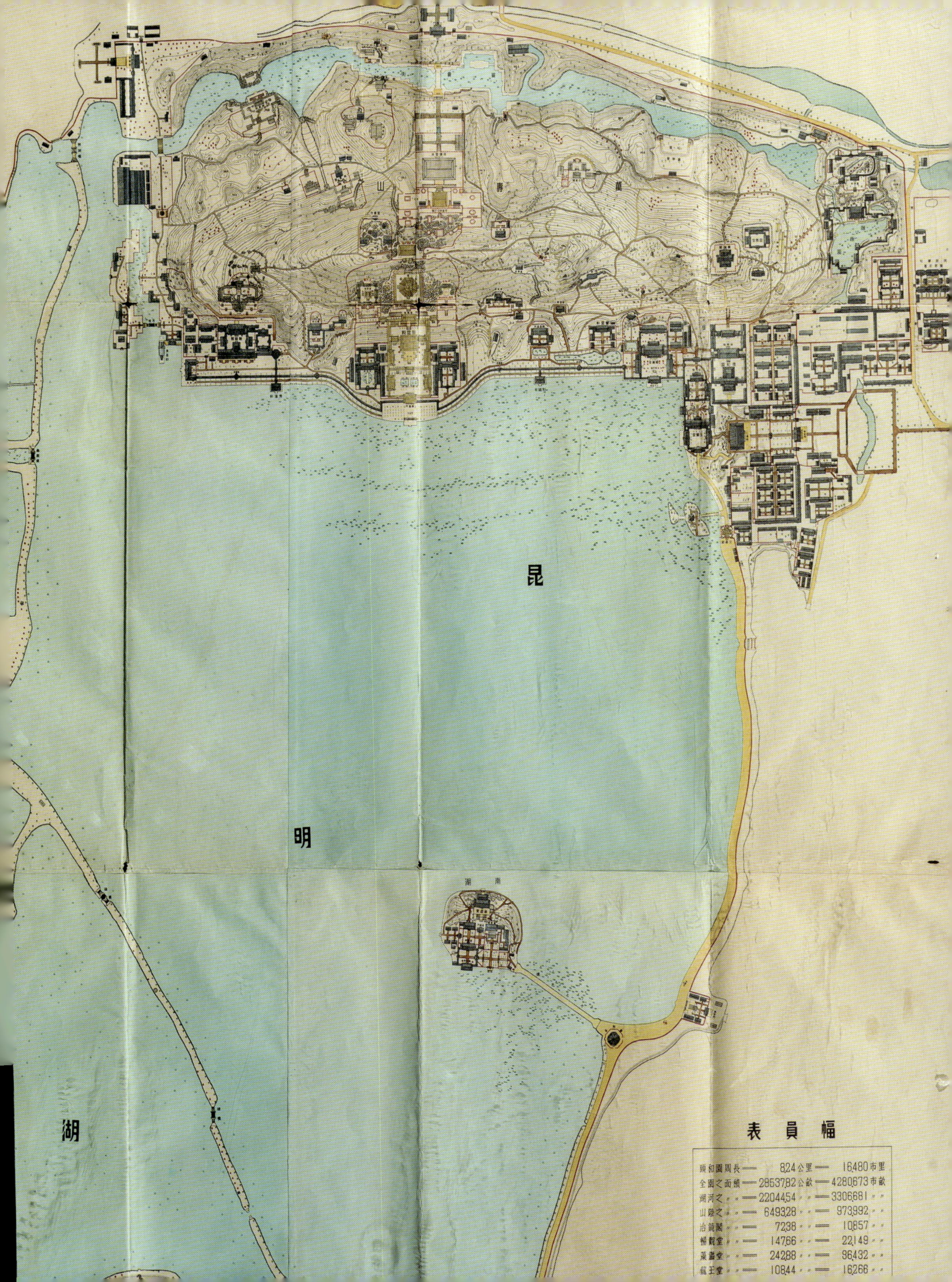

幅員表

頤和園周長	—— 8.24	公里	—— 16.480	市里
全園之面積	—— 28537.82	公畝	—— 4280.673	市畝
湖河之〃〃	—— 22044.54	〃〃	—— 3306.681	〃〃
山陸之〃〃	—— 6493.28	〃〃	—— 973.992	〃〃
治鏡閣〃〃	—— 72.38	〃〃	—— 10.857	〃〃
暢觀堂〃〃	—— 147.66	〃〃	—— 22.149	〃〃
藻鑑堂〃〃	—— 242.88	〃〃	—— 96.432	〃〃
龍王堂〃〃	—— 108.44	〃〃	—— 16.266	〃〃

2011.10.24.20
颐和园

第三章

灌田储水 桥闸纵横

利农灌田，储水泄洪，是乾隆拓展昆明湖的主要目的，对此乾隆在《万寿山昆明湖记》中有明确的说明，并在御制诗文中多次强调；同时，清代建立了一整套对昆明湖桥闸水务的管理制度，有效发挥了昆明湖作为京城百姓水库水源的巨大作用，同时推动了京西稻种植面积和产量的大幅度提高。今天，昆明湖周边数十座桥闸虽已大都成为陈迹，但仍在无言地诉说着几百年来“储泽疏流利下田”的丰功伟绩。

颐和园作为三山五园之一的皇家园林，不仅拥有极高的园林景观价值，在水利方面也发挥着重要作用。颐和园昆明湖的前身瓮山泊早在金代便是接济皇家用水及漕运的重要水源地。经元、明两代开发、利用，清乾隆时期[1]扩展瓮山泊，建清漪园，改瓮山泊名为昆明湖，形成以昆明湖为核心的北京西北郊水利系统。昆明湖成了北京郊区第一个人工水库，既可为紫禁城、大运河漕运提供用水，也可灌溉周边园林、稻田。昆明湖水流经之处可供船只通行，形成水上交通线路。咸丰十年清漪园被英法联军焚毁。光绪时期[2]，慈禧以清漪园为蓝图建颐和园，仍沿用乾隆时期的水利系统，昆明湖依旧发挥重要的水利功能，直至20世纪初结束。

清代颐和园内的桥、闸、涵洞、码头等水利设施是颐和园水利功能的有力见证。《颐和园志》[3]对于颐和园的桥、闸、涵洞、码头的名称、位置、功能有所记述。国家图书馆出版社出版的《国家图书馆藏样式雷图档·颐和园卷》[4]收录国家图书馆藏全部清漪园、颐和园样式雷图档687件。其中绝大部分为光绪时期建造颐和园的设计、施工、勘察图纸，对于颐和园的水利设施有更为详细的记录。天津大学张龙博士撰写的博士论文《颐和园样式雷图档综合研究》[5]对587幅国图藏

1 乾隆十四年至乾隆十五年整治北京西北郊水利，扩展瓮山泊，改造瓮山。乾隆十五年改瓮山名为万寿山，改瓮山泊名为昆明湖，清漪园的建造也自此年始，至乾隆二十九年竣工。

2 颐和园的重建工程自光绪十二年始，其时园名仍为清漪园。光绪十四年二月初一日（1888年3月13日）正式改园名为“颐和园”。颐和园建造工程至光绪二十一年停工。清光绪二十八年后，也曾对八国联军破坏的颐和园进行过修复，据天津大学建筑学院张威博士论文《同治光绪朝西苑与颐和园工程设计研究》，光绪二十八年后修复、添修内容与本文论述的水利设施无关。

3 北京市地方志编纂委员会：《北京志·世界文化遗产卷·颐和园志》，北京出版社，2004年。本文提及的《颐和园志》、“志书”均同此注。

4 国家图书馆：《国家图书馆藏样式雷图档·颐和园卷（全十四函）》，国家图书馆出版社，2018年。本章引用的颐和园相关样式雷图档均出自此书，下不一一注明。

5 张龙：《颐和园样式雷图档综合研究》，天津大学建筑学院，2009年。以下简称“张龙论文”。

清漪园、颐和园样式雷图档的绘制时间、是否实施情况进行了详细考证，并进一步明确了图档内容、类型，为本文的研究提供了有利依据。

本文参照《国家图书馆藏样式雷图档·颐和园卷》、张龙博士论文《颐和园样式雷图档综合研究》及《颐和园志》内容，对清代颐和园[1]内重要的桥、闸、涵洞、码头情况整体梳理，并对《颐和园志》所述颐和园水利设施情况进行考证、补充。此外，个别位于颐和园外的水利设施，择其重要者，述于文中；对于清漪园及现今存在的水利设施也略作说明。希望通过本文的论述，读者可以对颐和园的水利设施、水利功能有更为详实、准确地了解。

根据张龙论文对于国图藏颐和园样式雷图档绘制时间、实施情况、内容、类型的论述，本文主要选取《国家图书馆藏样式雷图档·颐和园卷》中绘制于光绪十二年至光绪二十三年间，与颐和园水利设施相关的样式雷图档进行论述[2]。凡在此时间段内的样式雷图档仅列题名[3]，不列具体绘制时间。个别需要指明绘制时间的图档在正文、注文中说明。凡已实施的样式雷图档，文中不再说明。凡未实施、部分实施以及需要指明内容、类型的图档，在注文中列出。

一、颐和园中的桥

这里主要论述可供皇帝御舟或其他船只经过的大体型桥梁。首先谈清代颐和园中的石桥。《颐和园志》中明确记述，清代颐和园昆明湖南端绣漪桥、西堤之上玉带桥、石舫西北荇桥、后湖西端半壁桥可供御舟

1 由于《国家图书馆藏样式雷图档·颐和园卷》中的图档主要反映的是清代颐和园的建筑、园林布局情况，反映清漪园情况的图档极少。因此本文以论述清代颐和园的水利设施为主，对于光绪十二年至光绪十四年二月初一日（1888 年 3 月 13 日）的一段时期也视为“清代颐和园”时期之内。即，光绪十二年至宣统三年（1911）为“清代颐和园”时期。

2 本文论述中引用的样式雷图档均为张龙论文中考证的国家图书馆藏清漪园、颐和园样式雷图档。此论文共考证 587 幅国图藏清漪园、颐和园样式雷图档，其中 582 幅图档为光绪十二年至光绪二十三年间绘制。其余 5 幅绘制于道光、同治时期。

3 此处的“题名”指《国家图书馆藏样式雷图档·颐和园卷》中所标图档题名。

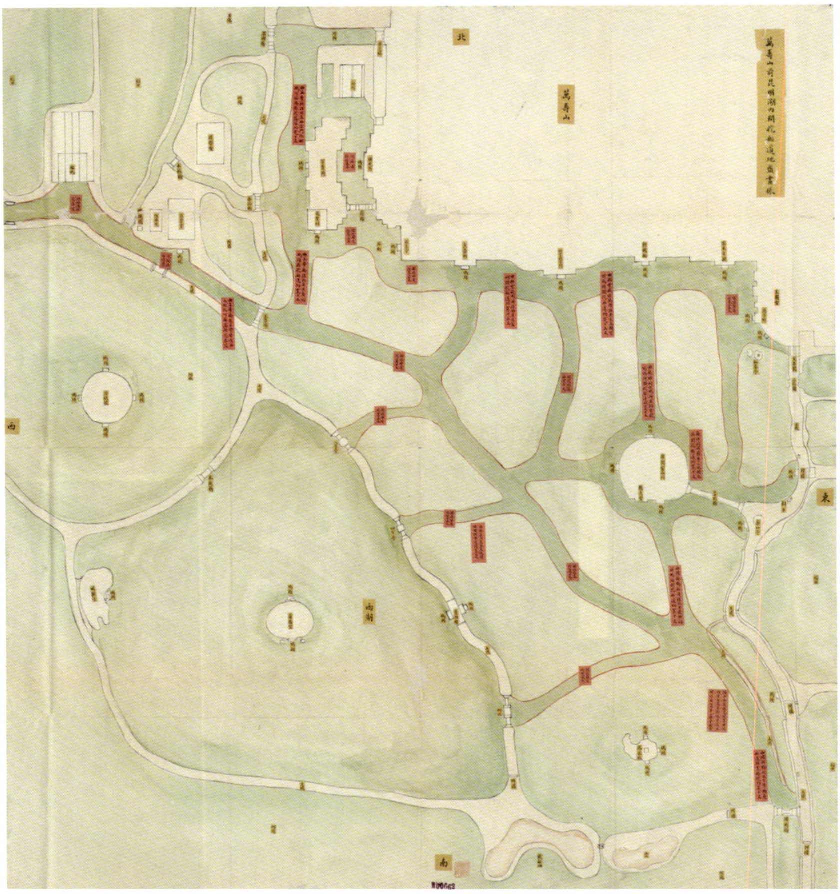

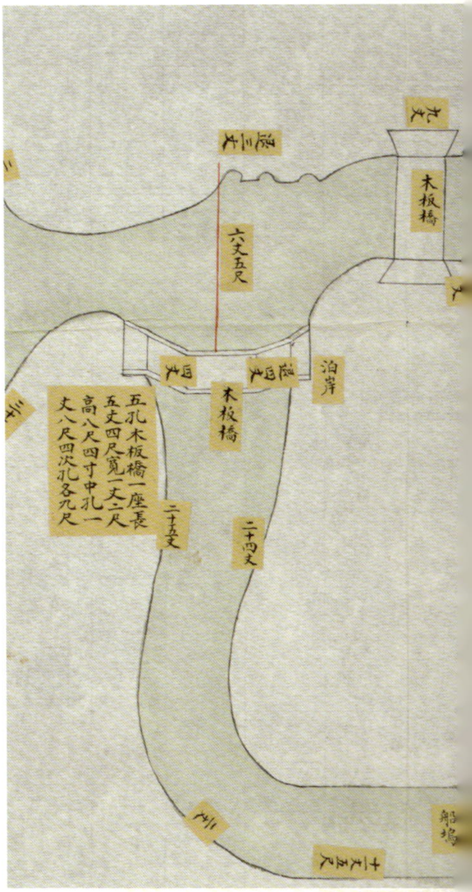

《万寿山前昆湖内开挖船道地盘画样》

通过。御舟经长河过绣漪桥，向北可至颐和园内昆明湖；经玉带桥向西，可至玉河、静明园；经苻桥向北可至西所买卖街西部的万字河；经半壁桥向东可至昆明湖后湖。

此外，西堤之上由南至北的柳桥、练桥、镜桥、豳风桥、界湖桥，据《万寿山前昆明湖内开挖船道地盘画样》[1]，均为船只经过的桥梁。船只经柳桥、练桥、镜桥可至西南藻鉴堂湖区；经豳风桥[2]可至北长河东南支流，内外水操学堂处；经界湖桥可至与玉河连接的北长河。

1 本文所述样式雷图的绘制时间、是否实施、绘制内容、类型，均据张龙论文结论。所述样式雷图的名称均据国图所标题名。《颐和园万寿山前昆明湖内开挖船地道盘样》为国图标此图题名。若图已实施则不再作文字说明，若未实施则在注文中说明。个别图的绘制内容、类型也列于注文中。以下同。

2 图中标豳风桥为“桑苎桥”，为其清漪园时期的名称。光绪时期慈禧改桥名为“豳风桥”。可能此图绘制之时，尚未改名。

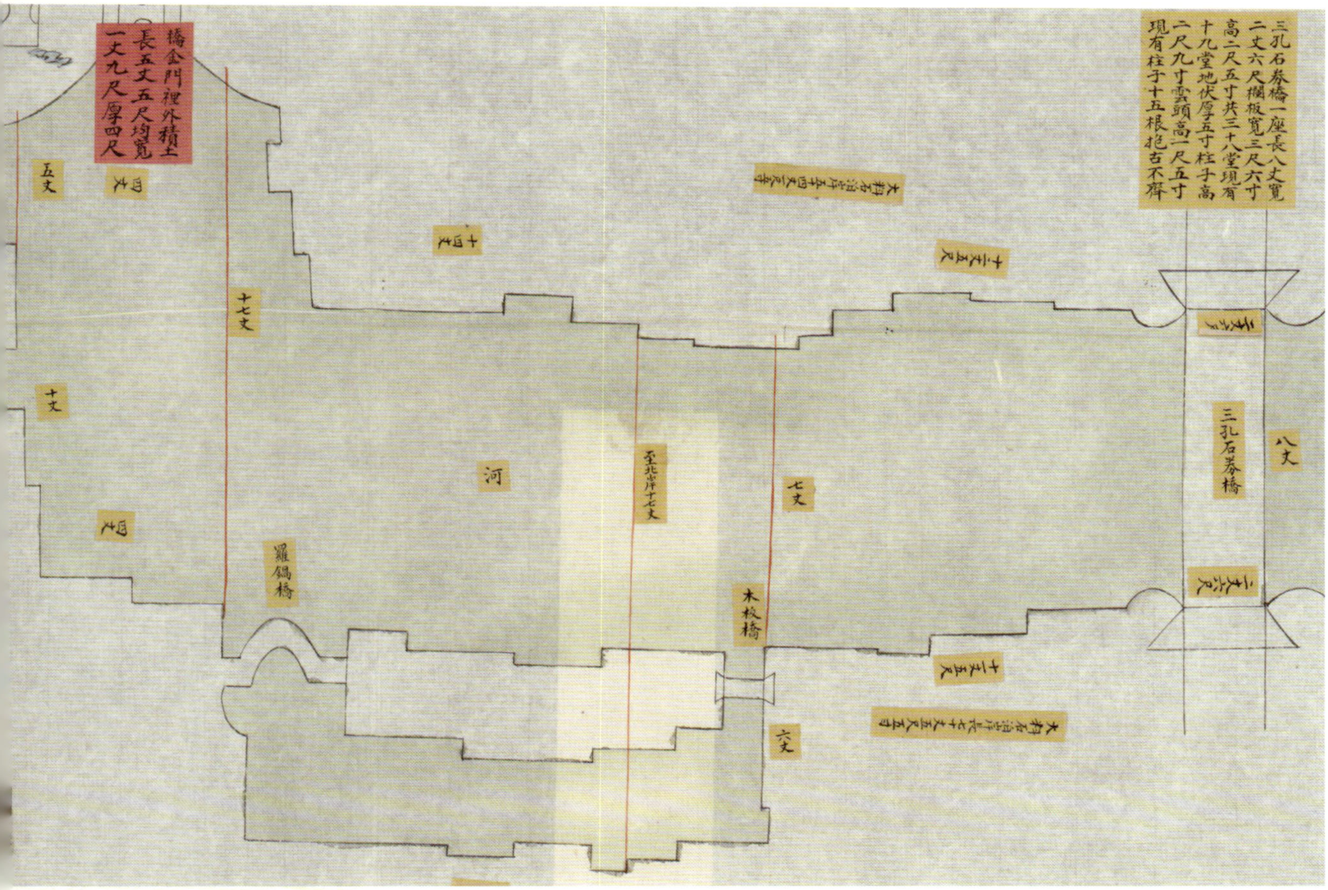

《颐和园万寿山后山河桶挖淤图样》局部

《颐和园志》记在颐和园后湖区中央位置有一座三孔石桥，据志书中记乾隆皇帝奉母乘坐御舟游览后湖买卖街的情景，可推测御舟应由此桥下经过。另从桥洞的尺寸来看，据《万寿山后山河桶泊岸码头桥座等工丈尺做法细册》记：“后山中一路三孔券桥一座，面长八丈八尺六寸……中孔金门面阔二丈，中高二丈七尺……”另据《颐和园万寿山后山河桶挖淤图样》[1]中后湖有一船坞，在此三孔石桥东侧。此船坞南侧出入口有一五孔木板桥，船出入船坞必经此五孔木板桥。据图中标记：“五孔木板桥一座，长五丈四尺，宽一丈二尺，高八尺四寸，中孔（面阔）一丈八尺，四次孔各（面阔）九尺。”三孔石桥中孔的高度、宽度均比船坞出入口处的木板桥大，

1　据张龙论文，第181页。此图为光绪时期《颐和园后溪河河道泊岸桥座勘察丈尺地盘样》，故图中所绘建筑及标记为光绪时期的实地勘测结果。

可知此桥可供船只经过无疑。

颐和园最典型的景观之一东堤岸边的十七孔桥，以其巨大的桥洞以及上文提及的《万寿山前昆明湖内开挖船道地盘画样》船道走向推测，也应是供船只经过的桥。

据《昆明湖添建大墙做法图》记，治镜阁东南部堤岸有南辛桥（也有图标南荇桥）一座。据《清漪园河道地盘样》[1]记，治镜阁东南部堤岸

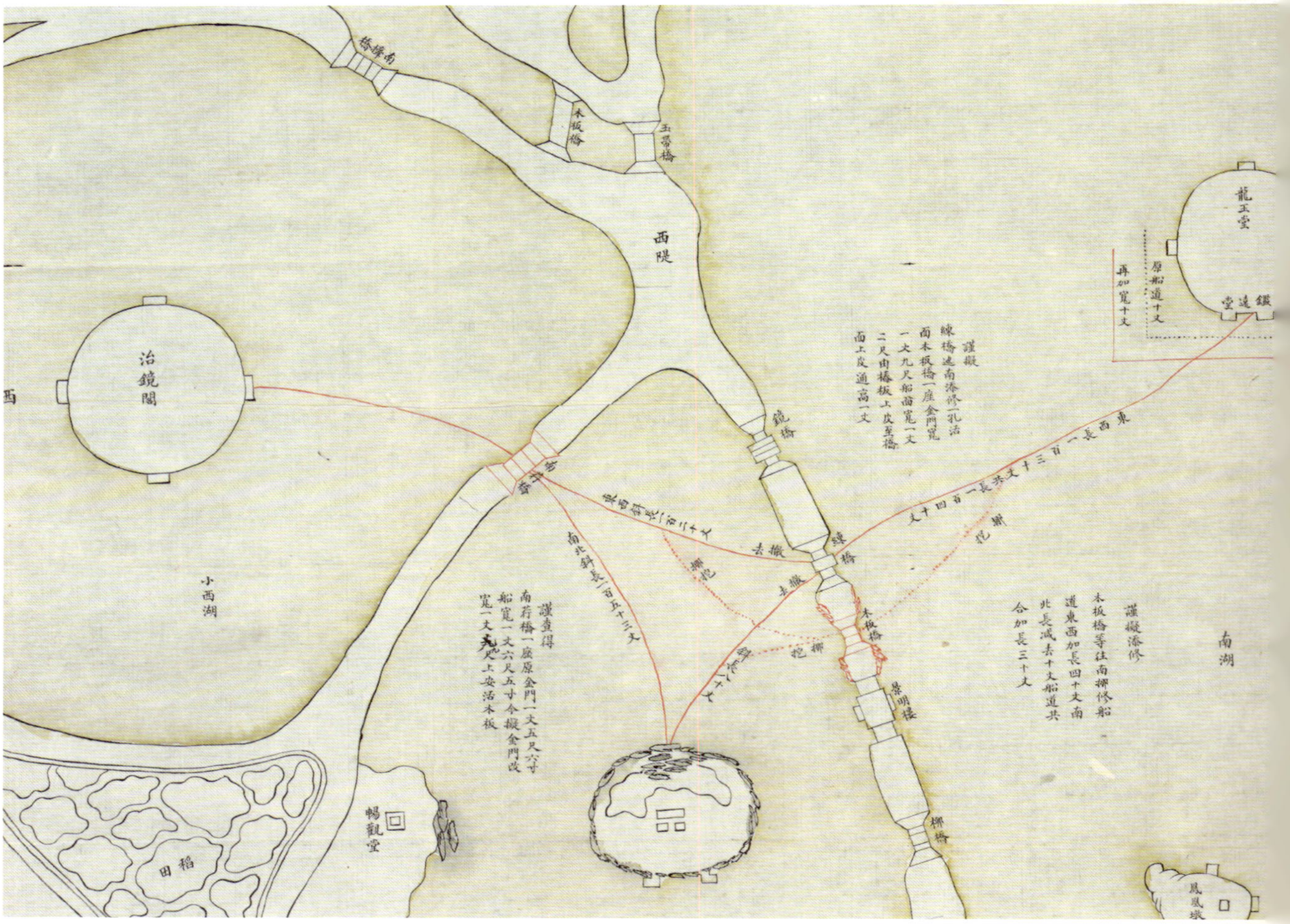

《昆明湖挖船道路线丈尺细图》局部

1 据张龙论文，第178页。此图绘制于光绪十二年至十三年，刚开始建造颐和园时。其时，尚未更改名为“颐和园”，故图名仍称“清漪园”。此图应为光绪朝时，绘图者据当时所见清漪园或焚毁前清漪园的情况绘制，供重修参考。

有南新桥一座。南辛桥与南新桥，名称、位置类似。估计这座桥是在清漪园时期已存在，至颐和园时更改了名称。据《昆明湖添修围墙灰线图》南辛桥旁标记："原石平桥一座，改修活门。"另据《昆明湖挖船道路线丈尺细图》南荇（辛）桥旁标记："谨查得南荇桥一座，原金门一丈五尺六寸，船宽一丈六尺五寸，今拟金门改宽一丈九尺，上安活木板。"可知南辛桥为石桥，并添安了活动木板，桥洞宽度也由原来的一丈六尺五寸扩展至一丈九尺。另据此图可知，南辛桥为进入治镜阁区域船只经行桥梁[1]。

除石桥外，清代颐和园中也有一些木板桥。《颐和园志》中记，光绪十七年在练桥与柳桥之间添建一座随时开启的木板桥，在玉带桥西添建一座五孔木板桥。《昆明湖挖船道路线丈尺细图》中记，在练桥、柳桥之间明确标有活动木板桥一座。其旁标记："谨拟，练桥以南添修一孔活面木板桥一座。金门宽一丈九尺，船面宽一丈二尺……"与《颐和园志》中所述相同。据图中红线标记，此活动木板桥为船只经过之桥无疑。船由此桥过，可由昆明湖内湖至西南藻鉴堂水域。

据光绪十六年底《万寿山前添修大墙宫门角门并桥座涵洞泊岸等工约估钱粮数目略节》[2]记："玉带桥西添修五孔木板桥一座。"据光绪十七年《昆明湖添修围墙灰线图》[3]中玉带桥西（西园墙）处标有木板桥一座，旁边标识记："谨拟，木板桥上安板墙，中间进船门口。"故而基本在光绪十六年底至光绪十七年时，玉带桥西已添建一座五孔木板桥。《昆明湖大墙宫门桥座涵洞等工做法清册》记："新建宫门西山，玉带桥西，添修五孔木板桥二座，内一座桥面通长十丈八尺，宽七尺，连埋头至桥面上皮高一丈，中孔金门面宽一丈六尺四寸，次孔金门各面阔八尺。金刚墙各一座。桥面通长十丈，宽七尺。内里埋头至桥面上皮高一丈，中孔金门面宽一丈六尺，四次孔□门各面宽八尺。"这里记录了两个位置的木板桥情况，其中"新建宫门西山"不知指何处，但可大致估计玉带桥

---

1 据《昆明湖添建大墙做法图》《昆明湖挖船道路线丈尺细图》《清漪园河道地盘样》，清代颐和园时期，治镜阁东北堤岸处有南牵桥，清漪园时有与之位置类似的北新桥。南牵桥与南辛桥相对，体量相似，但是否为船只经过之桥尚难确定。

2 据张龙论文，第196页。此档案编制时间为光绪十六年底。

3 据张龙论文，第185页。此图绘制时间为光绪十七年。

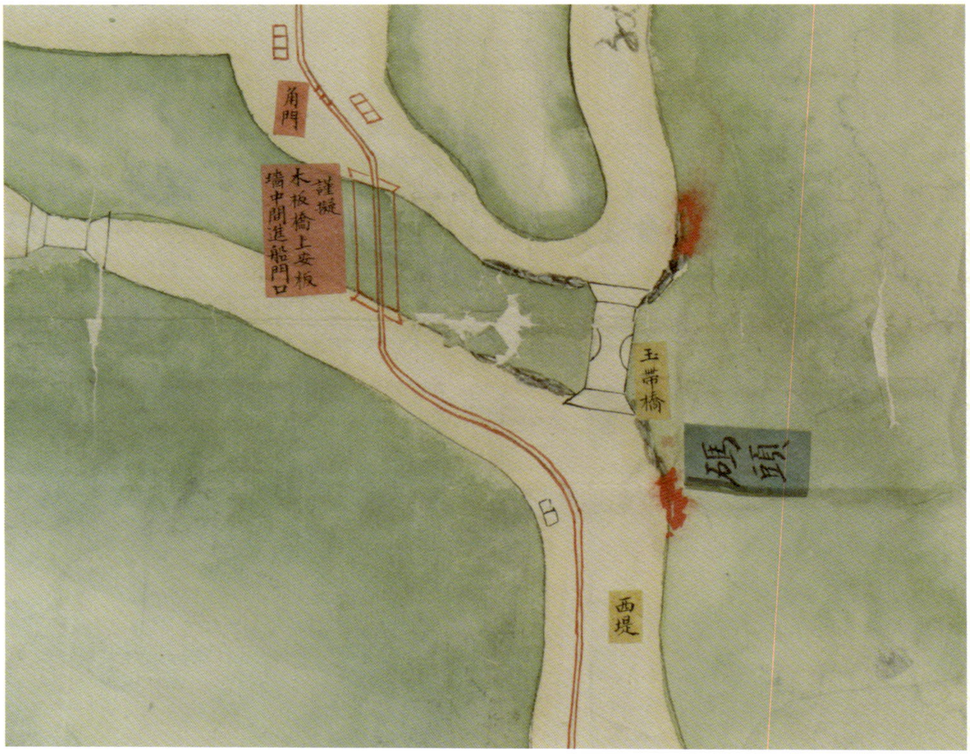

《昆明湖添修围墙灰线图》局部

西的五孔木板桥尺寸，桥长约十丈，宽七尺，桥的中孔面阔约一丈六尺，桥的四个次孔各面宽八尺。据上文述[1]，御舟经玉带桥下，向西行至玉河、静明园。此五孔木板桥在其西侧，并且可进船，故与玉带桥同为御舟经行之桥。

《颐和园志》记现在的颐和园谐趣园中，引镜东侧有一座小桥通向湖岸。桥的东南侧是一座船坞，面阔七间，现为库房。据《谐趣园全图添修桥座开挖河桶船坞等图样》，在谐趣园东侧标有添修木板桥一座，添修面阔七间船坞一座的红色标记。与《颐和园志》所述基本一致，并明确了“小桥”为木板桥。图中此木板桥在船坞出入口处，可知为供船只经过的桥。

《昆明湖添建大墙做法图》中，绣漪桥南园墙处标有添建木板桥一座。《昆明湖续展大墙并添修堆拨桥座添建海军衙门值房及东面大墙外补垫道路

1　见本书第 72 页。

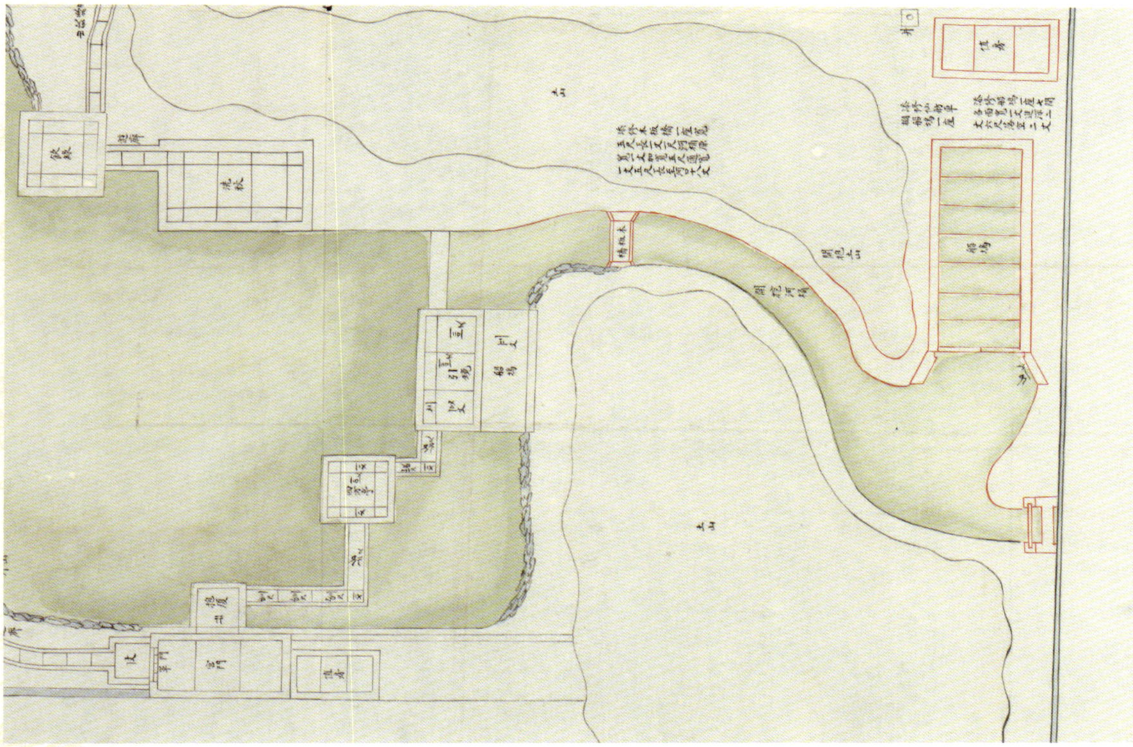

《谐趣园全图添修桥座开挖河桶船坞等图样》局部

等工丈尺做法细册》记："随续展大墙添修三孔木板桥一座……中孔金门面阔一丈八尺，二次空金门，各面阔四尺五寸……"《昆明湖添建大墙做法图》中总共标有添建木板桥两座，一座为玉带桥旁木板桥，上文已证明为五孔木板桥[1]。另一座为绣漪桥南木板桥。《细册》中仅提及添建三孔木板桥一座，估计应指清代颐和园添建大墙时，在绣漪桥南侧（园墙最南端）的这座木板桥。《昆明湖添修围墙灰线图》于绣漪桥南木板桥旁标识记："谨拟，木板桥上安板墙，中间进船门口。"以上图档相互参照，可知光绪朝在绣漪桥南建三孔木板桥一座，桥的中孔面阔一丈八尺，可供船只经过，桥上有板墙。又据上文[2]所述绣漪桥为御舟经过之桥。则此三孔木板桥应也为御舟经过之桥，御舟由长河过此三孔木板桥再过绣漪桥可至昆明湖。

1　见本书第 75 页。
2　见本书第 72 页。

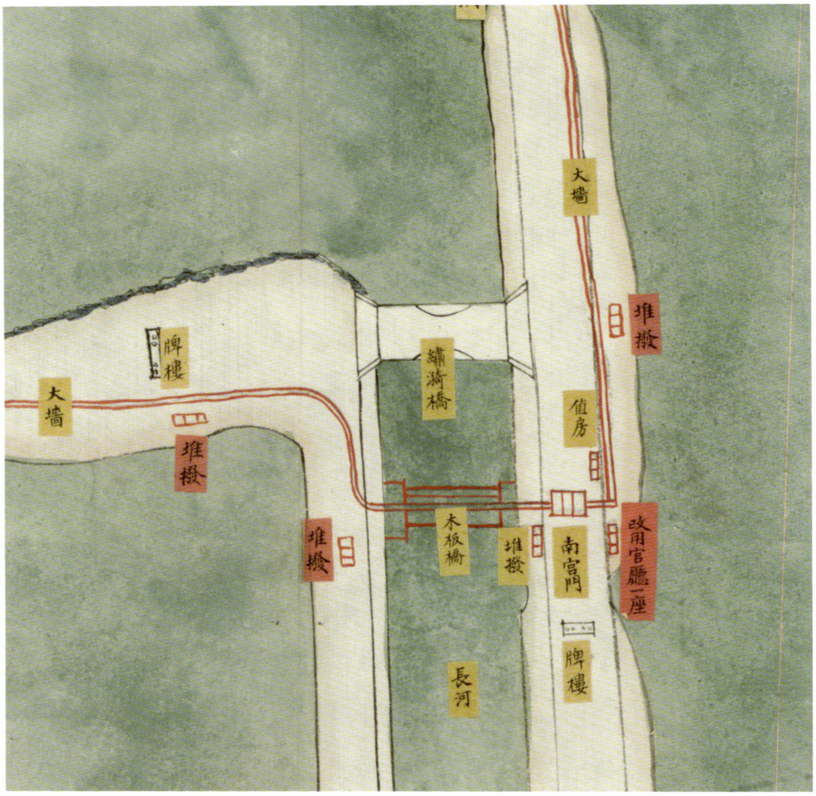

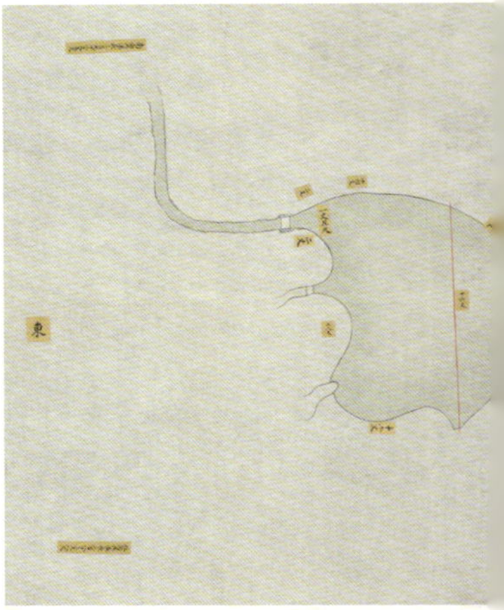

《昆明湖添建大墙做法图》局部

后湖船坞南侧有一正对船坞的五孔木板桥可供船只通过，上文已述[1]。另据《颐和园万寿山后山河桶挖淤图样》，后湖三孔石桥东侧，有三座木板桥成南、北向横亘在后湖上。其中两座为三孔石桥，分别位于澹宁堂东、西两侧[2]。图中标记，这两座三孔木板桥中孔面阔一丈八尺，高八尺。另一座木板桥位于后湖船坞西侧，清漪园买卖街东端出口处。三孔石桥的西侧有一座木板桥，位于半壁桥[3]以东，绘芳堂、嘉荫轩以西的位置[4]。这座木板桥也成南、北向横亘在后湖上。上文提及后湖船坞出入口处的木板桥为船只经过之桥[5]。据《颐和园志》中记皇帝御舟可经半

1 见本书第 73–74 页。

2 参照《国家图书馆藏样式雷图档·颐和园卷》中《颐和园万寿山后山河桶挖淤图样》《万寿山颐和园内后山长河添修点景房间游廊等图样》得出这两座木板桥的具体位置。据张龙论文，第 181 页。《颐和园万寿山后山河桶挖淤图样》为光绪朝所绘勘察地盘样。

3 图中标为“一孔券桥”。

4 参照《颐和园万寿山后山河桶挖淤图样》《万寿山颐和园内后山长河添修点景房间游廊等图样》得出此桥位置。

5 见本书第 73–74 页。

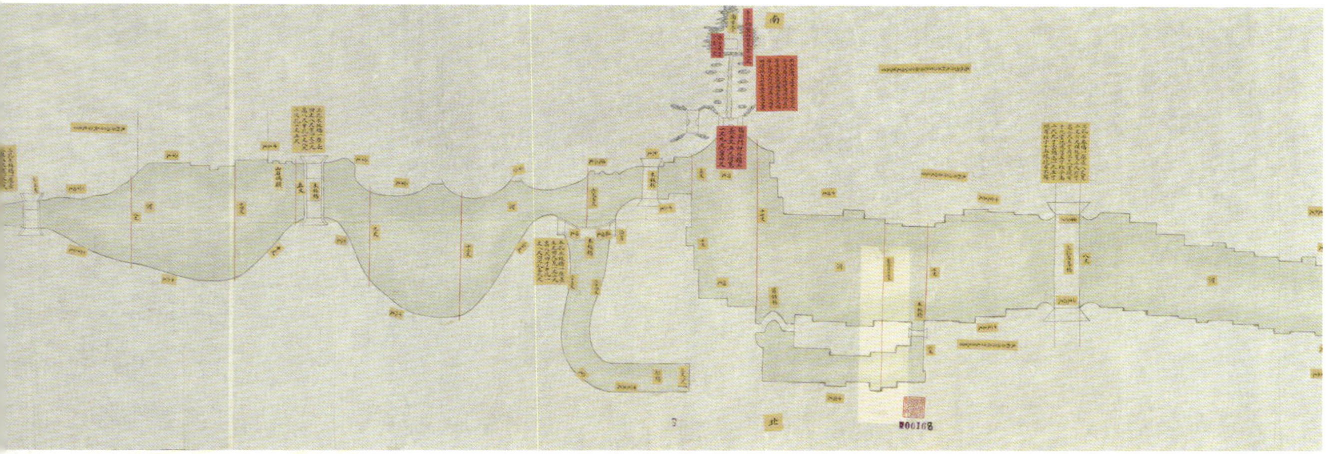

《颐和园万寿山后山河桶挖淤图样》局部

绣漪桥老照片

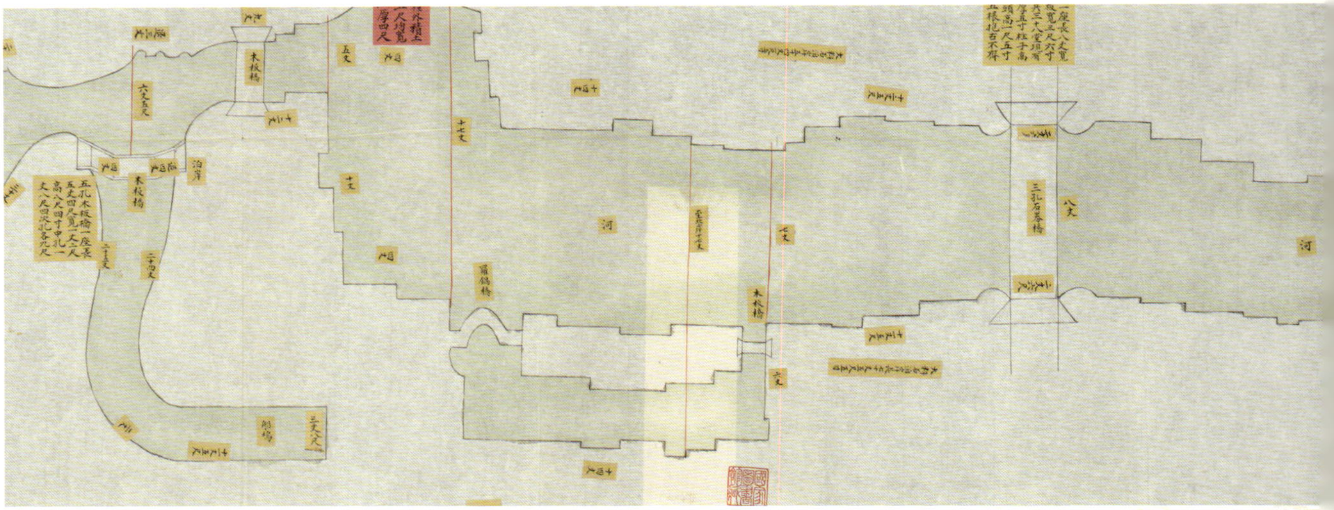

壁桥至后湖、买卖街，清漪园时澹宁堂前有石码头，颐和园时后湖东端的眺远斋南侧也有石码头为慈禧登船处[1]。再据《颐和园万寿山后山河桶挖淤图样》中后湖有船坞一座。推测这四座木板桥均应为御舟经过之桥。御舟由后湖西端的半壁桥可经后湖的五座木板桥至后湖船坞或后湖最东端。

据《昆明湖西堤河桶丈尺数目图》[2]，界湖桥西北侧，颐和园大墙处标有"桥长……"，图中豳风桥西北侧，颐和园大墙处建筑旁，标有"桥身长……"文字，可知这两处分别有一座桥。前文[3]已述颐和园内船只经界湖桥可至北长河，经豳风桥可至北长河东南支流，内外水操学堂处。因而推测，这两座桥也应为供船只经过之桥。

据《清漪园西宫门买卖街地盘图》[4]，西所买卖街北侧有弯转桥一座，材质不明。此桥北侧为船坞，南侧为荇桥。据上文[5]，清代皇帝御舟经荇桥可至西所买卖街流域，从图中弯转桥的体量、船坞的位置推测，此弯转桥也应为供御舟经过之桥。据《颐和园志》《国家图书馆藏样式雷图档·颐

1 澹宁堂、眺远斋前码头位置参见《国家图书馆藏样式雷图档·颐和园卷》中《颐和园万寿山后山河桶挖淤图样》《万寿山颐和园内后山长河添修点景房间游廊等图样》《万寿山颐和园内后山万寿买卖街铺面房等图样》。

2 据张龙论文，第 181 页。此图为《颐和园西宫门外河堤桥座现状勘察地盘样》。

3 见本书第 72–73 页。

4 据张龙论文，第 181 页。此图为光绪十三年至光绪十四年绘制的《清漪园西宫门买卖街铺面房等现状勘察地盘样》。

5 见本书第 72 页。

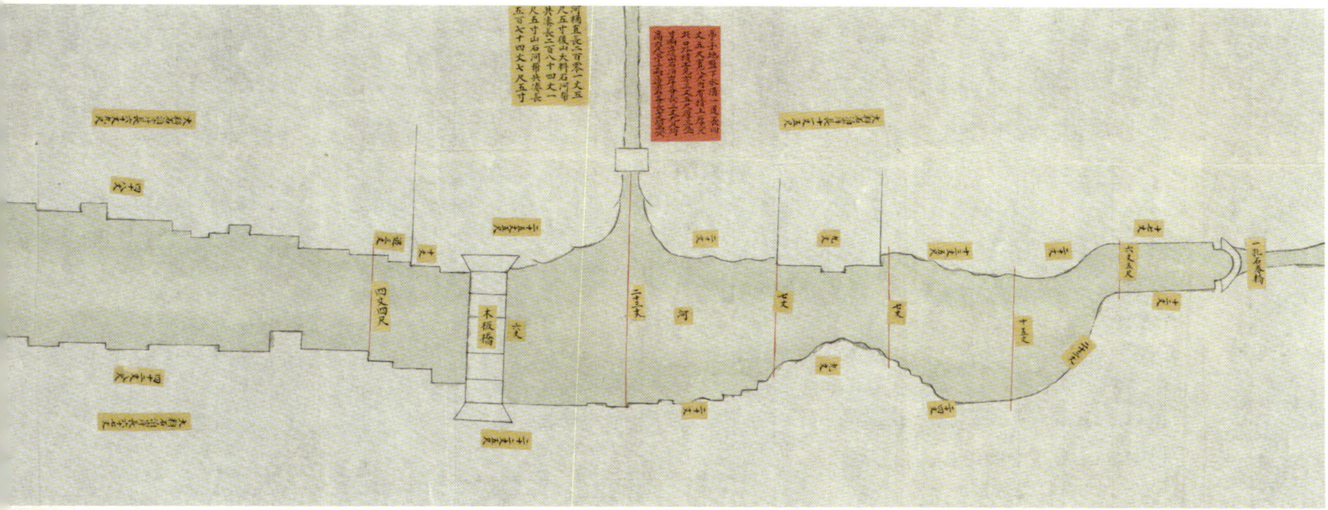

《颐和园万寿山后山河桶挖淤图样》局部

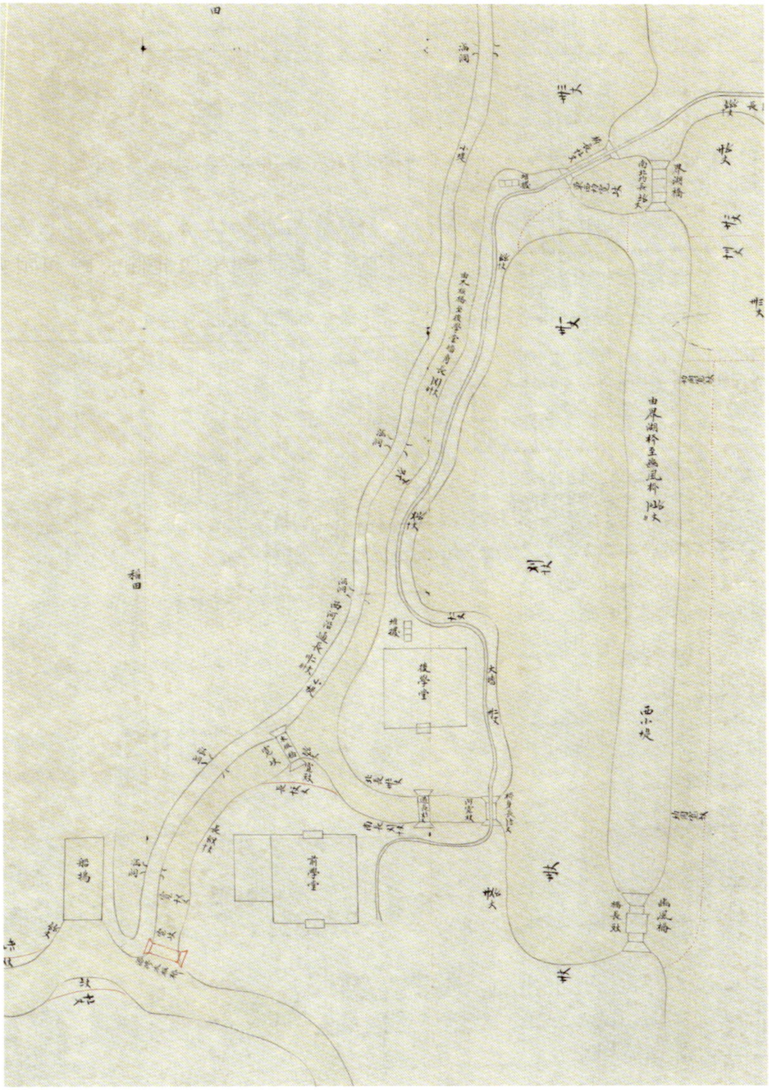

《昆明湖西提河桶丈尺数目图》局部

和园卷》、张龙论文内容，上述石桥，在清漪园时期已存在，至清代颐和园时期依旧存在。上述木板桥，除后湖上的五座木板桥可能为清漪园时期遗存外，其余木板桥都是光绪朝修建颐和园时添建的。

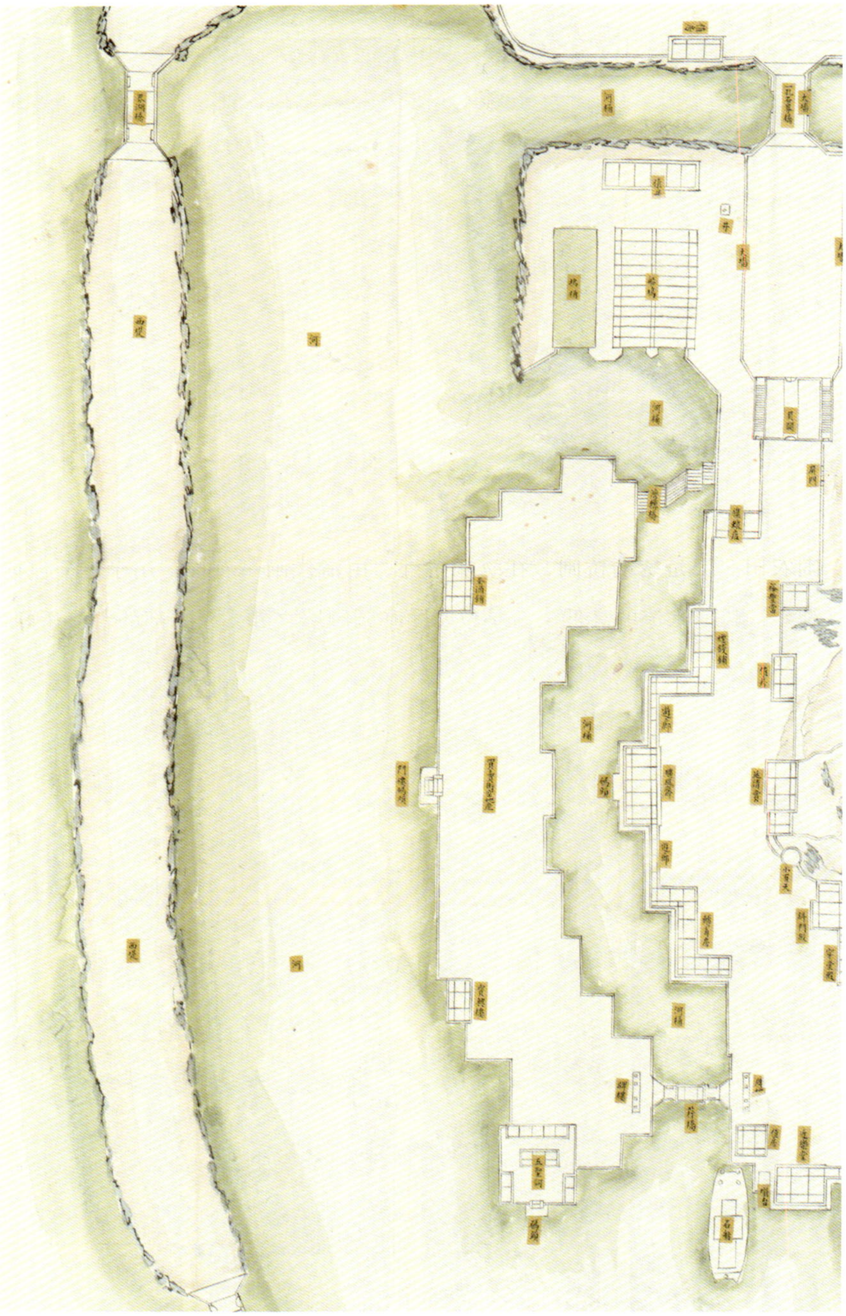

《清漪园西宫门买卖街地盘图》局部

清代颐和园中桥的功能除了供船只通行外，也可起到沟通水域、引流供水、缓解堤岸压力等作用。上述桥梁之中，绣漪桥与长河相连，使昆明湖之水经绣漪桥流入长河、高梁河、通惠河，此为颐和园昆明湖提供京城及大运河用水的重要水道。界湖桥、豳风桥、玉带桥则使香山、玉泉山等西北部上游水流，顺利流入昆明湖中，充沛湖水。西堤上的石桥、木板桥则保证了昆明湖东、西部水域的沟通，减少了堤岸的压力。横跨后湖南北的木板桥也为缓解西部至东部水流速度发挥了作用。

二、颐和园中的水闸

《颐和园志》中记昆明湖及附近的水闸：一是东堤文昌阁南的二龙闸，因有两个出水孔而被人们称为二龙闸，乾隆四十七年建，光绪时曾有整修，用于控制昆明湖东流之水，泄出多余水量，调节水位，灌溉周围农田。二是绣漪桥闸，在绣漪桥外，由清代闸军看护，用于调节昆明湖水、长河水流的高低。三是位于颐和园园墙之外，西北部的青龙桥闸。建于乾隆十八年，用于控制北面的湖水水位。四是惠山园闸，位于谐趣园后，水由惠山园闸流出园墙，沿马路南至圆明园。五是谐趣园西闸口，入水闸口，水由谐趣园西闸口流入谐趣园，出园墙南流，过东宫门合并

二龙闸

二龙闸流出之水。

据《从文昌阁经绣漪桥至西直门之间部分河道丈尺及闸板尺寸略节》记："文昌阁起至绣漪桥止，泊岸凑长五百五十七丈四寸，内有东岸二孔泄水闸一座，有闸板。……绣漪桥金门面宽三丈五尺，一孔无闸板……青龙桥金门面宽，二孔泄水闸，有闸板。桑苎桥，三孔无闸板……"根据图档中的记录，在光绪时期，颐和园文昌阁南东堤之上确有二孔泄水闸一座；青龙桥下确有二孔泄水闸；绣漪桥下无闸板。根据目前所见资料也没有绣漪桥下有水闸的记录，志书此处误。

耕织图附近出土的分水斗门

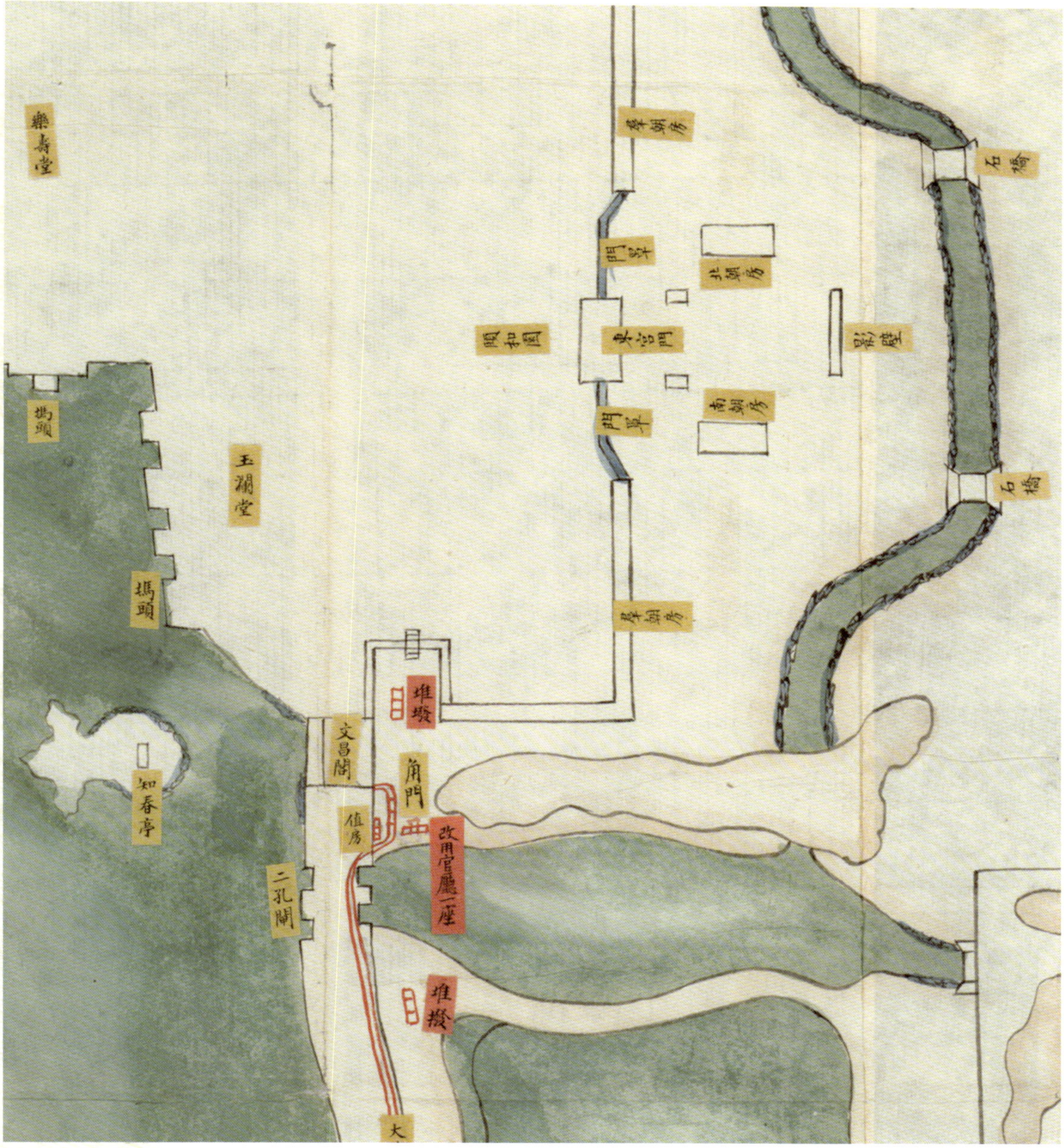

《昆明湖添建大墙做法图》局部

据《昆明湖添建大墙做法图》《昆明湖周围添建大墙图》《昆明湖添修围墙灰线图》记，文昌阁南，东堤岸边确标有“二孔闸”，但未见任何资料有“二龙闸”之称，可知在清代颐和园时，此闸准确的称呼应为“二孔闸”。志书记二孔闸的建造时间为乾隆四十七年。据乾隆十九年《总管内务府清册清漪园总领副总领园丁园户园隶匠役闸军等分派各处数目清册》

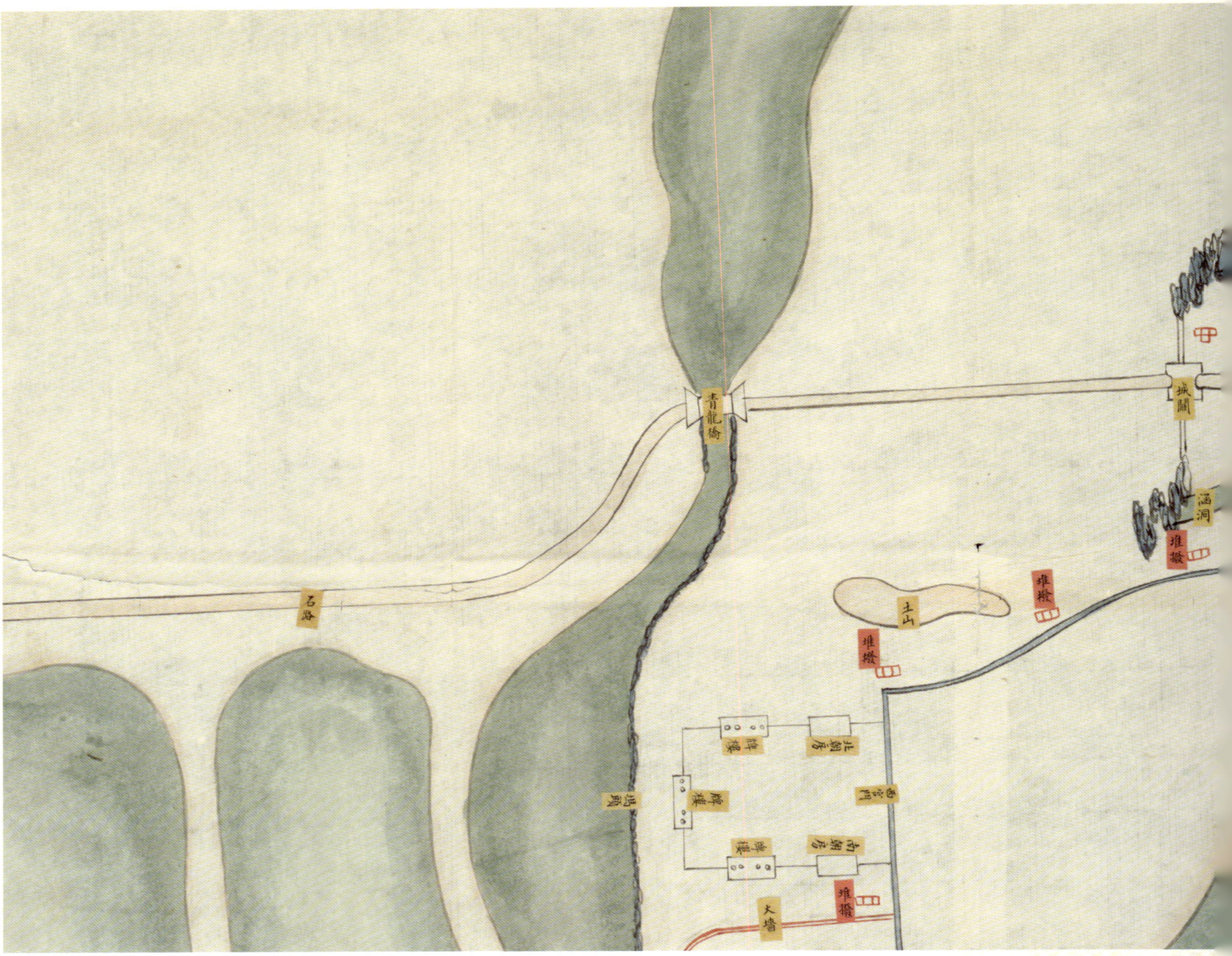

《昆明湖添建大墙做法图》局部

记：“再查清漪园闸军一百名承应，昆明湖周围御河一带河道两岸码头及所有大小船一百余只……今将各项处所酌派闸军数目开列于后……东堤二空闸看守启闭闸板，用闸军四名。”[1] 此处的“二空闸”应为“二孔闸”的谐音，因此东堤上的二孔闸至少在乾隆十九年已经存在，不应是志书所记的乾隆四十七年。

1 中国第一历史档案馆、北京市颐和园管理处：《清宫颐和园档案·园囿管理卷》，中华书局，2015 年，第 683–685 页。

青龙闸

青龙桥在《昆明湖添建大墙做法图》《昆明湖添修围墙灰线图》等样式雷图档中均有体现，可知在清代颐和园此桥依然存在，与前文《从文昌阁经绣漪桥至西直门之间部分河道丈尺及闸板尺寸略节》的查证结果相互参照，其桥下之闸也应存在。

志书所述位于谐趣园后的惠山园闸，未在样式雷图档中见到。据《昆明湖添建大墙做法图》及《万寿山颐和园内后山万寿买卖街铺面房等图样》[1]，颐和园谐趣园后，北大墙东部，均标有水闸一座，且《万寿山颐和园内后山万寿买卖街铺面房等图样》标为“出水闸”。又据《万寿山颐和园内后山长河添修点景房间游廊等图样》[2]此闸位置处标为“出水涵洞”。此“出水涵洞”在眺远斋西北侧，颐和园北大墙处。故眺远斋西北侧，北大墙处

1 据张龙论文，第181页。此图绘制于光绪十七年至光绪二十年，为《颐和园后溪河沿岸桥座、铺面房等地盘样》，未实施。图中所标“出水闸”可能是据清漪园时此处存在的水闸绘制。

2 据张龙论文，第184页。此图为光绪十七年至光绪二十年绘制的《颐和园后溪河沿岸桥座、点景房等地盘样》，未实施。图中所标“出水涵洞”可能据清漪园时此处存在的出水涵洞绘制。

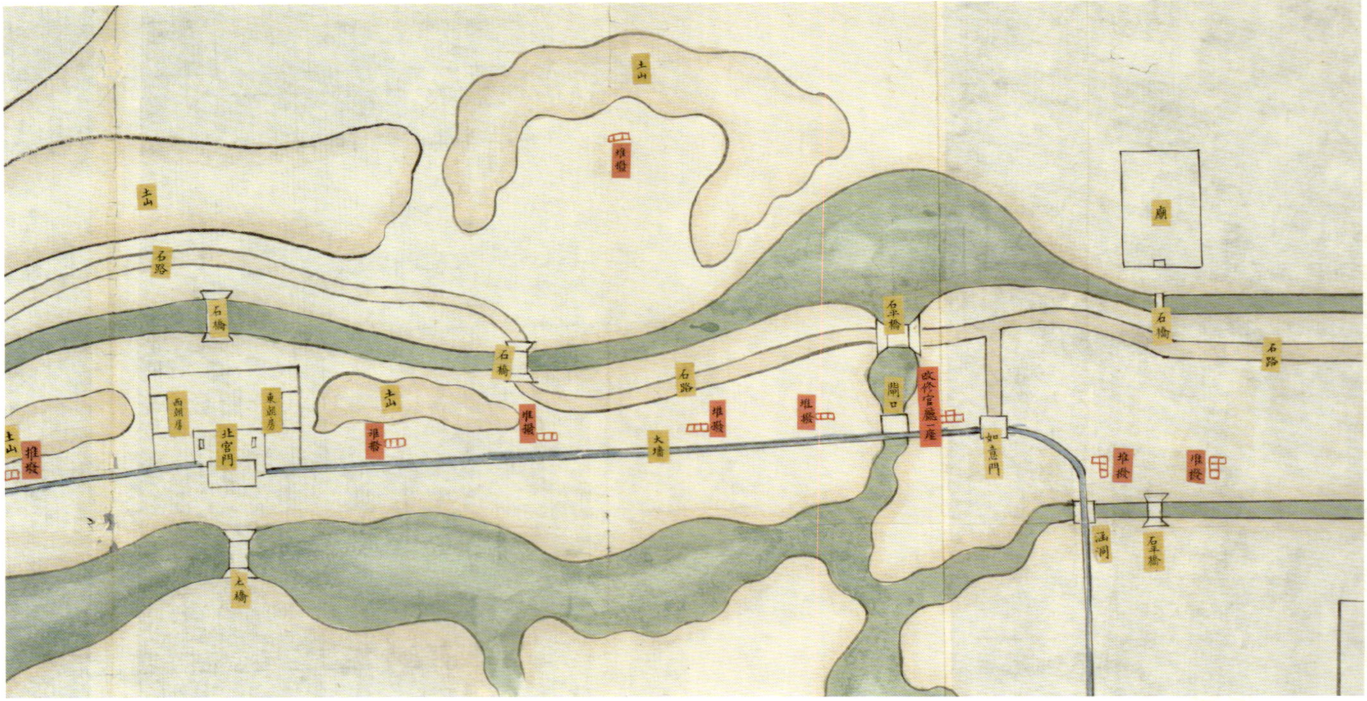

《昆明湖添建大墙做法图》局部

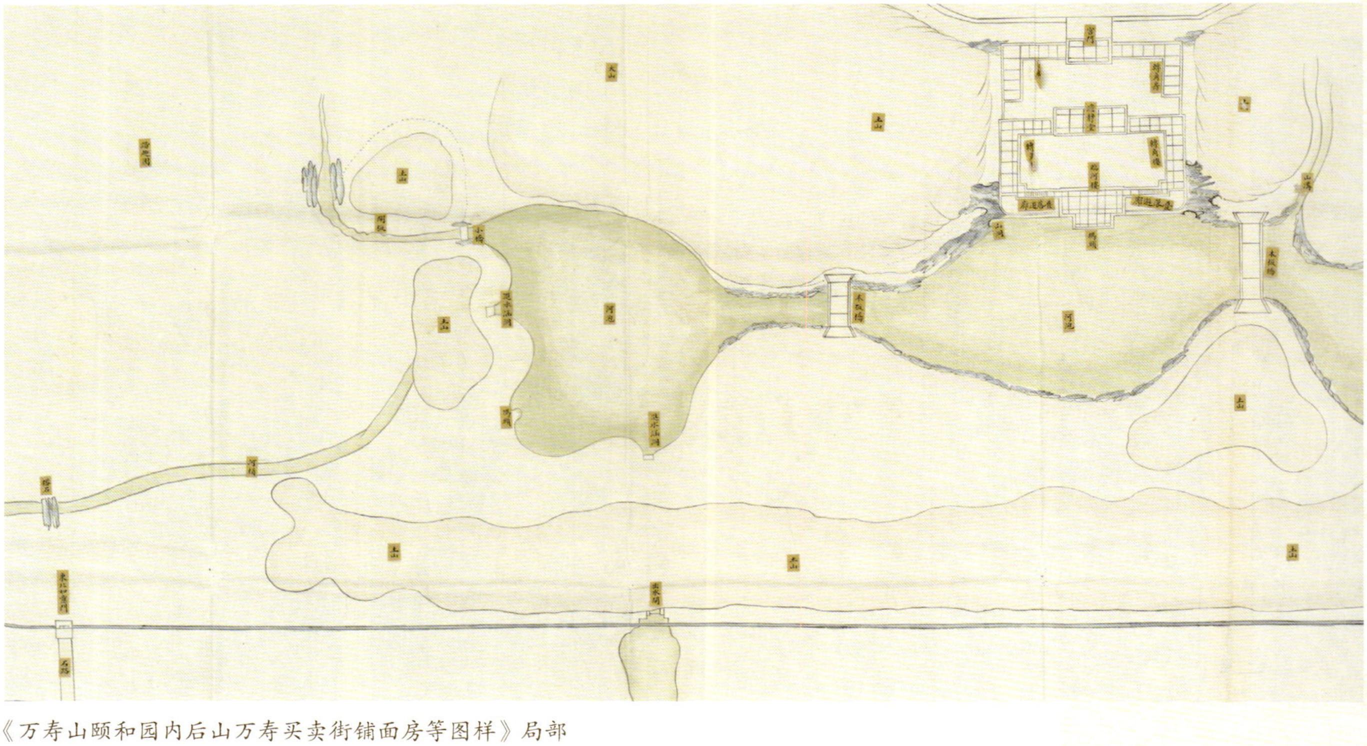
《万寿山颐和园内后山万寿买卖街铺面房等图样》局部

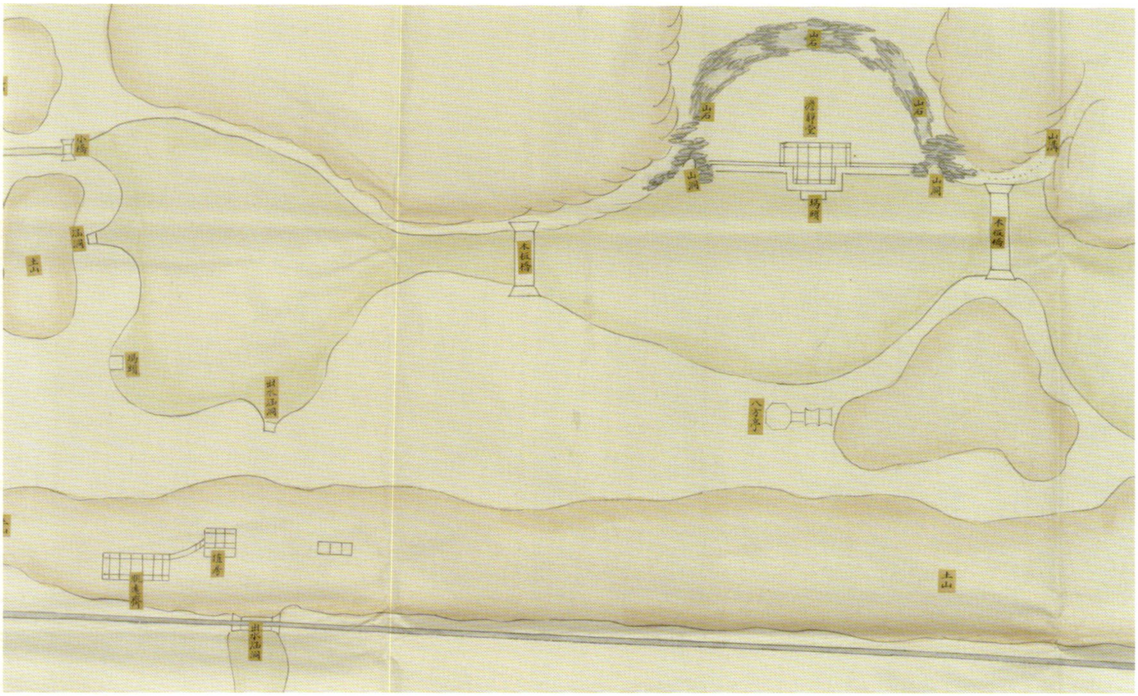

《万寿山颐和园内后山长河添修点景房间游廊等图样》局部

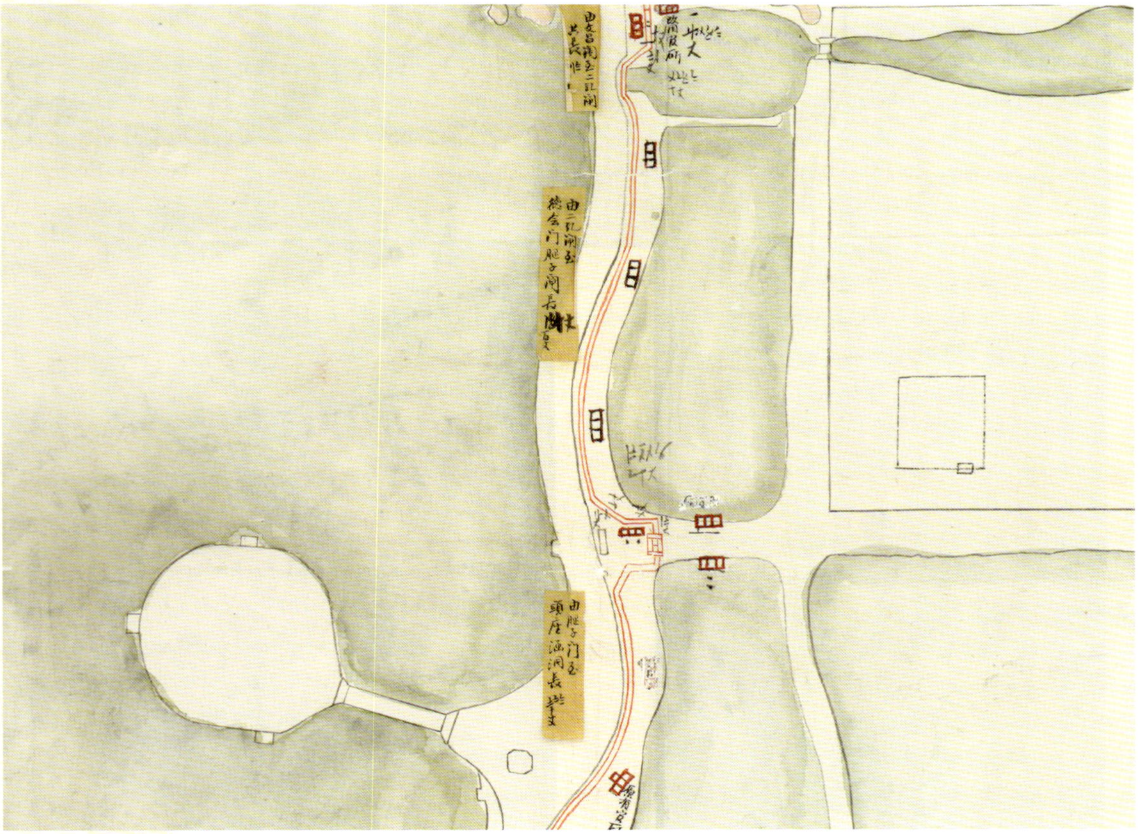

《昆明湖周围添建大墙图》局部

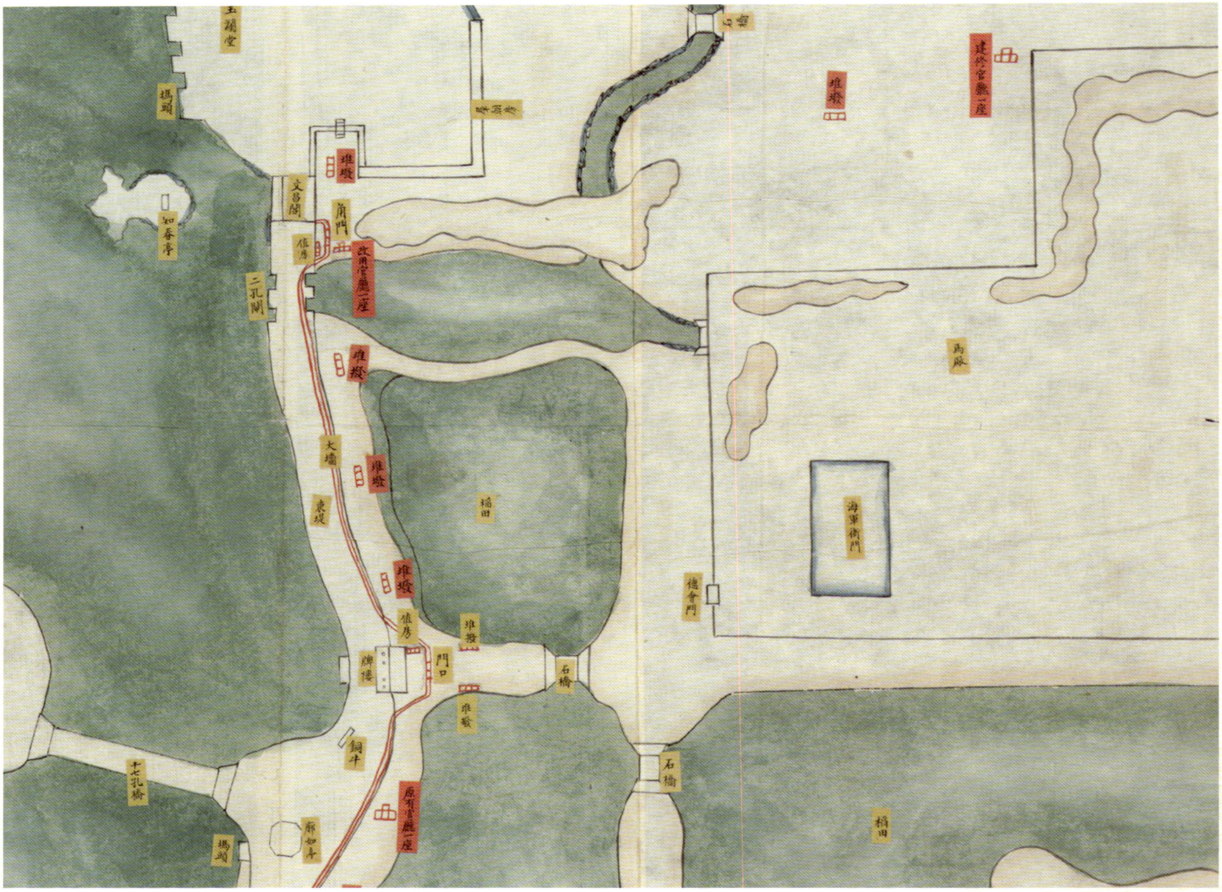

《昆明湖添建大墙做法图》局部

是有“出水闸”还是“出水涵洞”并不确定，且其位置更准确的说法应是在谐趣园西北方向的眺远斋的西北侧。

志书所记谐趣园西闸口未见样式雷图档中有记录。仅《万寿山颐和园内后山万寿买卖街铺面房等图样》中谐趣园西侧标有“闸板”标识。不知是否是谐趣园西闸板。

据《昆明湖周围添建大墙图》标记：“由二孔闸至德会门腿子闸长……丈。”此标记下，二孔闸以南画有腿子门地盘样，并标记：“由腿子门至头座涵洞长……”据《昆明湖添建大墙做法图》德会门为颐和园大墙外以东，海军衙门西门。“腿子闸”是否存在，是在“腿子门”处还是“德会门”处，尚无太多依据确定。

三、颐和园的涵洞

《颐和园志》中记昆明湖的涵洞：一是二龙闸（二孔闸）处以南有四涵洞，用于灌溉六郎庄水田，绕清华园入清河。二是园墙西五涵洞，用于引导高水湖的水流入昆明湖外湖（昆明湖西堤以西水域）。三是园墙南三涵洞，用于引导金河余水流入昆明湖。四是光绪十七年界湖桥西北添修五孔涵洞一座，西堤添修一孔涵洞四座。

二孔闸以南四涵洞位于东堤。《从文昌阁经绣漪桥至西直门之间部分河道丈尺及闸板尺寸略节》中记："查得文昌阁起至绣漪桥止，泊岸凑长五百五十七丈四寸，内有东岸二孔泄水闸一座，有闸板，泄水涵洞四座，俱有闸板。"这里提到东堤确有四座泄水涵洞，且安有闸板，发挥着类似于水闸的功能。既是东堤上的泄水涵洞，自然是用来使昆明湖中的水向东泄出，园林东部农田可得到灌溉，与志书所记相同。《昆明湖续展大墙并添修堆拨桥座添建海军衙门值房及东面大墙外补垫道路丈尺做法细册》记："随东堤原有一孔涵洞四座，内三座金门各面阔一尺五寸，至过梁上皮高四尺五寸。一座金门面阔二尺五寸，至过梁上皮高五尺。原拟将两头金刚墙雁翅各拆修长一丈，东头接修长五尺。今因补垫道路，拟再接修长一丈，共接修长一丈五尺。安砌装板金刚墙雁翅过梁用豆渣石……"这里提到四座涵洞的尺寸：其中三座涵洞孔面阔一尺五寸，高四尺五寸。另外一座略大，面阔二尺五寸，高五尺。《昆明湖大墙宫门桥座涵洞等工做法清册》记："东堤原有一孔涵洞四座……添安杉木闸板四（个）。"可知这四座涵洞曾各安有杉木闸板一个。此外，《昆明湖添建大墙做法图》《颐和园周围建筑大墙做法图》《昆明湖添修围墙灰线图》等样式雷图档中均标有东堤四座涵洞。

志书提及园墙西五涵洞。据《昆明湖添建大墙做法图》《颐和园周围建筑大墙做法图》《昆明湖周围添建大墙图》中标记，颐和园西部园墙处，由南至北，分别建有四座涵洞。一座位于藻鉴堂岛西南，一座位于畅观堂西（藻鉴堂岛西），一座位于豳风桥西，一座位于界湖桥西北。据《万寿山前添修大墙宫门角门并桥座涵洞泊岸等工约估钱粮数目略节》记："后学堂东南添修三孔涵洞一座，界湖桥西北添修五孔涵洞一座。""后学

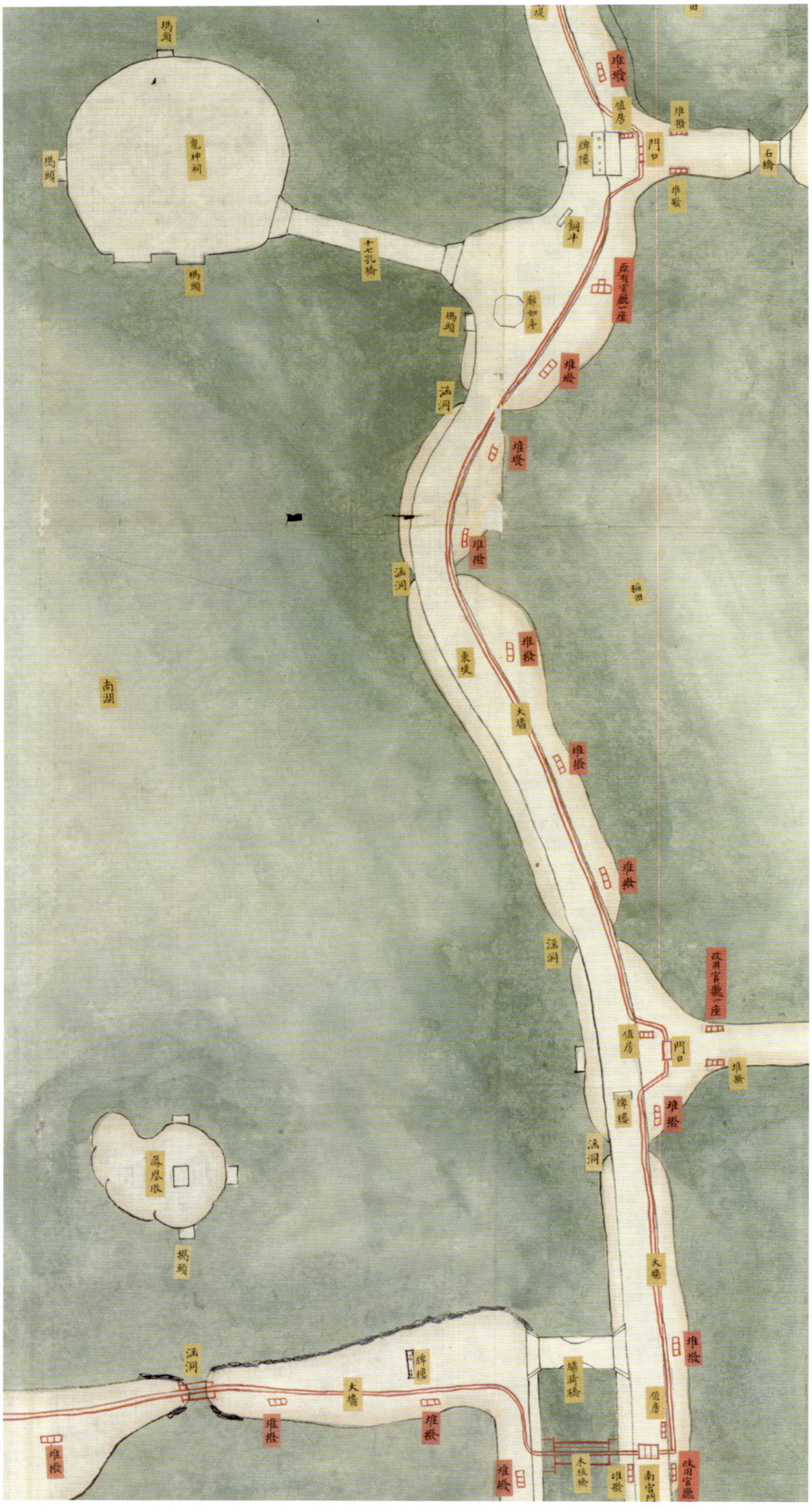

《昆明湖添建大墙做法图》局部

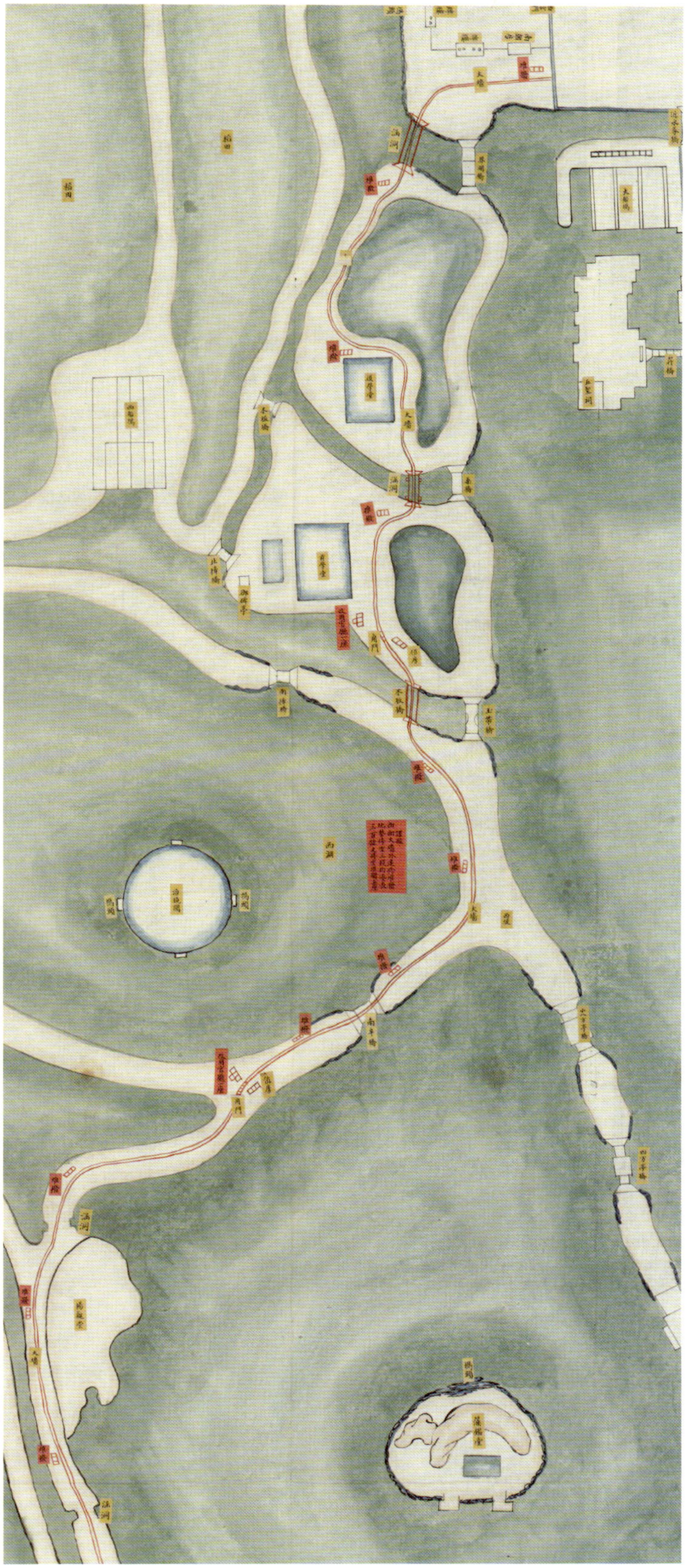

《昆明湖添建大墙
做法图》局部

《静明园外大虹桥起至玉带桥接昆明湖至绣漪桥上修理河道工程画样》局部

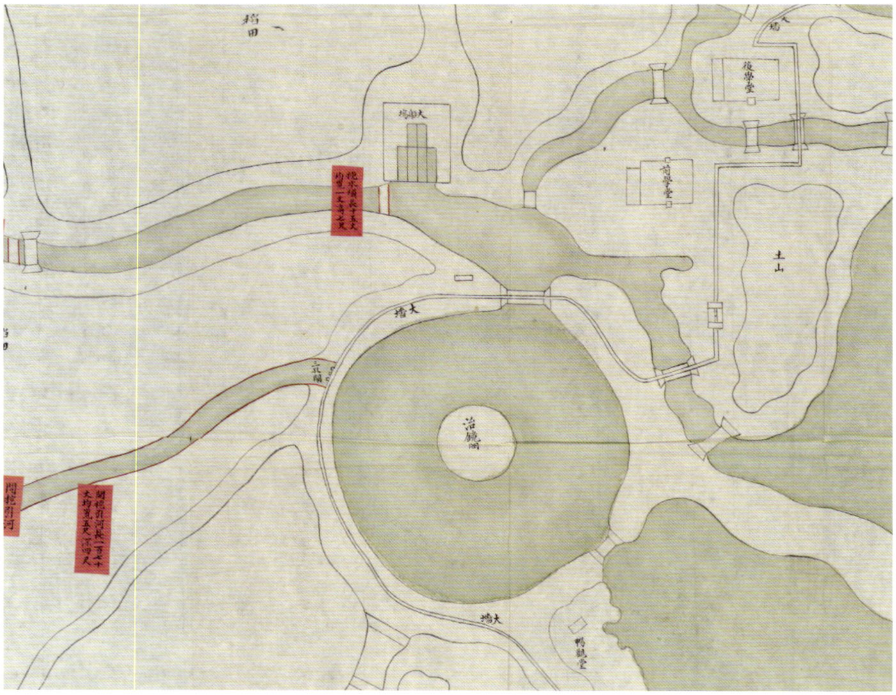

《万寿山颐和园西宫门外以西添修挡水坝开挖引河等图样》局部

堂东南”即豳风桥西，由此可知，豳风桥西侧涵洞为三孔涵洞，界湖桥西北侧涵洞为五孔涵洞。《昆明湖大墙宫门桥座涵洞等工做法清册》记录了这两座涵洞的尺寸：“后学堂东南添修三孔涵洞一座，中孔金门面阔六尺，次孔金门各宽三尺，进深四尺五寸，连埋头至过梁上皮高七尺……界湖桥西北添修五孔涵洞一座，中孔金门面阔一丈，四次孔金门各面阔四尺，进深五尺，连埋头至过梁上皮高八尺，金钢墙各宽二尺。”从功能上说，位于藻鉴堂岛西南、畅观堂西的两座涵洞应与控制颐和园西部的高水湖湖水有关。豳风桥西、界湖桥西北的两座涵洞应用于控制北长河流域的水流。

从上述光绪时期建造颐和园的样式雷图中未见西园墙处建有五座涵洞的标记。据同治六年《静明园外大虹桥起至玉带桥接昆明湖至绣漪桥上修理河道工程画样》[1]，治镜阁西部堤岸处标有三孔涵洞一座，其位置刚好在颐和园西园墙处。则清漪园时期，治镜阁西侧应曾有三孔涵洞一座。据光绪十七年《万寿山颐和园西宫门外以西添修挡水坝开挖引河等图样》[2]，此三孔涵洞标为三孔闸。则，不确定在清代颐和园时，此三孔涵洞是涵洞还是闸。若此三孔涵洞在清代颐和园时期仍然存在，则颐和园西园墙处有五座涵洞之说可成立。这座三孔涵洞从功能来看，也可用于控制颐和园西北高水湖的水流。

志书记园墙南有三涵洞。据《昆明湖添建大墙做法图》《颐和园周围建筑大墙做法图》《昆明湖周围添建大墙图》，颐和园南园墙处及其内确有三座涵洞。一座位于凤凰墩南部堤岸，一座位于凤凰墩西南部堤岸（柳桥以南处），一座位于藻鉴堂南部堤岸。其中，第一座、第三座涵洞位于南园墙处，中间的一座位于南园墙以内，西堤南端。这三座涵洞均可控制金河流入颐和园内的灌溉余水。另据《万寿山前添修大墙宫门角门并桥座涵洞泊岸等工约估钱粮数目略节》记：“绣漪桥以西添修三孔涵洞一座。”《昆明湖大墙宫门桥座涵洞等工做法清册》记：“绣漪桥以西添修三孔涵洞一座，金门各面阔六尺，进深四尺五

1　据张龙论文，第 177 页。此图绘制时间为同治六年。

2　据张龙论文，第 184 页。《万寿山颐和园西宫门外以西添修挡水坝开挖引河等图样》绘制于光绪十七年，是否实施代考。从图中看，三孔闸不在施工范畴内。

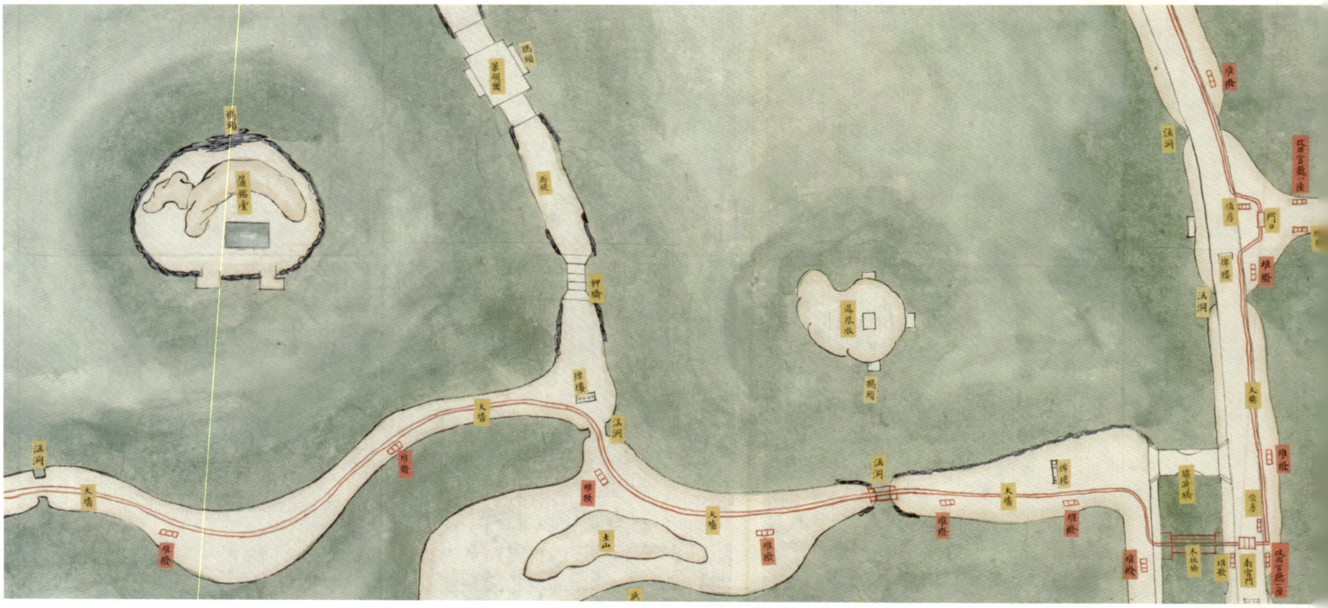

《昆明湖添建大墙做法图》局部

寸，连埋头至过梁上皮高七尺。”这两张图档均提到绣漪桥以西处添修了一座三孔涵洞，并且有明确的涵洞尺寸记录。从《昆明湖大墙宫门桥座涵洞等工做法清册》的记录看，这座三孔涵洞似乎三个洞口的大小一致。绣漪桥以西的位置并不明确，但也应与南园墙这三座涵洞的位置接近。那么，在颐和园南园墙处的这三座涵洞中可能有一座是三孔涵洞，又或者在这三座涵洞以外，另有一座三孔涵洞。

志书记光绪十七年西堤建一孔涵洞四座。据光绪时期绘制的《万寿山前添修大墙宫门角门并桥座涵洞泊岸等工约估钱粮数目略节》记：“西堤添修一孔涵洞四座。”可知，清代颐和园西堤确有四座一孔涵洞。《昆明湖大墙宫门桥座涵洞等工做法清册》记录了这四座涵洞的尺寸及所安杉木材质闸板的情况：“西堤添修一孔涵洞四座，各长二丈，里口见方二尺，四雁翅各长四尺，俱安杉闸板。”至于其具体位置，尚无资料可证。

另据《万寿山颐和园内后山万寿买卖街铺面房等图样》《万寿山颐和园内后山长河添修点景房间游廊等图样》，后湖东端北侧、东侧各有一座涵洞。东园墙东北侧有涵洞一座。至于这三座涵洞是出水还是进水涵洞两图中标记有出入。另，眺远斋西北，北园墙处，《万寿山颐和园内后山万寿买

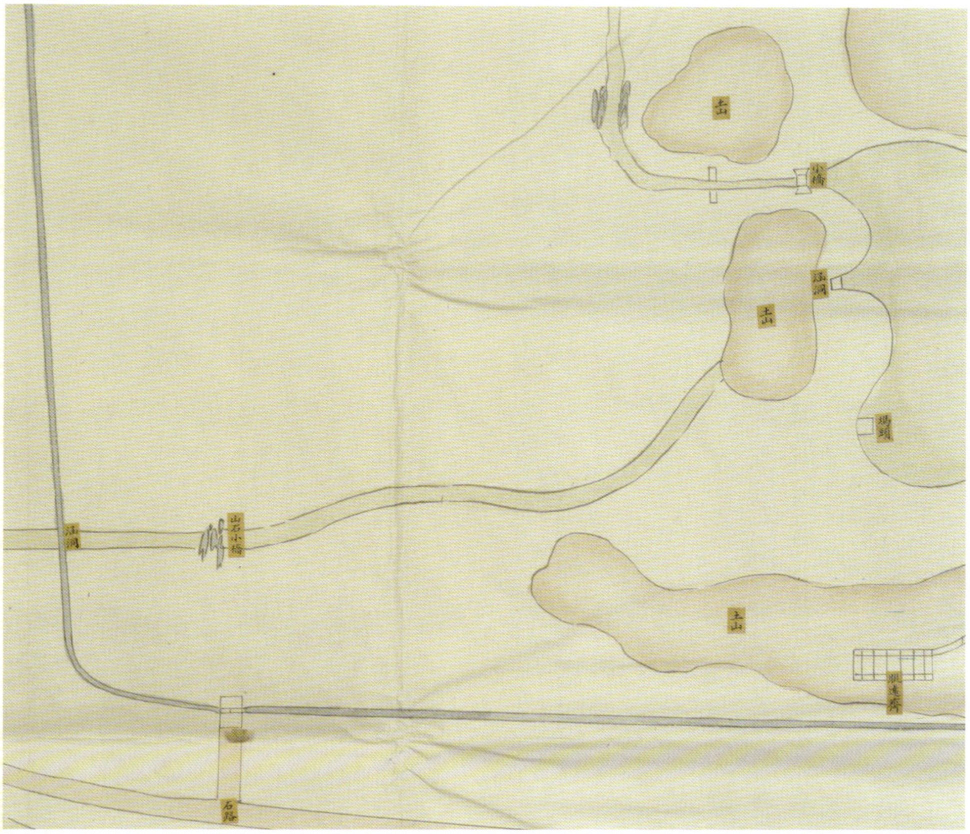

《万寿山颐和园内后山长河添修点景房间游廊等图样》局部

卖街铺面房等图样》标为出水闸。《万寿山颐和园内后山长河添修点景房间游廊等图样》标为出水涵洞。此处究竟是闸还是涵洞，不确定。这两张样式雷图虽未实施[1]，但其中所标这几处涵洞，可能为据清漪园时存在的涵洞所绘。故而，可知在清漪园时，后山处可能已有这三座涵洞，是否还存在于颐和园中尚不确定。

以上涵洞，根据《颐和园志》所记内容，样式雷图档绘制时间及内容，东堤上四座涵洞、后山三座涵洞可能为清漪园时期遗存，其余涵洞应为光绪时期建颐和园时添建。

---

1 据张龙论文，第 181 页、第 184 页。《万寿山颐和园内后山万寿买卖街铺面房等图样》《万寿山颐和园内后山长河添修点景房间游廊等图样》均未实施。

四、颐和园的码头

《颐和园志》记，清漪园时大报恩延寿寺门前、对鸥舫前、鱼藻轩前、文昌阁南、廓如亭南、绣漪桥旁、玉带桥、景明楼前、藻鉴堂岛、睇佳榭前、五圣祠南、绮望轩北、绘芳堂北、澹宁堂北建有石码头。治镜阁四面有石码头，南湖岛北、西、南三面有石码头，凤凰墩北有石码头。（光绪朝）重修颐和园，添建绣漪桥西、柳桥南、镜桥南、玉带桥南、豳风桥南、荇桥西、谐趣园涵远堂前、景明楼、藻鉴堂岛前各处石码头。光绪时期，水木自亲、眺远斋前有石码头一座，澄怀阁西有码头。

现以《清漪园西宫门买卖街地盘图》[1]《万寿山前昆明湖内开挖船道地盘画样》《昆明湖添建大墙做法图》《颐和园周围建筑大墙做法图》《昆明湖添修围墙灰线图》《昆明湖周围码头做法图样》《颐和园万寿山北面大墙补砌增高尺丈图样》《万寿山颐和园内后山长河添修点景房间游廊等图样》[2]《万寿山颐和园内后山万寿买卖街铺面房等图样》[3]《颐和园万寿山后山河桶挖淤图样》[4]《谐趣园全图添修桥座开挖河桶船坞等图样》《颐和园内畅观堂添修泊岸宇墙改修山道图样》中码头的位置、数量与志书所记所有码头做一对照，可知志书所记的所有码头情况与光绪朝样式雷图中的码头情况基本一致，仅在码头数量的表述上略有不明确之处，对于个别码头有漏记的情况。

为了能有更为准确的表述，现据以上样式雷图中的码头标识，对清代颐和园的码头情况做一描述：云辉玉宇牌楼南侧（排云殿前）码头一座，鱼藻轩南侧码头一座，对鸥舫南侧码头一座，水木自亲南侧码头一座，谐趣园涵远堂前码头一座，澄爽斋前码头一座，玉澜堂西南侧码头两座，知

1 据张龙论文，第 181 页。此图绘制于光绪十四年，为光绪朝建颐和园时，对当时清漪园相关地盘情况的勘察结果。

2 据张龙论文，第 184 页。此图绘制于光绪十七年至光绪二十年，未实施。图中所标码头可能为清漪园时存在的码头绘制。笔者据现所见关于清代清漪园、颐和园码头资料均为石码头，故推测此图所标码头应为石码头，可能在清代颐和园中仍存在。

3 据张龙论文，第 181 页。此图此图绘制于光绪十七年至光绪二十年，未实施。笔者推测图中所标码头可能依据清漪园存在的石码头绘制，在清代颐和园中可能依然存在。

4 据张龙论文，第 181 页。此图绘制不晚于光绪十八年，为颐和园后溪河勘察图。此图可与《万寿山颐和园内后山万寿买卖街铺面房等图样》《万寿山颐和园内后山长河添修点景房间游廊等图样》相互对照。

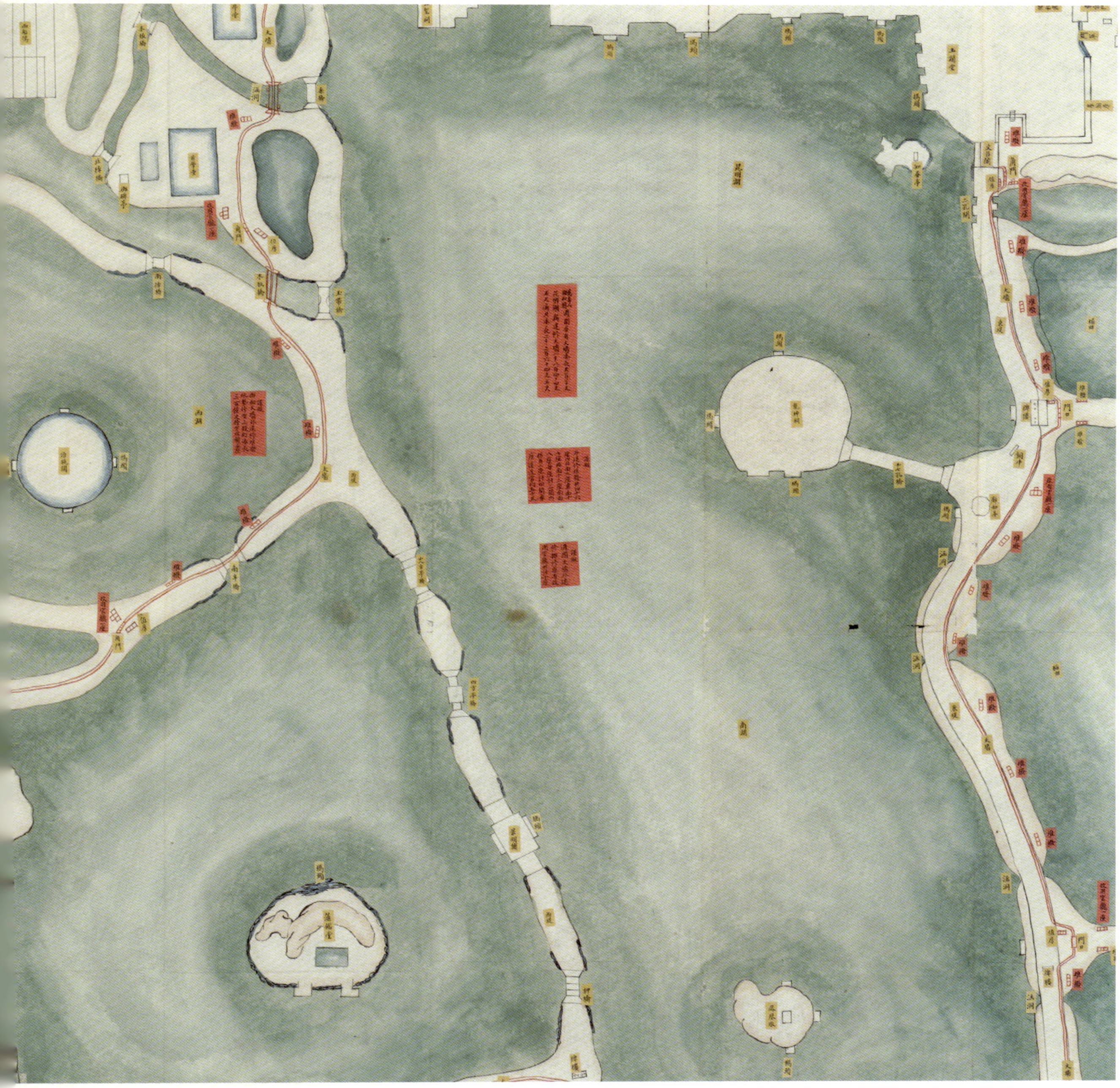

《昆明湖添建大墙做法图》局部

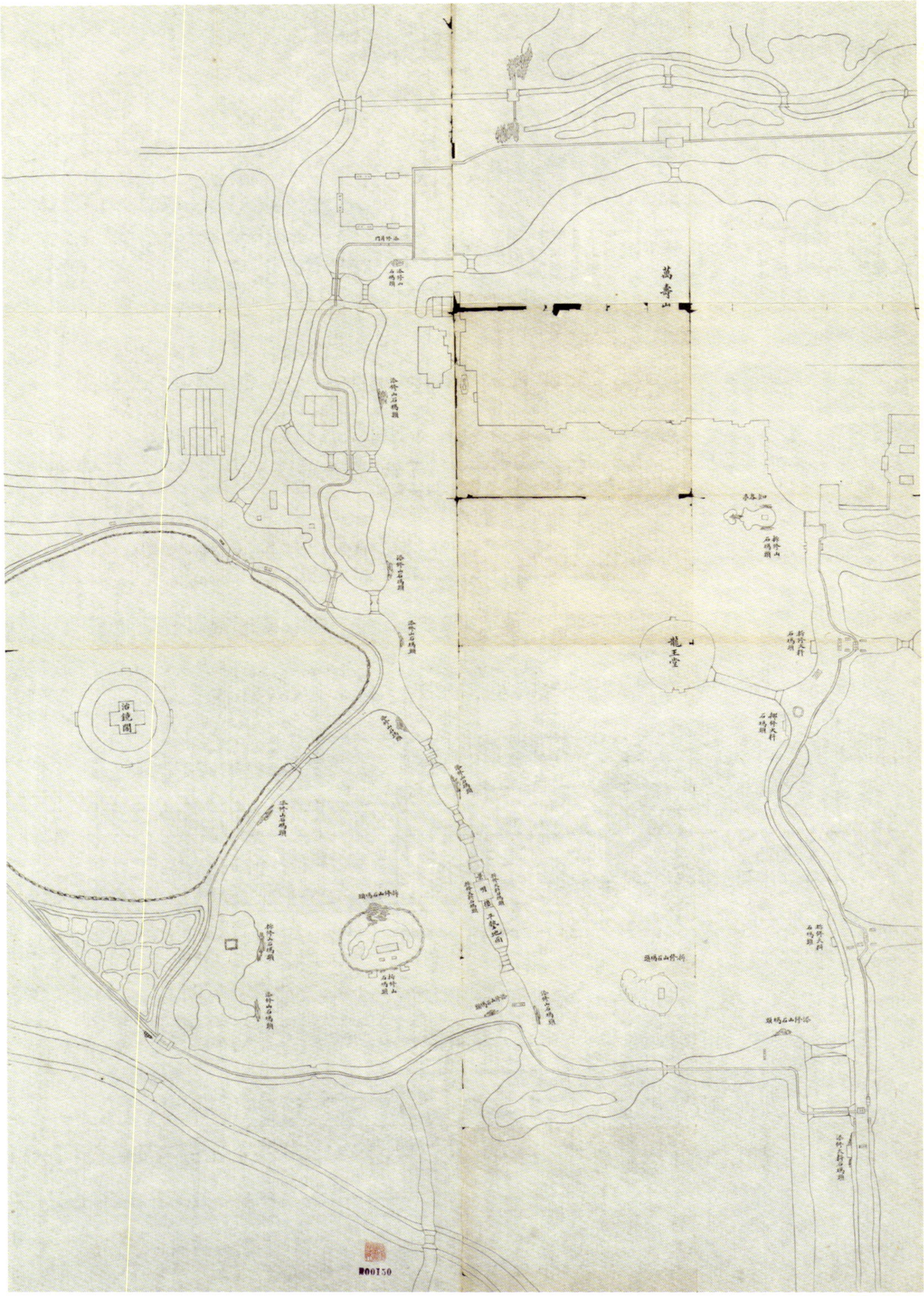

《昆明湖周围码头做法图样》局部

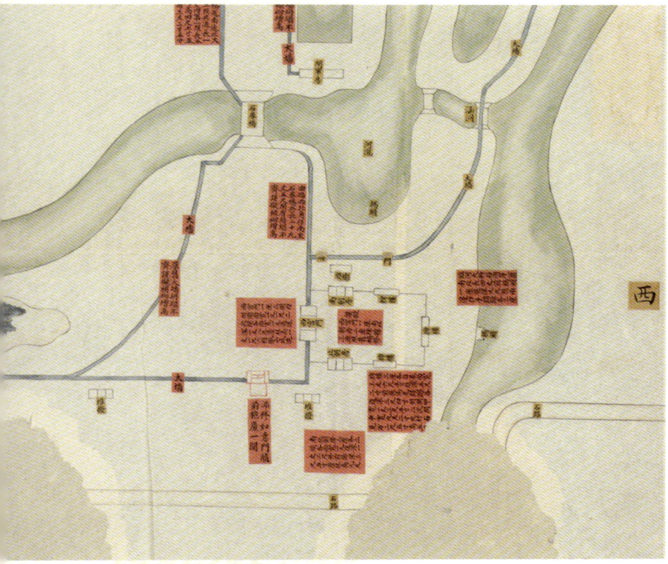

《颐和园万寿山北面大墙补砌增高尺丈图样》局部

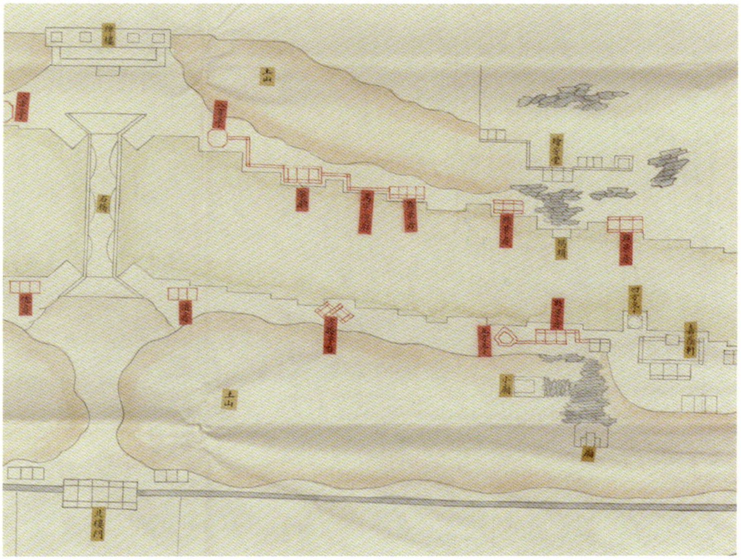

《万寿山颐和园内后山长河添修点景房间游廊等图样》局部

春亭岛南侧码头一座，新建宫门[1]西侧（文昌阁南）码头一座，南湖岛南、北、西侧码头各一座，廓如亭西南侧（廓如亭南）码头一座，东如意门[2]西侧码头一座，凤凰墩南、北、东侧码头各一座，绣漪桥西侧码头一座，南如意门南（颐和园大墙外）码头一座，柳桥东南、西南侧（柳桥南）码头各一座，景明楼东、西侧码头各一座，藻鉴堂南、北侧码头各一座，畅观堂东侧码头两座、北侧码头一座，南辛（荇）桥西南侧码头一座，镜桥东南（镜桥南）、西北侧（玉带桥南）码头各一座，治镜阁东、西、南、北侧码头各一座，玉带桥东南、东北侧（豳风桥南）码头各一座，水操前学堂南侧（颐和园大墙外）码头一座，豳风桥北侧（荇桥西）码头一座，五圣祠南侧码头一座，西所买卖街西侧码头一座，旷风斋西侧码头一座，石丈亭西侧码头一座，西宫门西侧、南侧码头各一座，绮望轩北侧码头一座，绘芳堂北侧码头一座，澹宁堂北侧、西侧码头各一座，眺远斋南侧码头一座。

1 《昆明湖添建大墙做法图》《昆明湖添修围墙灰线图》标为“门口”。《颐和园周围建筑大墙做法图》标为“腿子门”。

2 同上。

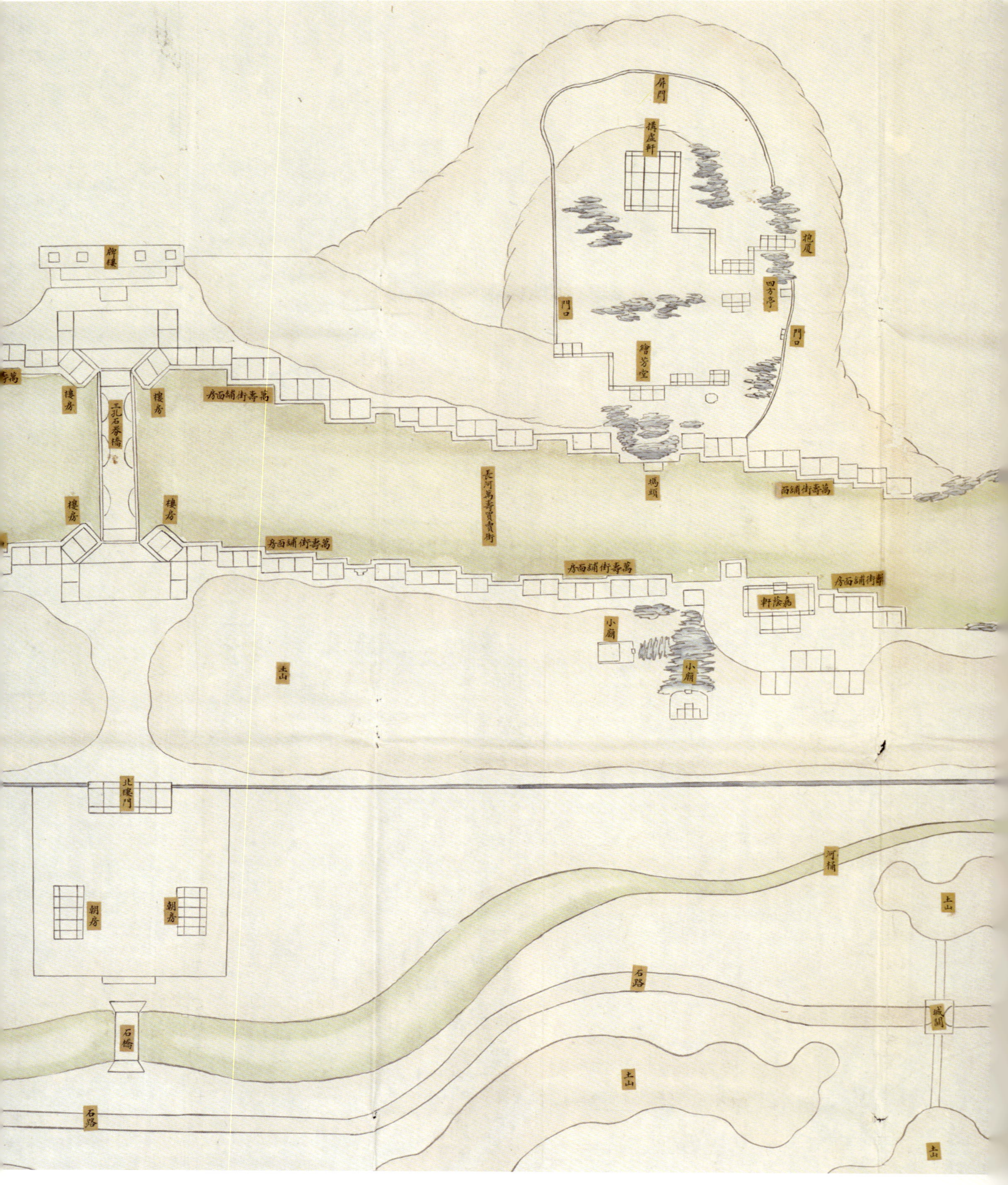

屏門
構虛軒
抱厦
四方亭
門口
門口
繪芳堂
牌樓
樓房
樓房
樓房
樓房
三孔石券橋
萬壽街鋪面房
萬壽街鋪面房
萬壽街鋪面房
萬壽街鋪面房
萬壽街鋪面房
長河萬壽買賣街
碼頭
嘉蔭軒
小廟
小廟
土山
北樓門
朝房
朝房
石路
石橋
城關
土山
土山
土山
石路

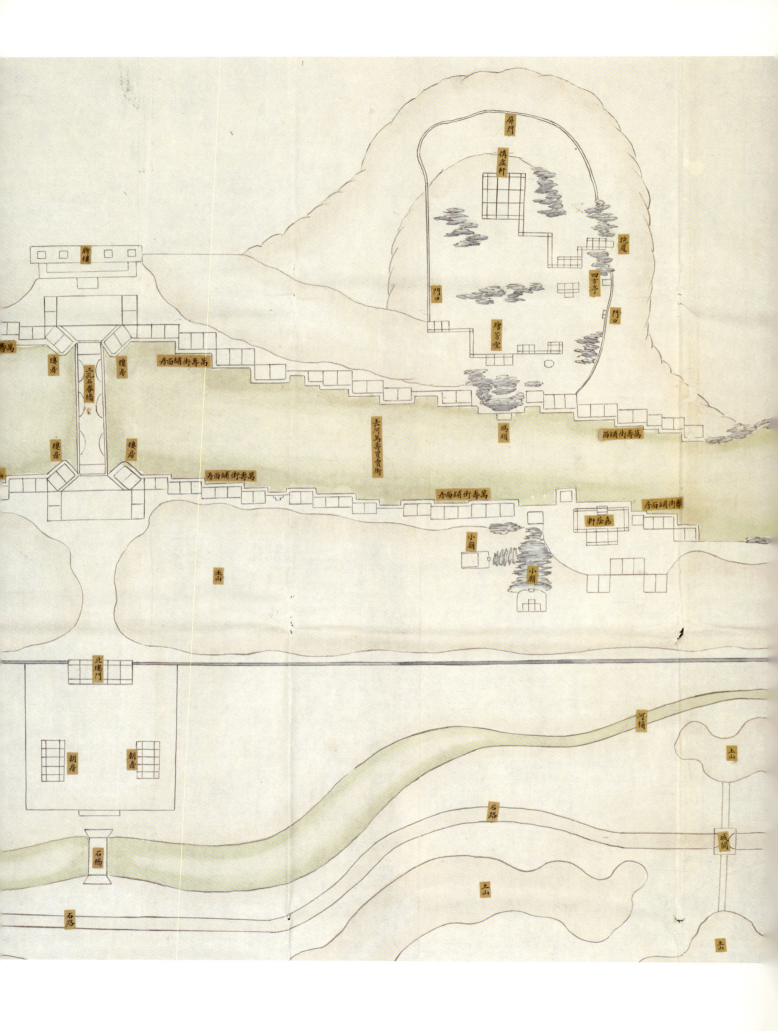

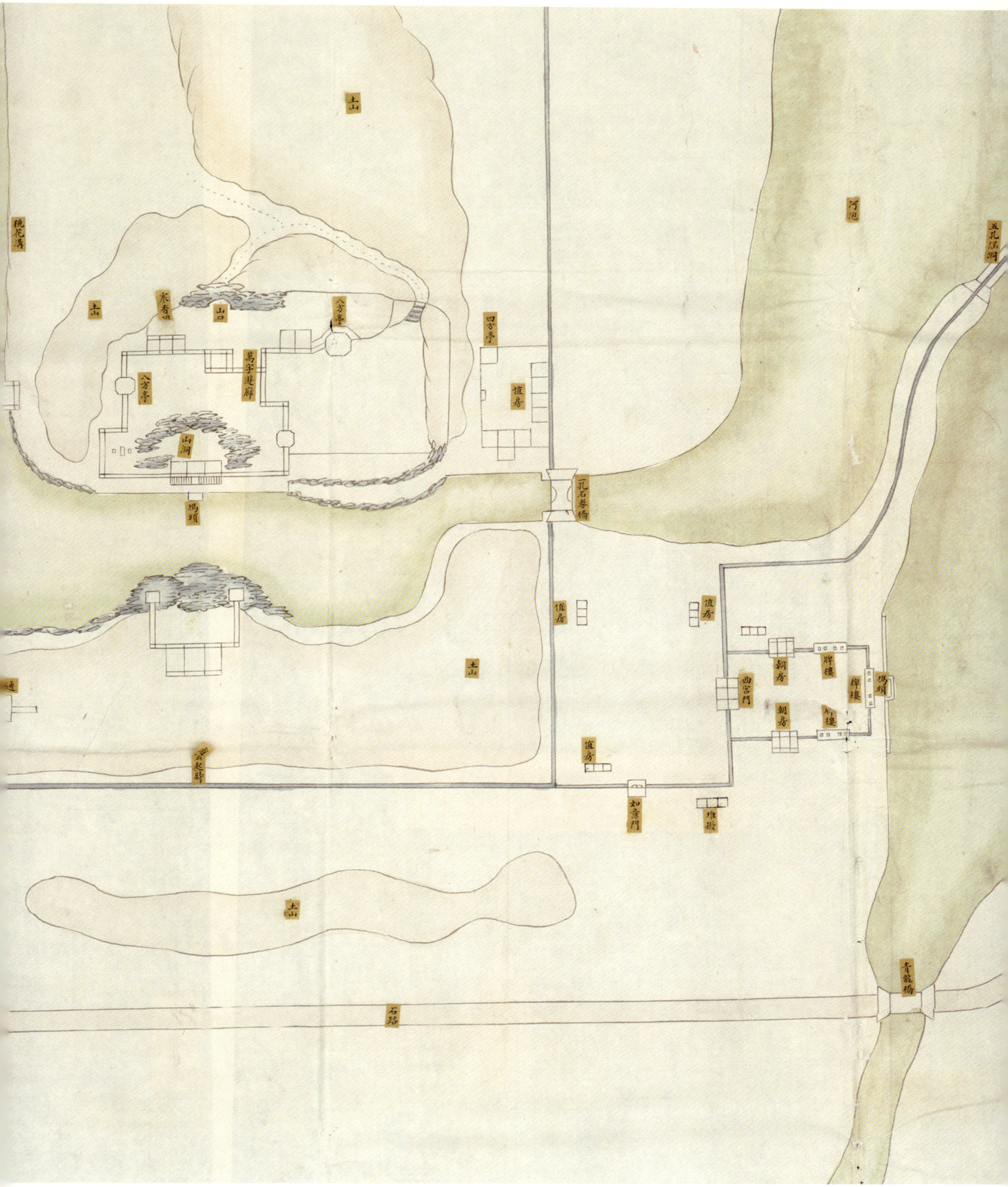

《万寿山颐和园内后山万寿买卖街铺面房等图样》局部

关于畅观堂处的码头，这里需要做些说明。据《昆明湖周围码头做法图样》畅观堂东北、东南各有码头一座。而据《颐和园内畅观堂添修泊岸宇墙改修山道图样》，畅观堂北部有码头一座，东侧中部的位置有码头一座。现只粗略计畅观堂北侧码头一座、东侧码头两座。

根据上述图中所标各码头的添修、拆修、挪修、勘察情况，大致估计：绣漪桥西侧码头一座，柳桥东南、西南侧码头各一座，畅观堂东侧（东南侧）码头一座，镜桥东南、西北侧码头各一座，南辛桥西南侧码头一座，玉带桥东南、东北侧码头各一座，豳风桥北侧码头一座，西宫门西侧码头一座为光绪时期添建的码头。目前所见样式雷图档中关于码头的记录，以

《万寿山颐和园内后山长河添修点景房间游廊等图样》局部

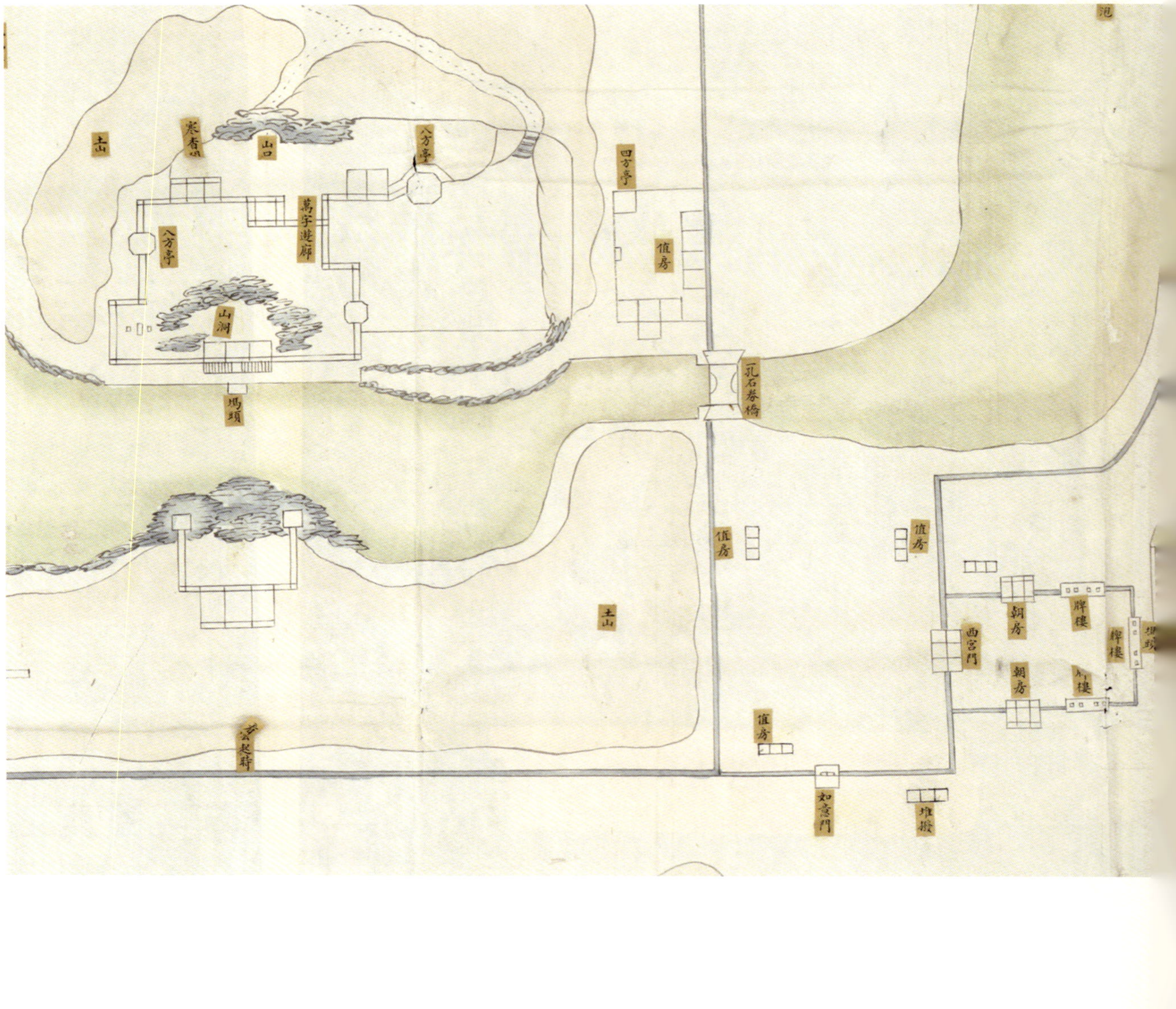

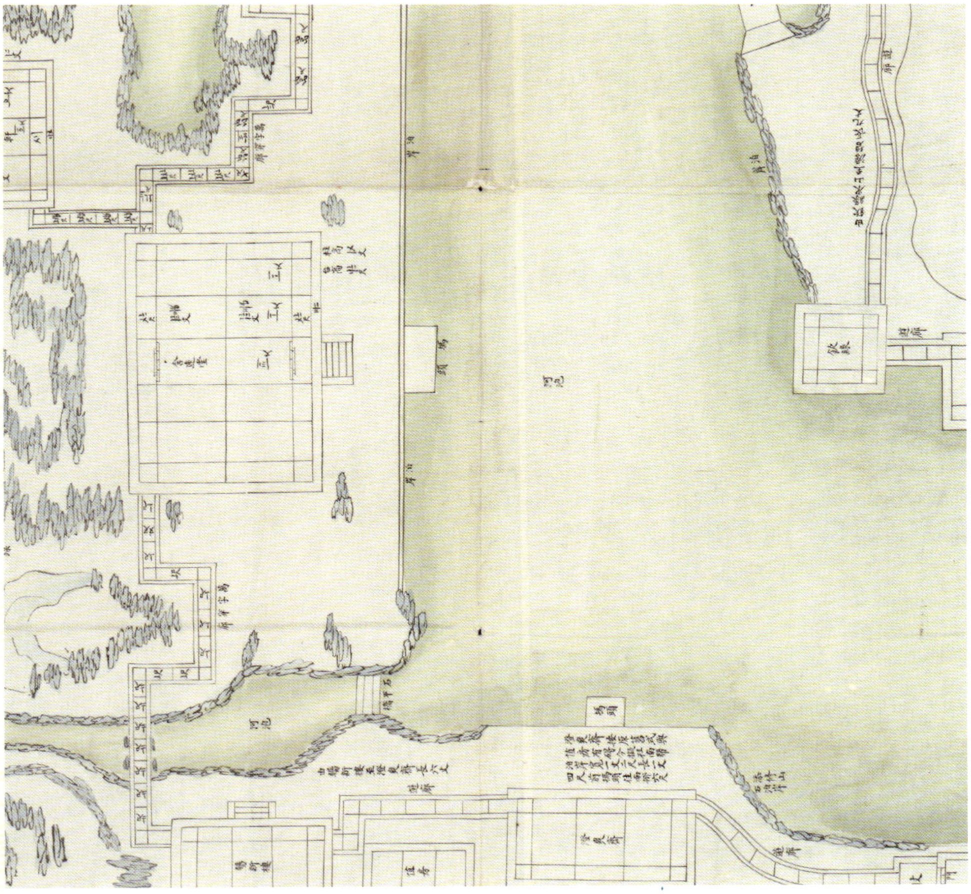

《谐趣园全图添修桥座开挖河桶船坞等图样》局部

及实地勘察中颐和园现存的码头均为石码头，因此上述图中其余的码头可能是清漪园时期就已存在的石码头。

关于这些码头的石质、大小、形制，据与上述《昆明湖周围码头做法图样》中的标记，以及与此图相对应的《昆明湖周围并各处添修拆修码头等工丈尺做法细册》[1]中的记录，廓如亭西南侧码头一座，新建宫门西侧码头一座，东如意门西侧码头一座，南如意门南侧码头一座（颐和园大墙外），景明楼东侧、西侧码头各一座均为豆渣石（大料石）码头。大小、形制为："各面阔一丈二尺，进深八尺，连埋头高八尺六寸，上面跌落台面阔六尺，进深五尺，高一尺四寸，两边独踏石二块，各长一尺，宽一

1 据张龙论文，第180–181页。《昆明湖周围码头做法图样》《昆明湖周围并各处添修拆修码头等工丈尺做法细册》均绘制、编制于光绪十七年，且两图档内容基本一致，故笔者推测应为同一项工程的图档。

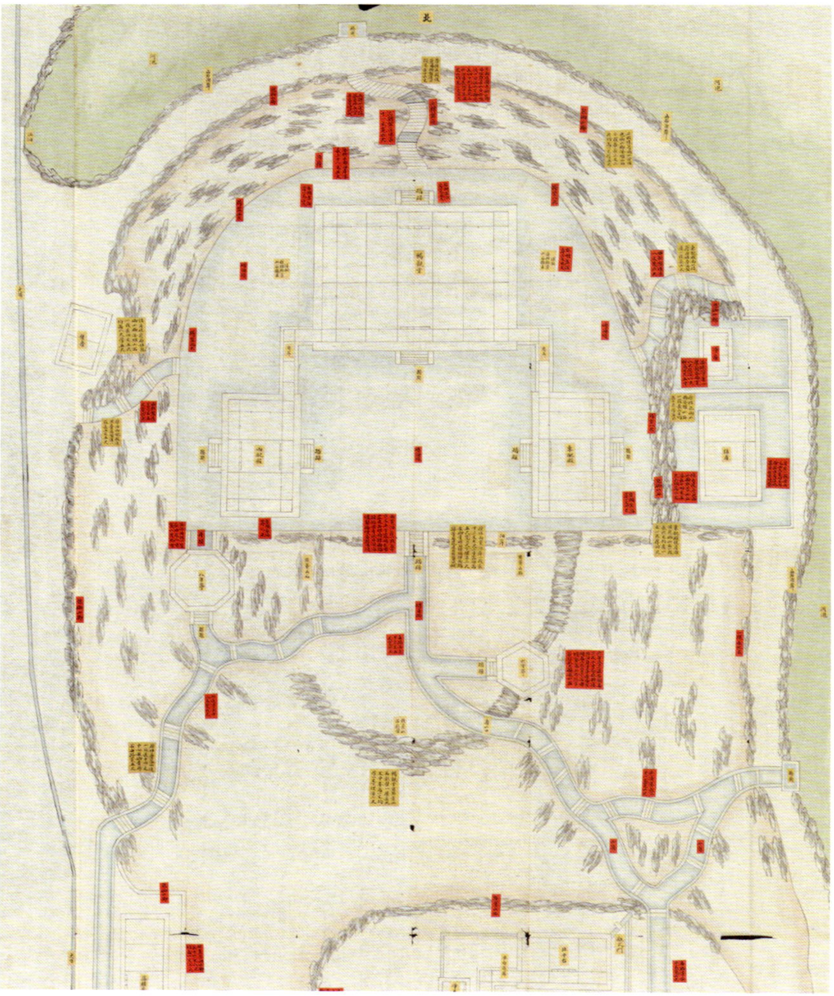

《颐和园内畅观堂添修泊岸宇墙改修山道图样》局部

尺一寸，厚七寸。”知春亭岛南侧码头一座，绣漪桥西侧码头一座，凤凰墩北侧码头一座，柳桥东南、西南侧码头各一座，藻鉴堂北、南侧码头各一座，畅观堂东侧码头两座，南辛（荇）桥西南码头一座，镜桥东南、西北侧码头各一座，玉带桥东南、东北侧码头各一座，豳风桥北侧码头一座，西宫门西侧码头一座，为青山石（山石）码头。大小、形制为：“各面阔一丈，进深七尺，连埋头后高一丈，前高八尺。”另据《万寿山后山河桶泊岸码头桥座等工丈尺做法细册》[1]记：“大静堂后面迤西拆修山石码头二座，各面阔一丈五尺，进深七尺五寸，连埋头均高八尺，用青山石

1 据张龙论文，第196页。此图档编制不晚于光绪十八年，为《颐和园万寿山后山河桶泊岸码头桥座等工丈尺做法细册》，部分实施。

成砌……河桶东面豆渣石码头一座面阔八尺，进深四尺五寸，两边豆渣石泊岸二段，凑长四丈八尺，俱连埋头高八尺，现查石料走错，间有坍塌，谨拟，拆修挑换破碎青砂石，押面豆渣石泊岸等石……”“大静堂”即澹宁堂[1]，这里未指明澹宁堂以西码头、河桶东岸码头的具体位置。据上述《颐和园万寿山后山河桶挖淤图样》可知澹宁堂西侧有一山石码头，可能是澹宁堂以西的其中一个码头。河桶东岸码头可能指澹宁堂码头。据上述记录，至少可知清代颐和园后山码头中有两座为青山石码头，均面阔一丈五尺，进深七尺五寸。另有一座为豆渣石码头，面阔八尺，进深四尺五寸。

综上所述，清代颐和园内较确定地可供御舟或船只经过的桥 24 座，园内较确定的水闸 1 座，涵洞 15 个，码头 51 座。这些水利设施在清代颐和园中曾发挥引水灌溉、泄水、水上交通等重要水利功能，有些设施在今天依旧存在于颐和园内。

---

1 据《万寿山颐和园内后山长河添修点景房间游廊等图样》《万寿山颐和园内后山万寿买卖街铺面房等图样》中“澹宁堂”均标为“澹静堂”。故《万寿山后山河桶泊岸码头桥座等工丈尺做法册》中“大静堂”应指“澹宁堂”。

表 3-1 大运河文化遗产之清代颐和园水利遗迹一览表

位　置	码　头
南如意门南（大墙外）	码头 1 座，豆渣石作
绣漪桥西	码头 1 座，青山石作
凤凰墩南、北、东	码头 3 座，北侧码头为青山石作
东如意门西	码头 1 座，豆渣石作
廓如亭西南	码头 1 座，豆渣石作
南湖岛南、北、西	码头 3 座
新建宫门西	码头 1 座，豆渣石作
知春亭岛南	码头 1 座，青山石作
玉澜堂西南	码头 2 座
水木自亲南	码头 1 座
对鸥舫南	码头 1 座
云辉玉宇牌楼南	码头 1 座
鱼藻轩南	码头 1 座
藻鉴堂南、北	码头 2 座，青山石作
柳桥南（东南、西南）	码头 2 座，青山石作
镜桥东南、西北	码头 2 座，青山石作
景明楼东、西	码头 2 座，豆渣石作
畅观堂北、东	码头 1 座、码头 2 座，东侧码头为青山石作
南辛（荇）桥西南	码头 1 座，青山石作
治镜阁东、西、南、北侧	码头 4 座
玉带桥东北、东南	码头 2 座，青山石作
水操前学堂南（大墙外）	码头 1 座
豳风桥北	码头 1 座，青山石作
石丈亭西	码头 1 座
五圣祠南	码头 1 座
西所买卖街西	码头 1 座
旷风斋西	码头 1 座
西宫门南、西	码头 2 座，西侧码头为青山石作
绮望轩北	码头 1 座
绘芳堂北	码头 1 座
澹宁堂北、西	码头 2 座
眺远斋南	码头 1 座
谐趣园澄爽斋北	码头 1 座
谐趣园涵远堂东	码头 1 座
码头总数	**51 座**

位置	桥
昆明湖南端	绣漪桥 1 座
绣漪桥南	三孔木板桥 1 座
西堤由南至北	柳桥 1 座、木板桥 1 座、练桥 1 座、镜桥 1 座、玉带桥 1 座、豳风桥 1 座、界湖桥 1 座

谐趣园引镜东	木板桥 1 座
东堤岸边	十七孔桥 1 座
玉带桥西	五孔木板桥 1 座
治境阁东南	南辛（荇）桥 1 座
豳风桥西北	桥 1 座
石舫西北	荇桥 1 座
西所买卖街北	弯转桥 1 座
界湖桥西北	桥 1 座
后湖由西至东	半壁桥 1 座、木板桥 1 座、三孔石桥 1 座、五孔木板桥 1 座、木板桥 3 座
桥总数	**24 座**
位　置	**闸**
文昌阁南	二龙闸 1 座
西宫门北（大墙外）	青龙桥闸 1 座
闸总数	**2 座**
位　置	**涵　洞**
东堤廊如亭至绣漪桥段	一孔涵洞 4 个，有闸板
绣漪桥以西	三孔涵洞 1 个，不确定
凤凰墩南部堤岸	涵洞 1 个
凤凰墩西南部堤岸	涵洞 1 个
藻鉴堂南部堤岸	涵洞 1 个
藻鉴堂西南部堤岸	涵洞 1 个
畅观堂西部堤岸（藻鉴堂西部堤岸）	涵洞 1 个
豳风桥西	三孔涵洞 1 个
界湖桥西北	五孔涵洞 1 个
西堤	一孔涵洞 4 个
后湖东端北侧、东侧	涵洞 2 个，不确定
东园墙东北侧	涵洞 1 个，不确定
眺远斋西北（北园墙处）	涵洞 1 个，不确定
涵洞总数	**15-20 个**
位　置	**船　坞**
万寿山后湖三孔石桥东北	船坞 1 座
界湖桥东	船坞 1 座
耕织图西（大墙外）	船坞 1 座
谐趣园东	船坞 1 座
船坞总数	**4 座**

注：本章样式雷图，均藏于国家图书馆。

北京
2011.10.24.20
颐和园

第四章

就水成景 勒石记铭

乾隆是一位文化艺术修养很高的封建帝王，在昆明湖沿岸周边，乾隆或兴建廊亭，或铸牛范铜，或勒石记铭，将昆明湖这一水利工程加以景观化、艺术化，为后世留下了将水利工程建设与园林景观建设完美融为一体的经典范例。昆明湖周边稻田仰赖昆明湖水的灌溉，而稻田也是昆明湖边重要的景观，两者相互资借，构成三山五园地区独特的山水田园景象。

一、昆明湖边的水景与石碑

理水是造园的重要环节，宋代哲学家邵雍曾在诗中写道“有水园亭活”，很好地概括出水体在园林中所起到的特殊作用。乾隆在清漪园建造之前的治水活动为水景的建设提供了优厚的条件。随着昆明湖水面的扩大，原与陆地相连的龙王庙成为水中的孤岛，因此仿照卢沟桥建造了十七孔桥将其与陆地相连。在昆明湖西部仿杭州西湖苏堤六桥，建造了形态各异的六座桥梁，使清漪园西部景观的层次更加丰富。

藻鉴堂岛和治镜阁岛的堆筑，形成了一池三山的格局，充分体现了乾隆皇帝的家国情怀，体现了“移天缩地在君怀”的宏大气魄。昆明湖广阔的水面象征大海，三座岛屿则象征着蓬莱、方丈、瀛洲三座海上仙山，三岛在望即如大海在前，这也是古代帝王宇宙观的体现，虽然身处微小的园林之中，却通过景观的打造将其模拟为四海九州。

游湖是乾隆及慈禧都十分钟爱的活动，因此他们都注重水景的设计与建造。此外水路是帝后来园的重要交通方式，从绣漪桥到水木自亲码头这一线，布列了众多景观。主要有绣漪桥、凤凰墩、南湖岛（广润灵雨祠）、水木自亲码头等。在昆明湖沿岸乾隆布置了万寿山昆明湖碑、绣漪桥昆仑石、东堤昆仑石、铜牛、耕织图等标志景观。乾隆设计这些景观的目的在于展示自己治水的丰功伟绩，并能够流传后世；昆仑石上的诗作，则是乾隆对于沿途景观及周围景色的描写，对于我们了解昆明湖及长河沿岸的风景有重要的参考意义。

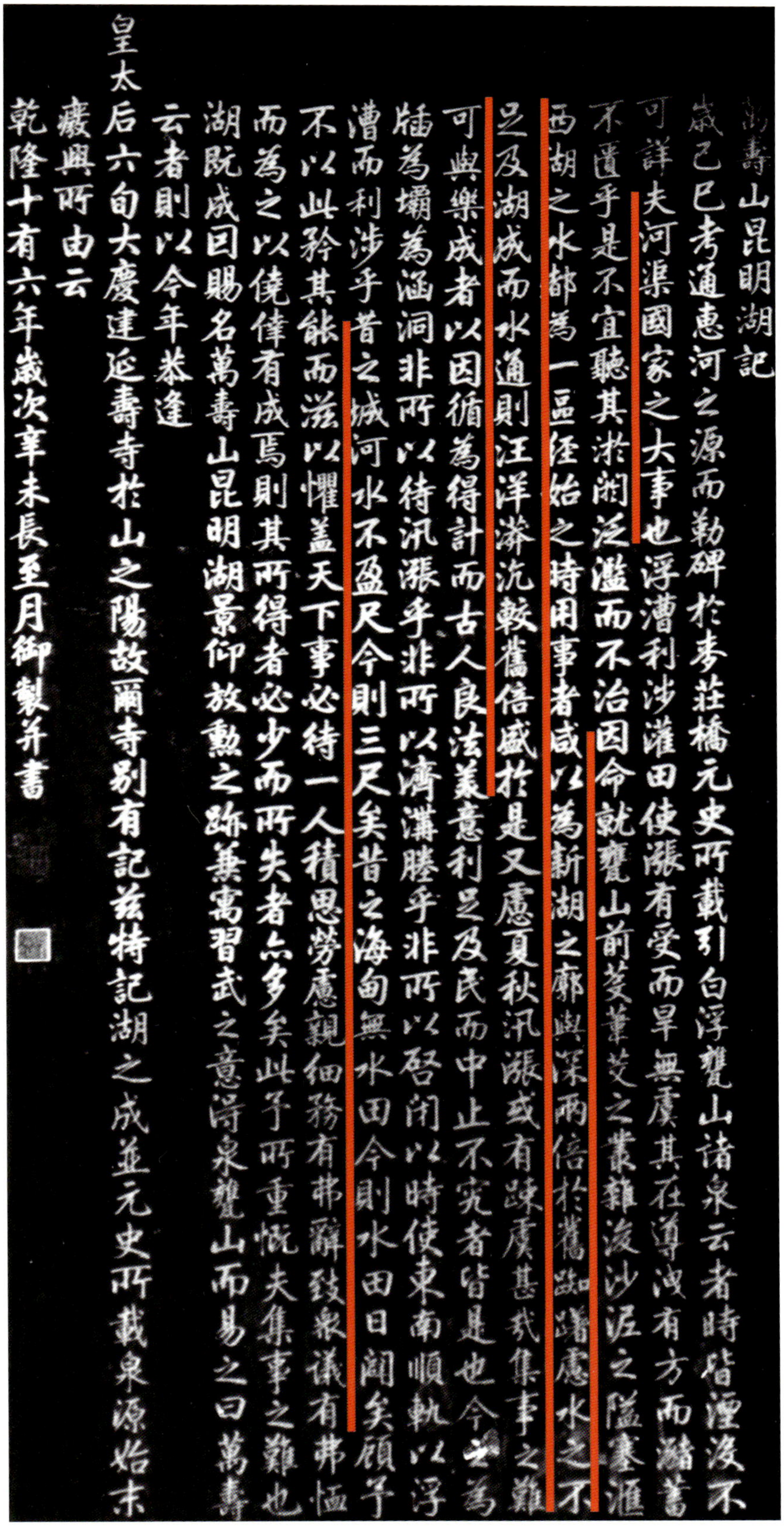
御製萬壽山昆明湖記
歲己巳考通惠河之源而勒碑於麥莊橋元史所載引白浮甕山諸泉云者時皆湮沒不
可詳夫河渠國家之大事也浮漕利涉灌田使漲有受而旱無虞其在導瀦有方而蓄
不匱乎是不宜聽其淤閼泛濫而不治因命就甕山前芟葦茭之叢雜浚沙泥之隘塞匯
西湖之水都爲一區經始之時司事者咸以爲新湖之廓與深兩倍於舊踰慮水之不
足及湖成而水通則汪洋漭沆較舊倍盛於是又慮夏秋汛漲或有疎虞甚哉集事之難
可與樂成者以因循爲得計而古人良法美意利足及民而中止不究者皆是也今之爲
牐爲壩爲涵洞非所以待汛漲乎非所以濟溝塍乎非所以啓閉以時使東南順軌以浮
漕而利涉乎昔之城河水不盈尺今則三尺矣昔之海甸無水田今則水田日闢矣顧予
不以此矜其能而滋以懼蓋天下事必待一人積思勞慮親細務有弗辭致衆議有弗恤
而爲之以僥倖有成焉則其所得者必少而所失者亦多矣此予所重慨夫集事之難也
湖既成因賜名萬壽山昆明湖景仰放勳之迹兼寓習武之意得泉甕山而易之曰萬壽
云者則以今年恭逢
皇太后六旬大慶建延壽寺於山之陽故爾寺別有記茲特記湖之成並元史所載泉源始末
覆興所由云
乾隆十有六年歲次辛未長至月御製并書

《万寿山昆明湖记》拓片

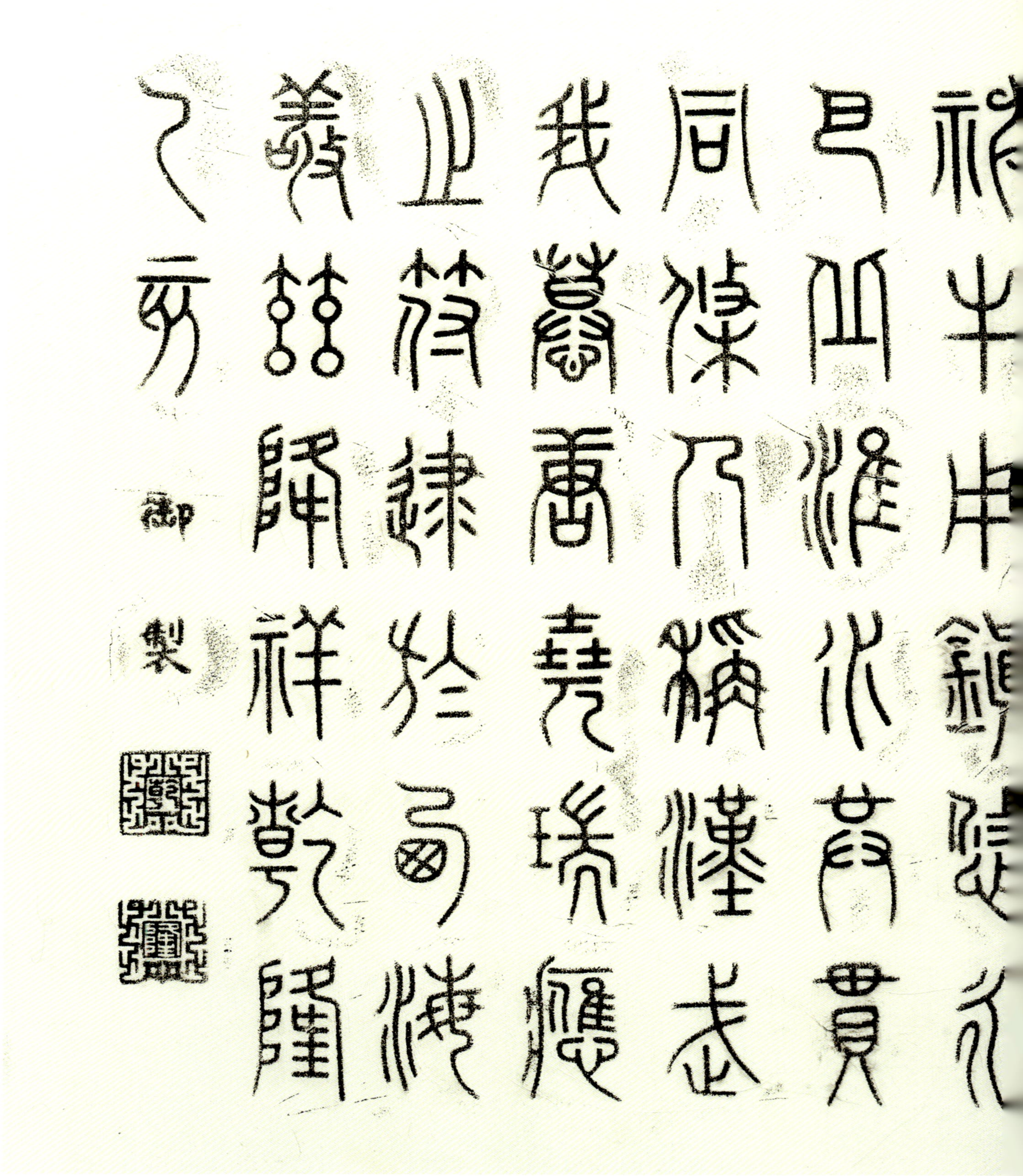

《金牛铭》 拓片

万寿山昆明湖碑

清漪园的造园工程以治水起，乾隆皇帝对于其治水的功绩极为自矜，特意树立了**万寿山昆明湖碑**。万寿山昆明湖碑位于转轮藏前，清乾隆十六年立，文字为乾隆皇帝所书。此碑的形制模仿嵩山嵩阳观“大唐嵩阳观感应颂碑”。碑阴有乾隆皇帝所书《万寿山昆明湖记》，记述拓展昆明湖的经过，强调这一行为对于济漕及灌田的重要性，体现了他的家国情怀。碑的东西两侧分别刻有乾隆皇帝所作御制诗。《万寿山昆明湖记》中记述：“今之为闸、为坝、为涵洞，非所以待泛涨乎？非所以济沟塍乎？非所以启闭以时，使东南顺轨以浮漕而利涉乎？昔之城河水不盈尺，今则三尺矣。昔之海甸无水田，今则水田日辟矣……湖既成，因赐名万寿山昆明湖，景仰放勋之迹，兼寓习武之意。得泉瓮山，而易之曰万寿云者，则以今年恭逢皇太后六旬大庆，建延寿寺于山之阳故尔。”文中所说“放勋”为尧帝，“景仰放勋之迹”说的就是乾隆标榜自己治水的功劳。

铜牛位于昆明湖东岸，是颐和园的标志景观之一。铜牛身上铸有《金牛铭》，《金牛铭》全文是：

夏禹治河，铁牛传颂。义重安澜，后人景从。制寓刚戊，象取厚坤。蛟龙远避，讵数鼍鼋。潆此昆明，潴流万顷。金写神牛，用镇悠永。巴邱淮水，共贯同条。人称汉武，我慕唐尧。瑞应之符，逮于西海。敬兹降祥，乾隆乙亥。

铭文中强调铜牛的作用是镇水安澜。同时乾隆仍然强调仰慕唐尧，以突出他对治水的重视，而不是如汉武帝那样仅为操练水军，兴建苑囿。

昆仑石是清代皇家苑囿中独有的石刻景观。碑首为圆形，碑身方型，下承海水江崖石座。在清漪园内乾隆共设置了三处昆仑石：东堤昆仑石、绣漪桥昆仑石和耕织图昆仑石。

东堤昆仑石位于铜牛以北的东堤上。昆明湖的东堤是明代的西堤（因位于京城以西，故名西堤）。这座昆仑石上有乾隆所书诗文，其中正面为《西堤》诗一首。诗曰：

铜牛

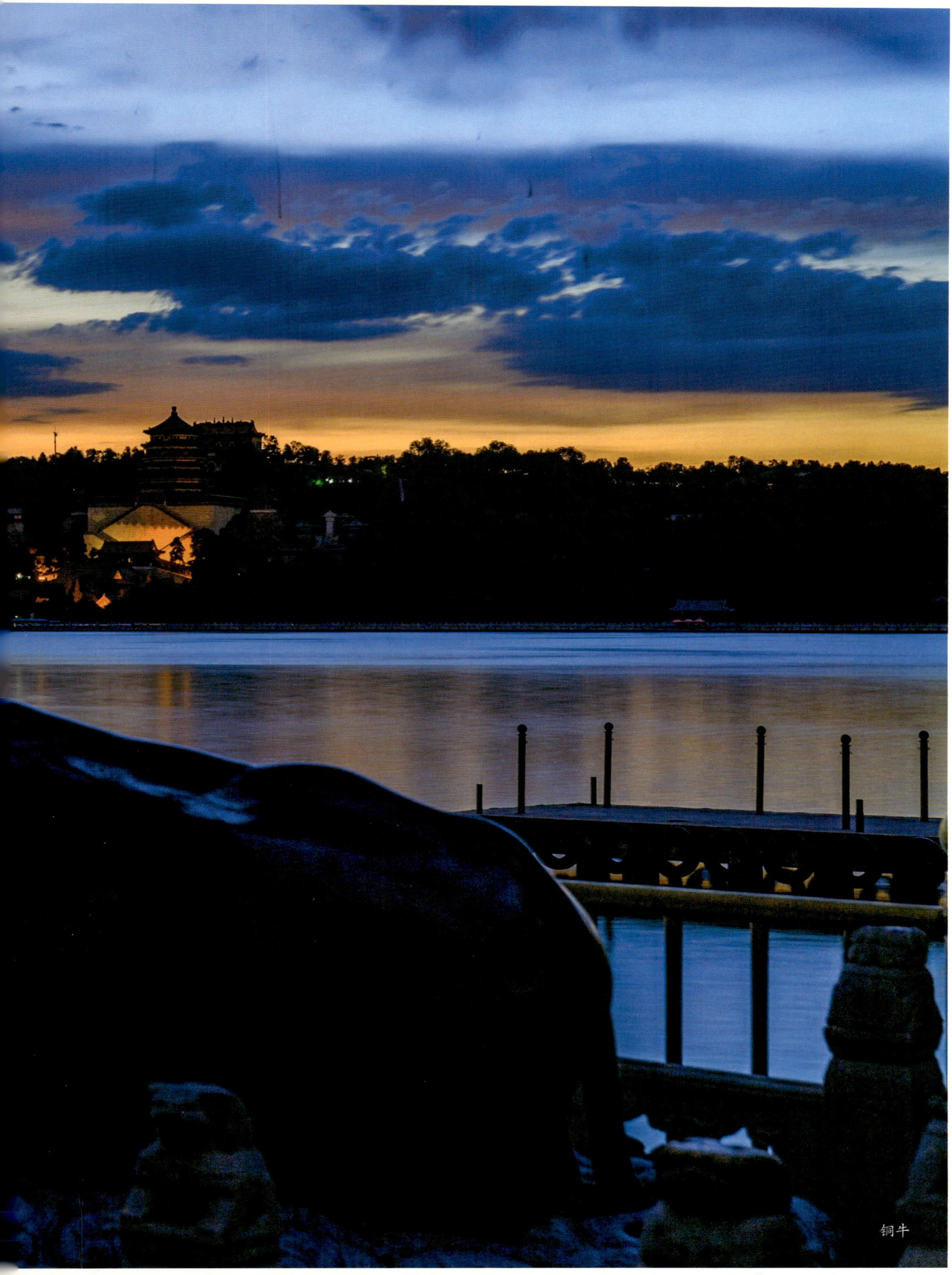

铜牛

西堤此日是东堤，名象何曾定可稽。
展拓湖光千顷碧，卫临墙影一痕齐。
刺波生意出新芷，踏浪忘机起野鹭。
堤与墙间惜弃地，引流种稻看连畦。

乾隆在诗注中写道：“西堤在畅春园西墙外，向以卫园而设。今昆明湖乃在堤外，其西更置堤，则此为东矣。”这座昆仑石的设置可以使我们知道东堤所在环境的转变，诗中乾隆仍不忘显示自己拓湖的功劳，并特意提到附近的稻田。昆仑石南面的诗曰：

勅政抡材还有暇，昆明咫尺试临诸。
依然水木清华处，不到忽过两月余。
旰宵望雨深忧切，雨足散怀临碧湖。
豆町稻塍苏绿意，思量忧实未予孤。
辟湖蓄水图灌溉，水志亏来二尺过。
不误耕畴徐长足，吾宁惟是赏烟波。
堤西水阙将断港，未可沙棠径进航。
灌输稻田逭旱候，便迟游兴正何妨。

这首诗中乾隆也强调他对农业生产的重视要超过观赏风景。

绣漪桥昆仑石位于绣漪桥以北的东堤上。其四面皆有乾隆皇帝所撰御制诗。其中乾隆二十九年的《高梁桥放舟至昆明湖沿途即景杂咏》曰：

迩日炎歊特异常，放舟川路取延凉。
几湾过雨菰蒲重，夹岸含风禾黍香。
何必嫌迟上水船，溪风襟袖正泠然。
岸旁行骑活于画，树里鸣蝉清胜弦。
乘凉缆急进舟轻，堤柳浓阴覆水清。
乐善园将万寿寺，今朝权付不留行。
绣漪桥过即昆湖，万顷空明意与俱。
已到清凉无暑处，不妨胜处憩斯须。

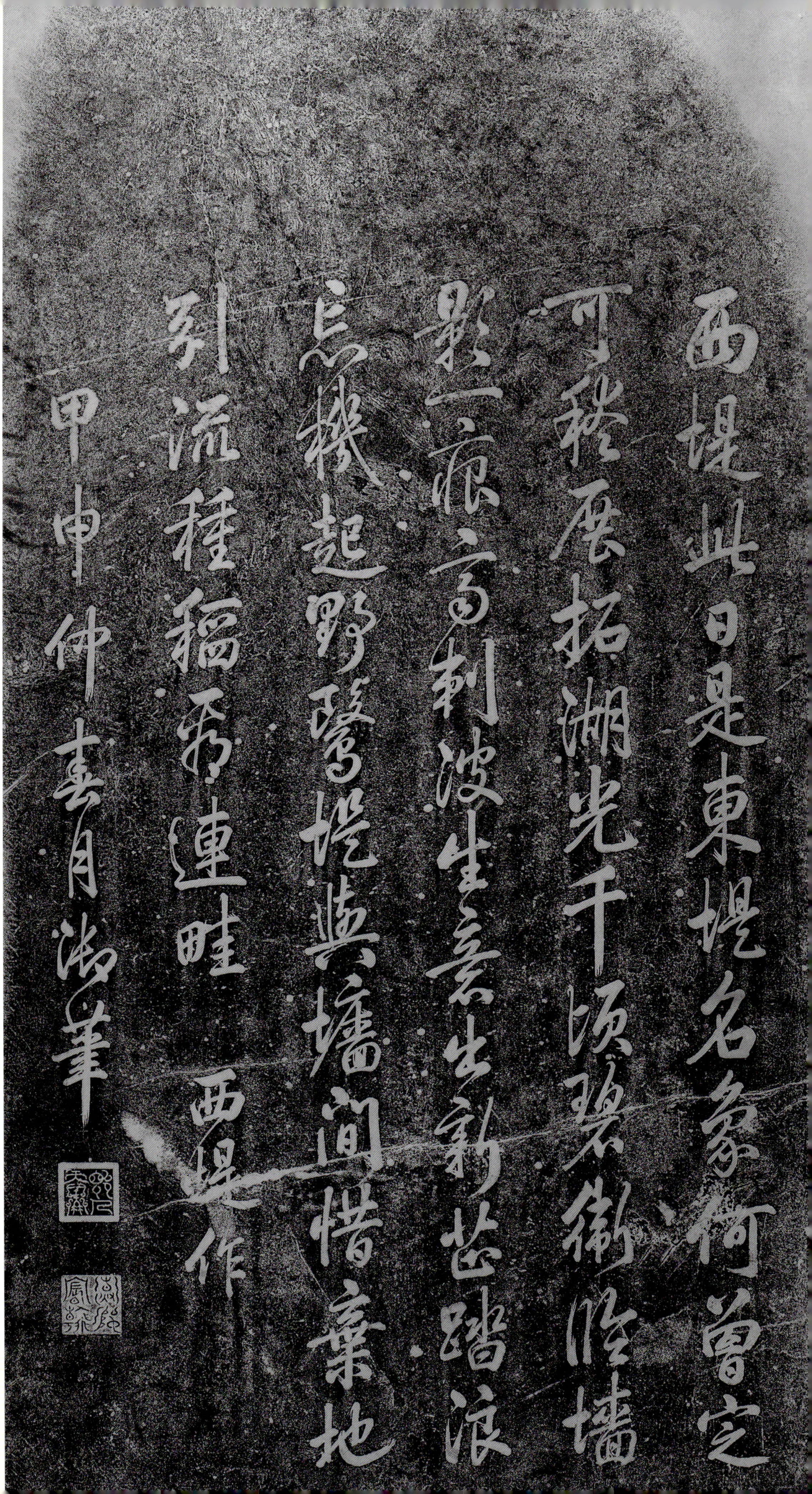
西堤此日是東堤名象何曾定
可稽展拓湖光千頃碧衛臨墻
影一痕齊刺波生意出新芷踏浪
忘機起野鷺堤與墻間惜棄地
引流種稻亦連畦 西堤作
甲申仲春月御筆

东堤昆仑石拓片

东堤昆仑石老照片

诗中所描绘的是从倚虹堂到清漪园途中所过的长河边的景物。对于两岸的农田及水中的植物乾隆均刻意描写，赞叹长河两岸的景色是活的图画。

昆明湖西岸的**耕织图**与铜牛相对。乾隆在《玉河泛舟至石舫登岸四绝句》诗注中写道：“汉昆明池作二石人东西相对，象牵牛织女，故杜甫诗云织女机丝虚夜月，今湖西织染局则实有蚕织之事，而湖岸东用胜水之义铸有铜牛，名同实异，正不妨效之云。”耕织图是清漪园中水景的重要代表，它代表着古代帝王对于农事生产活动的重视。中国古代以农业立国，农业是关乎国家经济命脉的大事，是国家财政的主要来源。清代皇帝对于农业生产的重视较之前代帝王为更甚。康熙帝命焦秉贞绘制《耕织图》，后来又将此彩绘《耕织图》上板刻印，颁赐臣工。乾隆皇帝将耕织图变成了实景。他将原在城内的织染局移到清漪园内，设置专门人员从事耕织活动。同时在耕织图南的玉河斋左右廊中镶嵌耕织图石刻。

绣漪桥昆仑石老照片

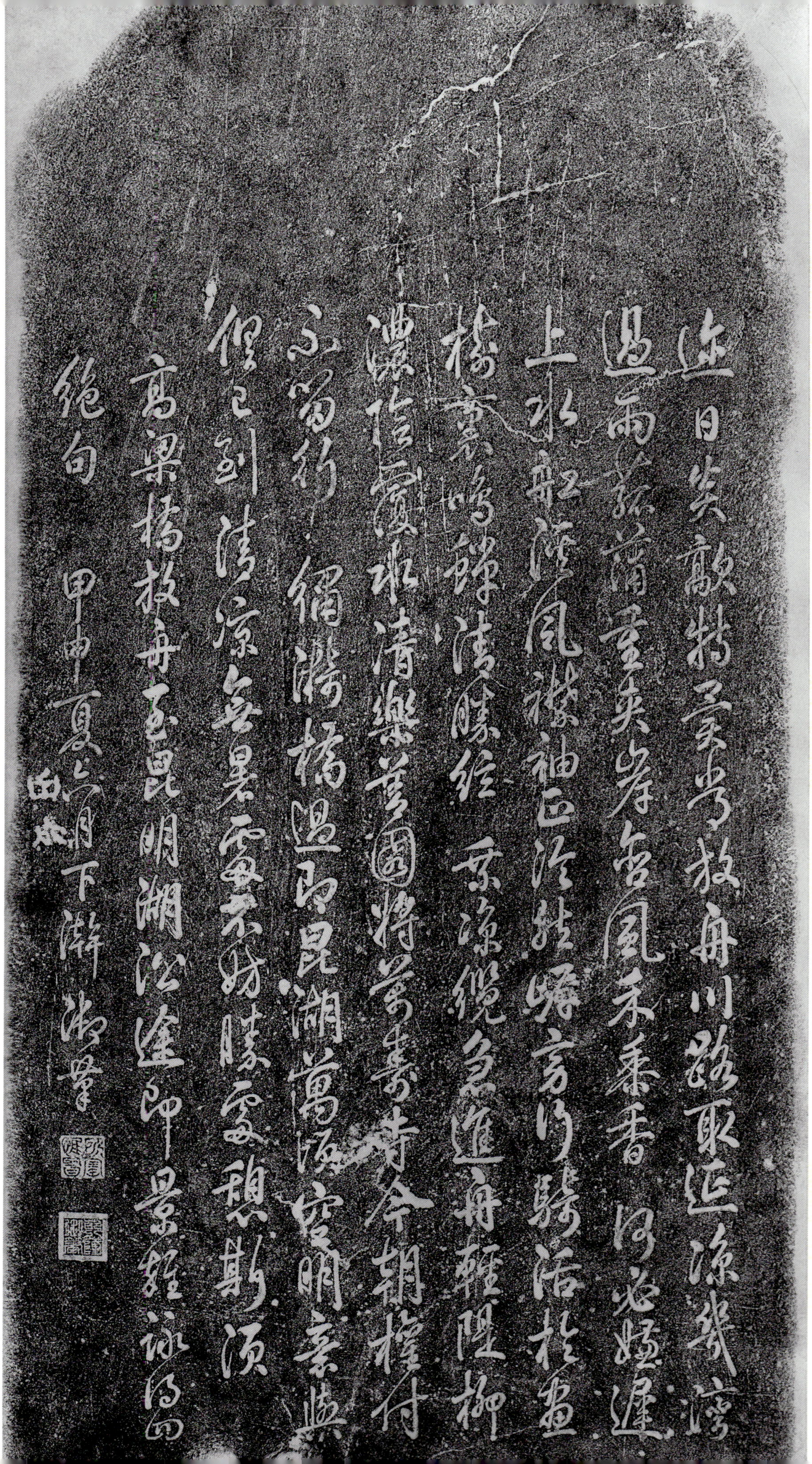

绣漪桥
昆仑石拓片

《日下旧闻考》卷八十四《国朝苑囿》中记载："延赏斋在玉带桥之西，前为玉河斋，左右廊壁嵌耕织图石刻，河北立石勒耕织图三字。蚕神庙每年九月间织染局专司祈祀，又清明日于水村居设祀，织染局内前为织局，后为络丝局，北为染局，西为蚕户房，环植以桑。又西隔玉河皆稻田。"对此乾隆在《延赏斋》诗注中提到："近日题次程棨耕织图诗，既合装原卷贮御园多稼轩中，而以摹成石刻列置于斋之前轩，是地本名耕织图，得此尤为名实相副。"

在耕织图昆仑石上有乾隆所作的《耕织图二首》，诗中写道：

稻田蚕屋带河滨，正值课耕问织辰。
漫拟汉家沿故事，一般深意在勤民。
稻苗欲雨蚕宜霁，万事从来艰两全。
造化且艰副民欲，临民者合惧瞠然。

在诗注中乾隆说明："按《汉书》，昆明池有石人二，以象牵牛织女，今之昆明湖玉带桥西有耕织图处，左右廊壁嵌有耕织图石刻，湖东有铜牛一亦隐寓汉书之意耳。"昆仑石阴面的诗作为：

玉带桥西耕织图，织云耕雨肖东吴。
每过便尔留清问，为较寻常景趣殊。

对鸥舫和鱼藻轩是昆明湖北岸两处水榭，呈东西对称分布。对鸥舫的匾额"函海养春"意味着胸怀如大海般包容万物，似春风般养育万物。《汉书》中曾有"函之如海，养之如春"的说法。乾隆五十一年弘历所作《对鸥舫有会》诗中写道：

舟有时而名居，屋有时而名舫。
可知名者实之宾，实犹无定，名那有定状。
敞轩临昆明，漪澜碧波漾。
对鸥取其闲，鸥闲我无闲也。
谅朝乾夕惕，犹恐或懈弛，偶寓意耳，于此敢心放。

对鸥舫匾额

函海

对鸥舫码头

对鸥舫的名称点出了建筑所处位置的特色，能够欣赏到鸥鸟飞翔于湖上，对鸥也含有闲适的意蕴。作为帝王的乾隆则发出了“鸥闲我无闲也”的感叹，他朝乾夕惕，仍然不敢松懈。身处园林中的帝王仍然要思虑国家大事。

游船是昆明湖上的主要交通工具，游船运行需要一定的吃水深度，这就需要在昆明湖中开挖船道。样式雷《万寿山前昆明湖内开挖船道地盘画样》就是开挖船道的设计图。图中以绿色表示船道，以红签标出船道的起止点及其尺寸，图中可见的有“由龙神祠北码头至排云殿前码头挖船道均宽十丈”“由绣漪桥船道往北至龙神祠前码头开挖船道，均宽十丈”“由绣漪桥起至玉带桥旧船道间宽捞挖均宽十丈”“湖内各处船道间宽捞挖均深五尺并捞挖有碍土冈以及蒲草芦苇根等”。红签中的船道有多条仍然是现今颐和园游船运行的主要航道。

《昆明湖挖船道路线尺寸细图》是另外一幅关于船道的样式雷图，图中显示的拟挖船道有三条，分别是南湖岛至治镜阁、南湖岛至藻鉴堂、治镜阁至藻鉴堂，也就是三岛互通的航道。图中红色实线描绘的是设计的船道和桥梁，红色虚线是为更改后的线路。图中文字说明有：“谨拟添修木板等，往南挪修船道，东西加长四十丈，南北减去十丈，船道其合加长三十丈”，说明在设计过程中对方案进行了修改。现今景明楼和练桥之间的木板桥在这幅图上也有体现，图中文字写道：“谨拟练桥迤南

鱼藻轩码头

添修一孔活面木板桥一座，金门宽一丈九尺，船面宽一丈二尺，由桩板上皮至桥面上皮通高一丈。”在治镜阁与藻鉴堂之间的地上也新开了一座桥梁南荇桥，图中文字描述道：“谨查得南荇桥一座，原金门一丈五尺六寸，船宽一丈六尺五寸，今拟金门改宽一丈九尺，上安活木板。”

凤凰墩为御船进入昆明湖内看到的第一处景观，为一座小岛，仿江南无锡黄埠墩而建。黄埠墩位于无锡城外运河中，乾隆皇帝南巡途中曾驻跸墩上，对于该处景观甚是喜爱，遂仿建于清漪园内。凤凰墩岛上原有二层建筑会波楼。楼顶上安装有铜凤凰一只。铜凤凰随风转动，可以知道风向。乾隆皇帝对于凤凰墩较为喜爱，写有多首诗作，作于乾隆十七年的《凤凰墩》诗曰：

凤凰墩建筑构件

渚墩学黄埠，上有凤凰楼。
一镜中悬画，四时长似秋。
山容空外秀，波态席前浮。
何事三山远，还期佺羡游。

昆明湖水在转入长河处湖面收窄，凤凰墩正处于由宽到窄的临界位置，这与黄埠墩在运河中的位置极为相像。从南湖岛至绣漪桥之间的广阔水面上，缺少必要的景观节点，凤凰墩就在合适的位置补充了这个不足，使昆明湖南部景观不再单调。

南湖岛是昆明湖的三岛中位于主要交通线上的一座。早在乾隆时期岛上有望蟾阁、月波楼、鉴远堂、澹会轩等建筑。望蟾阁为岛上的主体建筑，为三层阁楼，仿湖北武昌名楼黄鹤楼而建，凌空高阁耸立于昆明湖上，使之成为昆明湖上重要的景观节点。由于望蟾阁具有一定的高度，周围主要为较低的建筑和水面，视野开阔，北对万寿山，可以观赏大报恩延寿寺等山上的主体建筑，西可望西堤诸景。望蟾阁虽名为望蟾，乾隆却不曾在此望月，因为乾隆从未在清漪园中过夜，不过这并不妨碍乾隆对于望蟾阁的喜爱。他在《登望蟾阁极顶放歌》中写道：

似此构筑缘底事，自问不解况人乎。
今朝佳景可再孤，索须极顶登临诸。
造半已觉豁眼界，上方实令心神舒。
畅春东望神仙区，西山真是西竺如。
北屏万寿南明湖，就中最胜耕织图。
黍高稻下总沃若，是真喜色遑论余。
亦有晓蟾西宇留，三五清光得未酬。

诗中乾隆声称自己都不知道为什么建造望蟾阁，但在登临到一半就已经觉得视野豁然开朗，精神愉悦舒畅，东西南北四面都有宜人的景色，而最令他欣喜的是耕织图中的长势甚好的农作物。

“望阐各”款琉璃构件

由于基础问题，望蟾阁在嘉庆年间改为了一层的涵虚堂。涵虚堂缺少了望蟾阁挺拔的姿态，使南湖岛的景观趋于平淡。晚清时期，慈禧太后仿效乾隆时期在昆明湖中检阅水操战船的旧制，曾亲自登上涵虚堂，检阅水操学堂官兵的战船演练。

南湖岛上的龙王庙，全称为广润灵雨祠，龙王庙院现保存完整。门前左右各竖立旗杆一座，山门“广润灵雨祠”五字为嘉庆皇帝御笔亲题，门内正殿三间，硬山黄琉璃瓦屋面。黄琉璃瓦屋面在颐和园内为最高等级。正殿前悬挂楹联一副，内容是“云归大海龙千丈，雪满长空鹤一群”。

龙王庙在明代就已经存在，时人宋彦《山行杂记》中记载:“步西湖（昆明湖旧称）堤右小龙王庙。坐门阑，望湖，湖修三倍于广，庙当其冲，得湖胜最全。”西湖与西堤是明代北京重要的游览区，而龙王庙就是游堤赏湖的佳地。

广润灵雨祠门额拓片

龙王庙匾额

南湖岛龙王庙

乾隆十五年，伴随着清漪园的建设，弘历将龙王庙重新修葺，并命名为广润祠，广润来源于西海龙王广润的封号，由此龙王庙祭祀等次逐步升格。修缮之后乾隆皇帝就批复管园大臣的奏请“其（龙王庙）香供着照静明园等处之例办理”，这是有关昆明湖龙王庙香供等级的最早记载，乾隆将龙王庙比照静明园龙王庙也成为日后确定昆明湖龙神祠祭祀等级与仪节的依据。

龙王庙修缮后，乾隆皇帝多次到此拈香祈雨或谢雨，并写有多首诗作。乾隆六十年四月，因为祈雨有应，乾隆皇帝“诣广润祠谢雨，增号广润灵雨祠”，广润祠进一步升格。

嘉庆十七年，因皇帝亲赴广润祠拈香，祈雨有应，特颁布上谕：“昆明湖广润灵雨祠龙神灵应夙著……于原封安佑普济神号下，敬增沛泽广生四字，并著礼部查照黑龙潭、玉泉山两处龙神祠祀典一体春秋致祭，以昭灵贶，钦此。”昆明湖龙神八字封号是四座龙神祠中最长的，从此昆明湖龙神祠正式列入国家祀典。

龙王庙在咸丰十年被英法联军焚毁，后在颐和园重修时一并重建。慈禧太后和光绪皇帝从水路来园，多在南湖岛登岸，到龙王庙拈香，而后在水木自亲码头登岸。

二、御苑田园映海淀
——清代三山五园地区的农业种植

三山五园是清代中期在北京西郊海淀地区兴建的一批大型皇家御苑的统称，主要包括畅春园、圆明园，以及万寿山清漪园（后改名颐和园）、玉泉山静明园、香山静宜园等。三山五园不单指三座山和五个皇家园林，而是泛指这一地区，更多意义上是一个广义的地理概念和文化概念。三山五园规模宏大、功能齐全，景色优美，是清代重要的政务、军事、文化活动区和皇家生活区，也是中国几千年园林艺术集大成式的系列作品，在景观的塑造和文化氛围的营造方面取得了杰出成就，其中，蕴涵、标榜清帝重农意识的田园景观即是一个重要的类别。田园风光，不仅丰富了三山五园的景观内涵，而且对于清代统治阶级和皇家园居生活也具有多方面的价值和意义。彼时，皇家园林与田园风光，以及海淀、青龙桥等繁华街镇，有机融合，构成了清代海淀地区的独特风貌。

海淀地区地处古都北京近郊，土质肥沃，水源丰沛，是理想的农业耕作区，有较为悠久的农业开发史。《元史》记载，元世祖时期很多蒙古贵族截留今昆明湖一带的水源种植水稻，以致下游通州至元大都通惠河的漕运发生了困难。明代中期，著名书画家文徵明游历至海淀一带，在《西湖》一诗中，以“十里青山行画里，双飞白鸟似江南”对这里的田园风光进行了描绘。史籍也记载，明代万历时期曾从江南迁来农民在今昆明湖一带种植稻田。明代崇祯时期刊印的《帝京景物略》云:“度（瓮）山前小桥而南，人家傍山，临西湖，水田棋布，人人农，家家具农器，年年务农，一如东南，而衣食朴丰，因利湖也。”进入清代，伴随着众多皇家园林的兴建以及更多人口的聚集，海淀地区的农业有了很大发展，诞生了著名的京西稻品牌，京西稻是海淀的特产，也是海淀的符号，京西稻作文化是海淀农业文明的重要代表。

（一）清代皇帝的重农意识

清代农业在土地开垦、水利建设、粮食产量、养育人口等方面均取得了重大成就，农业的发展凝结着劳动人民的汗水，同时也与清代的农业政策以及清帝对农业的大力提倡和重视息息相关。满族作为少数民族，入主中原后，一方面提倡儒家文化，另一方面，高度重视农业生产，以此巩固自身统治。康熙在《重农桑以足衣食》的上谕中说："古者天子亲耕后亲桑，躬为至尊，不惮勤劳，为天下倡。……黎民不饥不寒，享庶富之盛而致教化之兴，其道胥由乎此。"为休养生息，康熙四十九年十月，康熙谕令普免全国一年钱粮，并说："（朕）每思民为邦本，勤恤为先，政在养民，……百姓足，君孰与不足。"康熙还让宫廷画师焦秉贞绘制了《耕织图册》，以提倡农桑，乾隆《御园亲耕》诗中"我朝得天下，马上搴旗帜。创武守以文，耕稼尤留意。皇祖绘为图，种获编次第"就是对这一情况的述说。雍正在即位前便以焦秉贞所绘《耕织图册》为蓝本，依样绘制一册《耕织图册》，并将画面中农夫和农妇的形象换成自己与福晋的容貌，每页画上都有雍正的亲笔题诗，表现自己对农业亲力亲为的意愿，赢得了皇父的器重。雍正关注农情气候，雍正五年闰三月，他在河南巡抚田文镜的奏折上，御批"大雨沾足，朕恐怖之心方释"。雍正七年十月，他在署广东巡抚傅泰的奏折上，御批"导民务本为第一要政"。乾隆认为民有恒产，才能本固邦宁。他反复强调"劝课农桑，临民者第一要务"，"垦田务农为政之本"。他宣布"天下之本农为重，各府州县衙，果有勤于耕种，务本力作者，地方官不时加奖，以示鼓励"。乾隆不仅多次、大规模地按地区蠲减各处正额租赋，而且还于乾隆十年、三十五年、四十三年、五十五年及嘉庆元年五次下达普免全国一年钱粮的谕旨，而且还三次全免南方漕粮（一次为米四百万石），累计蠲免赋银二亿两，相当于近五年的全国财赋收入。

（二）三山五园地区的农业种植

从上古时代起，园圃就是中国古典园林的重要源头。汉代上林苑中包

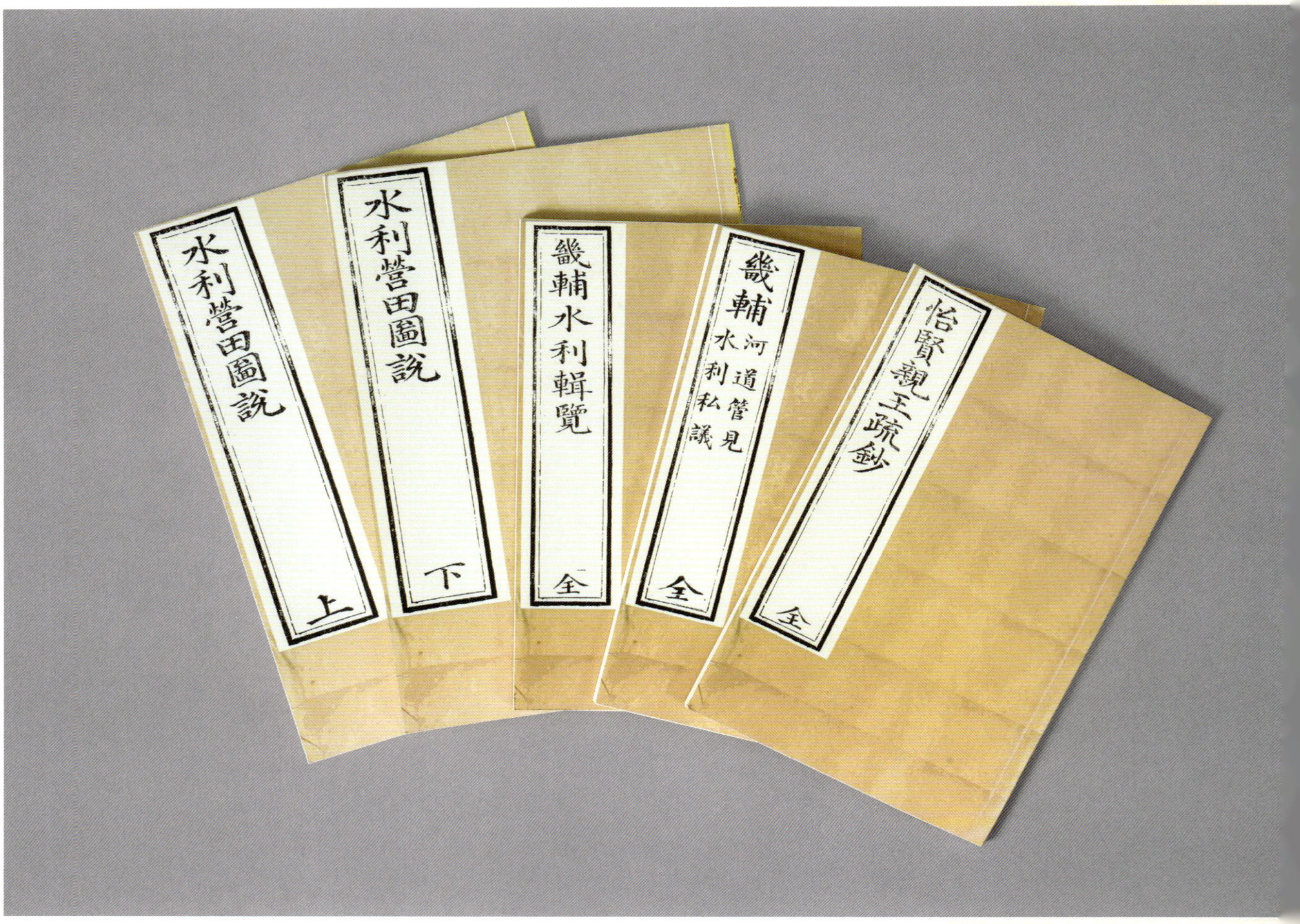

《畿辅水利丛书》中与营田相关的几种古籍

含大片真正的农田和菜园，主要承担生产基地的功能。未央宫的园林区辟有“弄田”，则属于特殊的景观设施，皇帝偶尔亲自在此表演耕作。清代统治者对这类农业田园风光最为重视，在皇家园林中大加经营，景致极为丰富，算得上是中国古典园林田园景观的集大成者[1]。有清一代，早期的西苑有丰泽园，继之畅春园、圆明园设有田园风光区，稍后兴建的其他皇家园林也都布置有耕作弄田景观，几乎成为一种成例。三山五园地区不仅园内有田园景观，而且园外，以及园与园之间也有大面积的农业种植，不仅有稻麦，也有果蔬，园内园外呼应连绵，蔚为壮观。

1 贾珺:《中国皇家园林》，清华大学出版社，2013 年。

畅春园西部，从无逸斋土山以北，直到位于园西北的大西门，约有上百亩田地，种植的是水稻和蔬菜。这是康熙的御用“试验田”，栽种的是早御稻。据《康熙几暇格物编》记载：丰泽园有水田数区，岁至九月才能收获。一日，康熙巡行阡陌，时方六月下旬，谷穗方颖，忽见一科，高出众穗之上，实已坚好，因收藏其种。明岁六月时，此穗果先熟，从此生生不已。这就是康熙亲自选种培育的新稻种，命名“御稻米”。其稻芒呈淡紫色，米谷微红而粒长，气香而味腴，能一年两熟。康熙将御稻种交给江浙督抚和织造，降谕试种；也曾在承德避暑山庄种植。御稻试种成功，结束了长城以北几千年不种水稻的历史，也开启了京西稻独领风骚的序幕，京西稻开始在三山五园及西山地区规模性推广。清代萧奭《永宪录》记载康熙年间“其供御膳曰御稻米，出京师西山”。

杏花春馆位于圆明园核心的九州景区，初名菜圃，一片平畴，四面环水，立意疏旷、简朴而有乡野风光。“由山亭逦迤而入，矮屋疏篱。东西参错。环植文杏，春深花发，烂然如霞。前辟小圃，杂莳蔬蓏，识野田村落气象。”在此，清帝可以“最爱花光传艺苑，每乘月令验农经”。

澹泊宁静、映水兰香居于圆明园中心地带，地域开阔，水面环绕，稻田甚多。澹泊宁静是一处重要的游憩寝宫，主建筑是独具特色的“田字房”大殿，殿外稻田弥望，河水周环。乾隆《田子房记》曰：“其北则稻田数亩，嘉禾生香，蔼闻于室。”映水兰香的正殿为多稼轩，东临稻田，前为“观稼轩”，乾隆《映水兰香》诗序云：“前有水田数棱，纵横绿荫之外，适凉风乍来，稻香徐引。”诗曰：“园居岂为事游观？早晚农功倚槛看。数顷黄云香雨润，千畦绿水稻风寒。”

多稼如云在圆明园北大墙之内，正宇北临后溪河，隔水与稻稼相望。乾隆《多稼如云》诗序曰：“鳞塍参差，野风习习，……又田家风味也。盖古有弄田，用知稼穑之候云。”乾隆诗云：“稼穑艰难尚克知，黍高稻下入畴谘。弄田常有仓箱庆，四海如兹念在兹。”

紫碧山房地处圆明园西北隅，是圆明园海拔至高点，霁华楼位于山脊北坡，临北墙而建，是清帝观稼的绝好之处，登高后不但可观望园外稻麦，而且在该景东部山脚下，还开辟弄田，几栋建筑也因此得名丰乐轩、学圃等。学圃是圆明园内御用果园菜园，占地达20万平方米。乾隆《学圃》诗句云：“北村有隙地，种树还艺蔬。清溪贯其间，不井可辘轳。”乾隆十四年二月，总管太监将紫碧山房栽种果木树株样呈览，乾隆谕令将此项树株交大臣酌量派园头办理。

北远山村位于圆明园大北门内东侧，摹仿水村田园风光，临北长河而建，建筑参差错落，周围禾畴弥望。沿溪流北岸自东向西依次安排着院落、茅屋、庙宇等，俨然是一个颇具规模的水乡村落。是处为园内植桑养蚕之地，农夫、蚕妇在此作业。乾隆时，村北侧还建有若帆之阁、耕云堂等景观，嘉庆时，北远山村局部改建成课农轩大殿。若帆之阁北倚园墙，为一座二层的楼阁，朝北的一面设外廊、栏杆，可凭栏眺望。耕云堂在若帆之阁稍东，筑于假山之巅，由此可见北墙外农夫耕耘忙碌的情景，是皇帝登高阅视园外农稼之处。乾隆诗云：“山堂临园墙，墙外田近阅。弄田园中多，莫如此亲切。”

平畴交远风位于长春园东北部，“平畴交远风”的题额引自陶渊明“平畴交远风，良苗亦怀新”的名句。平畴指广袤的原野，而“怀新”也是乾隆常用的语汇，圆明园藻园有怀新馆，清漪园畅观堂有怀新书屋。乾隆用陶渊明的劝农诗点题了这组建筑的立意。平畴交远风殿联曰“畏民品其艰其慎，敕天命维几惟康”。与题额相呼应，提醒统治者稼穑维艰，民农为本。《日下旧闻考》记载“后额曰平皋净绿”，为北向悬挂的匾额，这四字正是对平畴交远风的外在补充。清帝登临此殿，便可俯瞰长春园北墙外平畴漠漠的水田景象。

耕织图位于清漪园西北部，占地25公顷，有蚕神庙、水村居、织染局等建筑，以河湖、稻田、蚕桑等景观为主，具有浓郁的水乡情趣，体现了传统的男耕女织思想。乾隆命人把元代画家程棨所绘的耕作图与蚕织图48

民国时期玉泉山与万寿山之间的稻田

幅刻在石上，加上他自己的题识，镶嵌于游廊上，勉励人们勤耕细织，发展生产。他还亲制五首题赞耕织图风景的诗歌，并加上手书“耕织图”三字，阴刻于石碑。乾隆命内务府将织染局全部迁移到耕织图，同时将圆明园的十三家蚕户也迁移到此。

畅观堂位于昆明湖西南角，是乾隆观览园外农作物的场所。畅观堂仿杭州西湖蕉石鸣琴而建，正殿为畅观堂，东配殿名睇佳榭，西配殿为怀新书屋。乾隆写有众多关于畅观堂的诗作。其中《畅观堂口号》一诗中写道：“畅观岂为观佳景，都在水田陆亩间。一雨油然生意勃，心诚慰更放心闲。”

在玉泉山南麓西部，水城关以西的围墙内，是一片河泡和稻田。在河北岸山麓，还建有一座课耕轩，这便是溪田课耕一景，为静明园十六景之一。“自垂虹桥以西，濒河皆水田”。乾隆《溪田课耕》诗序曰：“疏泉灌稻畦，每过则与田翁课晴量雨，农稼景色，历历在目”。诗云：“引泉辟溪町，不藉水车鸣。略具江南意，每观春月耕。嘉生办粳稻，农节较阴晴。四海吾方寸，悠哉望岁情”。

根据张宝章先生的研究，玉泉山静明园共有水旱田地1135亩[1]。而玉泉山下，在明代即有少量水稻种植。康熙朝，玉泉山下的御稻发展到600亩，再加上六郎庄、万泉庄、黑龙潭、高梁桥以及石景山、南苑等地，共有近万亩。乾隆下江南时，带来水稻品种“紫金箍”，种在二龙闸到长春桥河堤以东一带，并在清漪园东墙外开辟稻田1000余亩[2]。据今六郎庄一带老一辈农民口碑相传，乾隆在一次南巡中将江南十三家农民迁徙到玉泉山东南的蛮子营居住，并耕种六郎庄、巴沟一带的稻田。相传就是在这次移民中，带来了南方的优良稻种——紫金箍[3]。乾隆年间汪启淑《水曹清暇录》“京郊开垦似江南”条记载：“高梁桥至圆明园、香山，夹河两岸，近开水田已有二千余亩，并连康熙、雍正年间所开垦，为数更多。”[4]慈禧当

1 杜振东主编：《情系京西稻》，中央文献出版社，2014年。
2 于海洲、杜振东主编：《御稻飘香》，中国诗联书画出版社，2011年。
3 于德源：《北京农业史》，人民出版社，2014年。
4（清）汪启淑：《水曹清暇录》，北京古籍出版社，1998年。

紫金箍与大白芒（海淀区档案馆提供）

政时，曾下令在颐和园外半里，自北坞、蓝靛厂、巴沟一带划入御用稻田[1]。晚清时期，颐和园墙外东北角大有庄地区种有稻田100余亩。玉泉山和万寿山之间的功德寺、青龙桥地区也种有大面积水稻，乾隆《青龙桥晓行》曰“十里稻畦秋早熟，分明画里小江南”，“禾黍香中千顷翠，梧桐风里十分秋”，嘉庆“嘉稻千畦通海甸，平湖十里接清漪”都是对这一地区水田景况的精彩描述。熙春园位于今清华大学校园内，在乾隆、嘉庆时期是圆明园附属的园林，其北部有200多亩农田。

需要指出的是，清代三山五园地区除了皇家园林及其服务保障机构，以及海淀、青龙桥等集镇外，也聚集着众多以土地为依赖的地主、佃户和农民，农业生产是他们主要的生存来源。所以三山五园园外，以及园与园之间的农业种植是由地主、农民的私田，以及皇家内务府的官田共同构成的。民国初年，三山五园地区的“旗地”，即清末钦赏各皇苑应值当差役种植的土地，由颐和园事务所经管，共有水旱田地5989亩，分布在颐和园、静明园、圆明园内外[2]。1924年，国民军11师接管西郊一带古迹名胜，圆明园内外及海淀、巴沟等处稻田同隶颐和园管理，共有水旱稻田210余顷，岁收租金1.2—1.3万元。1928年9月，原归颐和园后为河道管理局接收的稻田厂移归颐和园管理。1949年11月，北京市郊区工作委员会函知：奉令准颐和园收田地租，租额按不同土地与农业税一致。1952年10月，海淀区进行土改，颐和园将园外田地4089.945亩移交海淀区。至此，三山五园地区（主要是园外及其周边）始自清代中期，由官田、私田为主要所有制的农业种植结构退出了历史舞台。

（三）清帝在三山五园地区的重农观稼活动

1. 专司管理御稻

康熙五十三年设立稻田厂，既是官署，又有仓库和碾房。掌供内廷用米，并征收圆明园、畅春园、静明园等附近各处民种稻田租赋。原隶内务

1 于海洲、杜振东主编：《御稻飘香》，中国诗联书画出版社，2011年。
2 杜振东主编：《情系京西稻》，中央文献出版社，2014年。

府，委司官二人管理，设笔帖式二人、领催十三名、听差人四名，每年预领帑金，雇人耕种。雍正元年增设库掌一人、笔帖式二人；雍正三年改由奉宸苑管理，每年由苑委官一员协同原设库掌办理一应事务。乾隆二十五年定，每年钦派内务府总管大臣一人，协同奉宸苑管理；乾隆二十九年复停派值年内务府总管大臣，由奉宸苑会同清漪园管理园务大臣就近管理，遂定制。额设值年员外郎、六品库掌各一人管理厂务；笔帖式三人掌管翻译及文移档案；催长、副催长各一人，领催三人，专司征收官种、民种之地赋。其官种水田十五顷九十七亩，每年交官三仓进奉内廷米二百石、谷二百四十石；又八月初一日进红粳米四斗、九月初一日进高丽秫米四斗，交膳房以为尝鲜之用。至圆明园、畅春园、静明园附近各处民种地亩，计水田八十一顷九十八亩、旱地五顷五十亩、蒲地二顷三十三亩，以及民租

玉泉山下的稻田（海淀区档案馆提供）

昆明湖东岸的稻田（海淀区档案馆提供）

荷花池、苇草地二十九顷四十八亩，各征银有额，俱存奉宸苑作岁修之费。

乾隆中期成书的《钦定日下旧闻考》卷七十一记稻田厂："廨宇建于玉泉山之青龙桥，南向，存贮米石，仓厫及官署、碾房具备焉。又官场二处，一在功德寺西，房四间；一在六郎庄南，房十六间。司其事者，员外郎一员，库掌一员，笔帖式三员，催长、领催等十名，种地蚕蛮子十三名。玉泉山官种稻田十五顷九十余亩，其金河蛮子营、六郎庄、圣化寺、泉宗庙、高梁桥、长河两岸、石景山、黑龙潭、南苑之北红门外稻田九十二顷九亩余，合官种稻田共一百八顷九亩有零，较往时几数倍之。"

2. 兴修水利设施

康熙、乾隆年间，经过大规模开辟，玉泉山下的稻田已经达到上万亩之多……这一带的稻田依仗着终年不竭的玉泉水，形成了一整套完善的灌溉系统，并且修建了配套的水闸涵洞等水利工程设施，有闸兵专司管理，依据农时规律，何时启闭哪一座闸门，都形成了大体固定的节气和时间，成为历来沿袭的惯例。皇家稻田很少遭受自然灾害[1]。

乾隆二十一年，在静明园外建高水湖、养水湖和泄洪湖等水利设施，都可以为周边稻田提供灌溉用水，养水湖更是以调节农田灌溉用水为主要功能。巴沟、万泉庄和六郎庄位于畅春园西南，乾隆二十九年，乾隆在这一带开辟了大量稻田，又疏浚了巴沟河和万泉河。但六郎庄村南和巴沟村西的稻田仍感水源不足，他便命在长河东堤修建了几道出水闸，引水东流，浇灌堤东大片稻田[2]。乾隆认为："疏治昆明湖，本为蓄水以资灌溉稻田之用。每春夏之交，湖水率减数寸，盖因稻田日多，以济雨水或缺也。林丞但知守湖水尺寸，而不计灌溉，此有司之见，严禁不许。"[3]乾隆《御制由万泉堤上至圣化寺即景杂咏》诗注云："万泉久湮塞，甲申岁始命疏浚，即其地开水田，今春复加垦辟，稻畦鳞次，属以长堤，迤逦至圣化寺，宛然江乡风景。"

乾隆《涵漪斋》诗序云："从香山、碧云及卧佛寺引诸泉曲注于此，垂为瀑布，下洄成湖，方与玉泉合流，下浸稻田。"嘉庆御制诗句云："德水甘芳湛绿池"，诗注道："玉泉之水汇而为湖，并疏为渠，灌溉稻田数百顷。每至夏初，插秧莳种，罫亩布列，弥望青葱，不异东南阡陌。"光绪二十八年三月四日，稻田厂所种稻田需用颐和园东堤一带涵洞使水浇灌，前各涵洞用石块随时堵挡，俟稻田吃紧之时，如遇大雨堵挡不及，恐有被淹之患，奏请行文颐和园即将东堤一带涵洞闸板照例补设以备稻田浇灌。

3. 康熙推广御稻

康熙《畅春园记》云："禾稼丰稔，满野铺芬。……其或穲稏未实，旸

---

1 杜振东主编：《情系京西稻》，中央文献出版社，2014 年。

2 同上。

3 同上。

雨非时，临陌以悯胼胝，开轩而察沟浍。占离毕则殷然望，咏云汉则悄然忧，宛若禹甸周原，在我户牖也。”这对畅春园的田园风光，以及康熙问农观稼过程中的喜与忧，作了清晰的说明。

对于畅春园地区的水稻种植管理，康熙得暇即亲自过问。《清圣祖实录》记载康熙十九年四月“甲申，上幸西山一带观禾”。《清会典事例》记载：“康熙二十三年……奏准，畅春园内余地及西厂二处种稻田一顷六亩，令附近之庄头壮丁每年轮种。”康熙三十九年七月，康熙察看畅春园御稻，吟诗《畅春园观稻，时七月十一日也》，诗云：“七月紫芒五里香，近园遗种祝祯祥。炎方塞北皆称瑞，稼穑天工乐岁穰。”康熙以农为念，极为关注天气，康熙四十九年五月，皇三子允祉在《为奏闻京城畅春园得雨事折》中说：“皇父至圣极仁，宵旰勤民，无时不以民间稼穑为念。今春曾雨水甚调，五月初旬无雨。皇父以此为虑，屡颁谕旨，令勤祈雨。”康熙还令在青龙桥设立了“稻田厂”，是专门管理皇家稻田的机关，为御稻的大发展创造了条件。

康熙对御稻长势寄予希望，其《早御稻》诗云：“紫芒半顷绿阴阴，最爱先时御稻深。若使炎方多广布，可能两次见秧针。”除了在畅春园种植水稻，康熙还在畅春园无逸斋南面设有数十亩菜园。甚至远在承德的避暑山庄，康熙也曾在山庄万树园的东南部开辟农田和园圃，种植御稻和各类瓜果蔬菜。

4. 雍正重农亲耕

雍正《圆明园记》云：“园之中，或辟田庐，或营蔬圃，……至若凭栏观稼，临陌占云，望好雨之知时，冀良苗之应候，则农夫勤瘁，穑事艰难，其景象又恍然在苑囿间也。”这是对圆明园稻麦果蔬的种植，雍正在园观稼祈雨，体验农情的形象表达。雍正《多稼轩劝农诗》云：“夜来新雨过，畿甸绿平铺。克尽农桑力，方无饥冻虞，蚕筐携织妇，麦饭饱田夫。坐对春光晚，催耕听鸟呼。”一幅男耕女织的御园劳作图，跃然纸上。雍正四年八月，顺天府恭进藉田所产稻谷，雍正令将此宣付史馆，昭垂永久。雍正六年，圆明园内开始养蚕，并派首领太监一名，太监一名专门管理养蚕事务。雍正八年四月，福建海关监督呈进番薯苗六桶……奉旨：番薯苗交圆明园该管处栽种，其随来会种番薯苗之人俱留下，着伊等指教本处人栽种，……

俟本处人于种法通晓时再令伊等回南。

乾隆对其父雍正的重农思想和活动印象深刻，在《田子房记》中，他说："皇父重农之心，虽于燕闲游观之所，亦未尝顷刻忘也。"在《丰泽园记》中，乾隆说："皇祖万几余暇，则于此劝课农桑，或亲御耒耜；逮我皇父……数年以来，屡行亲耕之礼，皆预演礼于此。"乾隆《御园耕种》诗注云："（圆明园亲耕）皇考时岁举行之，盖自丰泽演耕，与夫耤田亲耕，并此而三，重农之意于周有昭云。"乾隆《御园亲耕》诗注云："（圆明园亲耕）皇考时屡行之……并劝良农。"诗句曰："皇考耕藉田，岁岁禾双穗。谓是御园中，朝暮便亲视。……小子承遗教，深惧德弗嗣。"

5. 乾隆观稼赋诗

乾隆《圆明园后记》云："乐蕃植，则有灌木丛花怒生笑迎也；验农桑，则有田庐蔬圃量雨较晴也。"此言对圆明园的重农观稼功能予以了充分肯定。乾隆喜欢写诗记事，留下的数以万计的诗作中，记录观稼活动的就为数不少。乾隆二十四年六月，乾隆在圆明园多稼轩观稻，写出"数畦水田趣，一脉戚农心"的诗句。乾隆二十五年冬日，乾隆在北远山村赏景，写道："历观塞外与关中，纳稼如茨总报丰。今日山村喜方信，常言私后合先公。"乾隆在《多稼轩》诗注中说："朴室数楹……东牖临水田，座席间与农父老较晴量雨。"《题多稼轩》诗云："园中辟弄田，引水学种稻。……无非垂教心，当识谷为宝。"《观稼轩》诗注曰："此轩在台上，不施户牖，故观稼恒于此。"另一首《观稼轩》云："台上敞轩无户牖，为因拾级便遐观。"《稻凉楼》诗云："绿塍浑是水云乡，触目知耕复课桑。此处不须称避暑，北窗常引稻风凉。"《飞睇亭》诗注曰："一峰秀拔，亭据其上，每当纵望园外稻塍千顷皆在目中，直与农夫田父共较雨量晴矣。"诗云："低俯鳞塍迥据山，犁云锄雨绘民艰。"《耕云堂》诗云："书堂枕碧川，川水灌鳞田。目廑耕耘苦，心祈稼穑虔。"另一首《耕云堂》云："山堂近北墙，俯视见墙外。墙外何所有，水田横一带。"《霁华楼》诗云："快雨常教继快晴，楼窗霁映远山横。清风百里吹华黍，纵目能无一畅情。"《水村图》诗云："雨足稻秧长，风翻麦穗铺。岂徒烟景揽，农计总廑吾。"《题晴望楼》诗云："黍高稻下蔚生意，山容水态都恰情。"《雨中坐轻舆返御园》诗云："高田禾黍低田稻，一律润含绿颖萋。”《雨后御园即景》诗云：“黍高稻下润含嘉，麦熟都云粟相加。底事最予侥幸处，忧农未久罢筹遐。”《丰乐轩》诗句云：“园中辟弄田，课量观耕耘。祈岁祝丰乐，丰乐岂易云。”圆明园春雨轩建成时，由于当年春雨好，故名，其后每遇春雨，乾隆必“率因雨知时，乃来观其妙”。

乾隆对玉泉山静明园的重农观稼功能也极为重视，不仅在静明园西南部稻日旁设置“溪田课耕”一景，还在赴园途中观察玉河两岸的水稻生长情况，也常在玉泉山上眺望园外的庄稼长势。他在《首夏玉泉山》诗中写道：“雨余一览玉山容，实欲因之历阅农。麦吐穗含风气爽，稻舒秧泛露华浓。”他甚至还抓机会与老农对话，“疏泉灌稻畦，每辄与田翁课晴量雨”。他在《雪中泛舟至玉泉》诗中，有“慰听老农言”之句，句下有注：“麦方长而遇雪则易伤。老农云：今麦始纽芽，于雪为宜。”老农的话使他倍感欣慰。[1]《香山回跸小驻玉泉山作》诗句云：“途中适观麦，菁葱芃实美。”《雪后仲春玉泉山即景》诗句云：“凭高润野真宜望，同与吾民乐在农。”《登玉泉最高处》诗句云：“绿野农欢在，青山画意堆。”《乘凉登玉泉山绝顶》诗句云：“稻秀芃千顷。”《登玉峰塔》诗句云：“问予喜何在，阿那麦芃芃。”《游玉泉山见秋志喜》诗云：“宜人爽气山前景，载我扁舟画里行。田父寸头闲共语，牧童牛背笑相迎。每来屡见千秋稔，拟报农祥慰圣情。”《犁云亭》诗云：“绿甸高低绘麦禾，犁云锄雨较如何？一年最是关心处，忧为兹多乐亦多。”《课耕轩》写道：“疏轩倚秀岩，俯畅名课耕。溪田带左近，引水艺稻粳。墙外即高田，禾麦千畦呈。”

乾隆游赏于三山五园，流连过程中经常观稼。他命在长春园如园南墙和熙春园西北隅的北墙上，搭建起一条空中廊道，以便于前往熙春园观稼。在《熙春园观麦》诗中，他写道：“于中多隙地，种麦年来遍。借用验农功，讵止兹游玩。”乾隆《御制中秋后二日万寿山昆明湖泛舟即景诗》有句云：“稻田蓄水资明岁，酌剂常筹虚与盈。”《出畅春园观稻遂至泉宗庙》有句云：“鳞塍处处绿苗芃，逾月农功迥不同。……长堤五里峡溪町，欲穗秧苗过雨青。”《耕织图口号》诗云：“玉带桥西耕织图，织云耕雨学东吴。水天气香略如彼，衣食根源每廑吾。”《自玉河泛舟至昆明湖即景得句》诗句云：“来

1 张宝章：《三山五园新探》，中国人民大学出版社，2014 年。

往必经耕织图，耕夫织妇廑勤劬。”《题耕织图》有句云：“润含植稻连农舍”，“分明一段江南景”。《泛舟至畅春园圣化寺诗》云：“两岸溪水一水通，维舟不断稻花风。课耕农父蓑台笠，只此忧欣尔我同。”乾隆还以“垂柳依依村舍隐，新苗漠漠水田稠”描绘六郎庄地区的稻田风光。

嘉庆在《春雨轩记》中说：“我皇考重农省岁之圣心贯六十年如一日也”，可见乾隆在重农方面的一以贯之。乾隆九年三月，乾隆训饬有司劝课，以足民食。四月，始建先蚕坛告成。六月，内务府议奏：先蚕坛饲蚕供事蚕妇蚕母，俱系由内务府三旗内拣选者，因不谙蚕务，于圆明园养蚕蛮子妇女内谙蚕务者，拨派五家，在蚕坛当差。乾隆二十五年三月廿一日，令皇后行躬桑礼如议。乾隆二十五年八月，总管内务府奏请，派大臣总理圆明园稻田。乾隆还经常到黑龙潭龙王庙、觉生寺、清漪园广润祠和玉泉山龙神祠等处求雨，根据张宝章先生的统计，乾隆到玉泉山龙神祠去过无数次，只求雨、谢雨、求雪、求晴的诗，即写过18首。

6. 嘉庆验农观麦

嘉庆沿袭传统，经常在三山五园地区观稼。嘉庆二年，他在北远山村观稻，祈愿农业丰收，写诗道：“高阁出园墙，烟郊望近远。稻田百顷连，蓄水注陂堰。江乡风味全，村景盈芳苑。眺览爱朴淳，筹农为国本。”嘉庆十四年，嘉庆在多稼轩观看麦禾，写诗道：“御苑辟阡陌，观稼知民艰。轩前多种植，散步十亩间。……自然得水利，江乡景可攀。念切耕作苦，农喜筹几闲。”嘉庆《丰乐轩》诗句云：“稻畦百顷寓观农，透润春膏霢霂浓。”《抱朴草堂》诗云：“临汀建草堂，不雕欣朴素。隔岸见稻畦，田家风景具。”《耕云堂》诗句云：“稻畦百顷对山堂，柳岸风来夏亦凉。”《敷春堂》诗句云：“麦陇光风漾，稻畦甘雨濡。”《登清旷楼即景》诗云：“高杨万缕萦长陌，喜稻千畦绕御园。”《澄素楼远望》诗注曰：“楼在御园西北隅，俯临稻畦，暇时来观稼穑。”《解愠书屋》诗注曰：“一人身居广厦，勤民之心，未尝须臾或忽。……时雨未降，宵旰焦思。御园境界虽佳，徒增予深愠耳。近于十九年，命内务府添建营房，训练士卒，亦兵农不可偏废之意耳。”为鼓励农业生产，嘉庆十九年正月，嘉庆特重申贵农重粟政策。

嘉庆也经常到熙春园验农观麦。他在诗中写道：“昔我皇考时，常临兹观麦。小子衷敬承，择暇问阡陌。教穑重田功，德训著简册。”嘉庆共写有熙春园诗33首，其中以熙春园为题者7首，以省耕别墅为题者13首。乾隆在熙春园修建观畴楼，意在登上高楼，凭窗观看熙春园北部的农田。嘉庆后在熙春园西北部添建了一座省耕别墅，也是为了观稼，他说“耕作萦心念畎亩，岂有闲心玩花柳”，“别墅来游非同景，幸逢年稔庆悠同”。《养吉斋丛录》卷十八对嘉庆的熙春园观稼记载道：“御园弄田，多雍正、乾隆年间所辟治，如耕耘堂、丰乐轩、多稼轩、陇香馆是也。嘉庆间，复治田一区，其屋檐曰省耕别墅，为几暇课农之所。”

7 道光祈雨祈雪

道光时期，国家内忧外患，道光缺乏力挽狂澜的魄力和手段。但他是个特别节俭的皇帝，对农业的提倡和重视也不遗余力。道光六年（1826），裁撤织染局以节约经费，其该局向有靛户100名，承领官地24顷，按年交靛。嗣后令该靛户等照例价折银交纳，该项地亩及征租事宜归圆明园经理。道光十年三月初五日，祭先蚕之神，令皇后亲诣行礼。道光十九年三月初三日，道光耕耤，诣先农坛行礼。道光二十二年正月十二日，祈谷于上帝，道光亲诣行礼。二月初九日，祭大社、大稷，道光亲诣行礼。

道光尤为关注雨情。道光十一年五月《慎德堂对雨喜成》诗序曰：“自方泽大祀以后，屡得阵雨，尚未深透，农田望泽甚殷，正拟亲诣天神坛虔申祈祷，即夕甘霖滂霈，曷胜欣感。”道光十一年六月廿一日，道光诣黑龙潭神祠拈香，并作《敬诣黑龙潭龙神祠祷雨》。八月廿二日，道光诣黑龙潭神祠拈香，并作《仲秋廿有二日敬诣黑龙潭龙神祠祈雨》。道光十一年七月，《御制平湖秋月对雨》诗序曰：“六月廿八日，京畿得雨四寸。兹复油云甘澍，沾洒终朝，晚稼含滋，稍纾焦盼。”道光十二年四月廿二日，因雨随人愿，道光至黑龙潭龙神祠谢雨，并作诗纪念。道光二十一年十二月初八日，大高殿设坛祈雪，道光亲诣行礼。道光二十五年五月，直隶总督讷尔经额奏报麦收份数，得旨：览奏曷胜忧惕，麦收减色自不待言矣。自月之初三日得雨后又逾旬不雨，朕焦切之至。道光二十九年三月，道光谕曰：“御园于廿七日亥刻，雷雨交作，又得雨三寸有余，不独田苗有益，而上下之气通畅矣。”

道光在观稼时也写有相关御制诗文。《御制雨后玉泉山》诗云：“时雨欣优渥，灵源报谢虔。关心惟稼穑，丰稔兆农田。”《课农轩》诗句云：“稻畦针映水，麦陇浪连陂。”《紫碧山房》诗句云：“绿阴暗啭金莺舌，新水平添玉稻塍。”

（四）三山五园地区农业种植的功能及意义

1. 政治意义

“御园隙地多弄田”（乾隆语），三山五园地区体现重农意识或者说以农稼耕作为观赏主题的景点，不仅呈现一派别具匠心的田园风光，而且其景观题名如多稼轩、课农轩、稻凉楼、稻香亭、观稻轩、耕云堂、水村图、溪田课耕、课耕轩、犁云亭、耕织图等，均或多或少与“农”有关。园内田园景观的设置，以及园外大面积的农业种植，典型体现了清帝的重农思想，是封建国家以农为本的有力提倡，皇帝率先垂范的姿态，影响力可以想象是易于突破三山五园的局部环境而具有全国意义的。清帝通过兴修水利、培育稻种、种植果蔬、体验耕作、祈雨祈晴，以及与农夫“较晴量雨”等活动，有利于加深对农情的认识，有利于制定行之有效的农业制度和政策，做出符合实际，符合百姓需求，符合国家利益的决策。

古代皇家园林中所设的田园景观除了具有造景功能、生产功能以及特殊的文化含义之外，还有一个相对次要的功能，这就是教育皇子。古代年幼的皇子一般随皇帝一起园居，御苑中的田圃可以帮助深宫中的皇子们了解农业的基本知识，从小灌输重农思想，不至于长大后“五谷不分”[1]。

2. 经济价值

三山五园地区农业的发展，包括水利设施的改善、优良品种的推广、南方种植技术的引入、种植面积的扩大、维护管理的加强等，有力促进了京西稻、小麦及果蔬的丰产丰收，一定程度上既满足了这些大型皇家宫苑

1 贾珺:《中国皇家园林》，清华大学出版社，2013 年。

及居住人员的粮食、食品需求，同时也大大提高了区域范围内地主、农民及佃户的劳动所得，改善了下层劳动群众的生活水平。

清帝通过加强管理、注重运营等措施，将官田收入及其他产品所值，纳入圆明园银库等部门管理使用，成为皇家宫苑日常开支的有益补充。如乾隆十八年二月内务府奏：“查圆明园内所有稻田承种收割，设有庄头一名承办耕种，每年收获稻米除留种粒外，其余奏闻交内大仓收用。……至所得菜蔬果品择其上好者恭进土产外，其余菜蔬果品随昆明湖莲藕一并变价，汇总奏闻，交圆明园银库。”[1] 乾隆二十五年十一月，内务府大臣奏：“万寿山等处收得山桃、山杏变价，于每年所卖钱文亦存本处应用，俟年底入于房地租内奏销。”乾隆后期，为耕种好熙春园内田地，乾隆令采取承种交租的办法，开始由内务府会计司委派四等庄头许用锡承种，每年所得粮食交纳大仓等处。道光二十五年八月初五日，奉旨：本年，除堪不成灾之玉泉山等处稻田应征租银仍令照数交纳外，其余成灾之民租稻田应征租银七百八十一两零，并官种稻田应征稻

1 中国第一历史档案馆编：《圆明园》，上海古籍出版社，1991年。

越富稻（海淀区档案馆提供）

米九十三石零，俱著加恩豁免。

中国人民大学学者阚红柳在对圆明园银库的研究中，指出圆明园内稻田、菜园、果木、莲藕等种植经营所得银……圆明园地租银等是银库较小数额的资金来源渠道，尽管资金数额不大，但比较稳定。[1]

3. 审美价值

乾隆曾有诗云："湖山岂不美，最喜是田家……城市厌笙歌，农讴惬听多。"皇家园林的风格一般是巍峨壮观、金碧辉煌，缺少平淡冲融、质朴自然的境界。因此，为平衡园林风格，营造宜居环境，皇家园林常刻意运用田园风光来建置一些别致景观。从审美的视角看，这种平凡朴远的田园风，亦即乾隆所谓的"田家风味"，对于皇家园林来说，是一种有效的自我调节，正如吃腻了山珍海味以后，品尝一下农家菜蔬也别有风味一般。在富丽堂皇的宫苑结构中，适当杂以田园风光，具有以"质朴济富丽"，以"恬淡药浓艳"的审美功能。

北远山村是坐落在一片稻田中的农耕村舍，各房舍题名均与农事有关，田园意味很浓。乾隆《北远山村》诗序云："村落鳞次，竹篱茅舍，巷陌交通，平畴远风，有牧笛渔歌与春杵应答。读王储田家诗，时遇此境。"诗曰："矮屋几楹渔舍，疏篱一带农家。独速畦边秧马，更番岸上水车。牧童牛背村笛，馌妇钗梁野花。辋川图昔曾见，摩诘信不我遐。"这里，乾隆把水村、茅舍、竹篱、稻塍、水车等作为审美对象来欣赏，也很清楚地写明了该景与王维的田园诗以及《辋川图》的密切关系，指出了造景的艺术来源。

映水兰香多稼轩殿内墙壁上画有"农器十具"图案，乾隆并御制有《农器图一咏》诗以记其事，该殿还贮有一幅历史名画《耕织图》长卷。多稼轩、观稼轩毗邻稻田，从其实体建构组合及器物陈设中可见重农意识向审美意识的转化。乾隆《映水兰香》诗中"日在豳风图画里，敢忘周颂命田官"之句，也直接表明该景与《诗经》的文学关联。

乾隆《澹泊宁静》诗序描述曰："仿田字为房，密室周遮，尘氛不

1　阚红柳：《圆明园银库：清朝兴衰晴雨表》，《中国社会科学报》2017 年 4 月 10 日。

到。……视之既静，其听始远。”诗云：“青山本来宁静体，绿水如斯澹泊容。境有会心皆可乐，武侯妙语时相逢。”不管是澹泊宁静对诸葛亮名句的引用，还是长春园平畴交远风一景对陶渊明劝农诗的引用，都使其景观题名别具文学意味，增添了园林景观的文化内涵，不由使人浮想联翩。乾隆《鱼跃鸢飞》诗序曰：“曲水周遭，俨如萦带。两岸村舍鳞次……眼前物色，活泼泼地。”诗云：“心无尘常惺，境惬赏为美。川泳与云飞，物物含至理。”这种鱼跃鸢飞、村舍俨然的场景和谐、宁静，予人以心旷神怡的美感享受。

目睹过圆明园田园风光的法国传教士王致诚写道：“有时市集之后，继以农作。在此围城之内，划定专区，备有农田牧地，屋舍草庐。有牛有犁，有他耕具。所播种者，有麦有稻，有菜蔬，有杂谷。时而收获，时而采摘。农田之事，无一不备。在此一举一动，朴俭村野，悉随农家之习俗也。”[1] 这或许是对彼时御苑、田园和谐相融景象的一种客观描写吧。

4. 消遣价值

三山五园地区的农业种植及田园风光的设置，丰富了园林景观内涵，使皇帝可以游赏、观稼，闲暇时得以体验稻麦耕作。如雍正经常御园亲耕。乾隆经常到圆明园杏花春馆的菜圃和紫碧山房的园圃亲自种植各种蔬菜，他还多次将劳作收获的时令菜蔬送往居住在畅春园的皇太后那里，让母亲尝鲜，以表感恩和孝养之情。

后宫嫔妃们，以及公主、皇子们亦时常参与或观摩一些农作物及果蔬种植活动，以增长知识，锻炼体魄，获得劳动及收获的乐趣。如皇子时期的雍正（康熙皇四子胤禛）在他组织绘制的《耕织图册》中，就别出心裁地将画面中农夫和农妇的形象换成自己与福晋的容貌。这一方面是对康熙朝焦秉贞《耕织图册》的模仿，另一方面也是皇子闲暇时日常消遣情景的一种艺术再现。

1 王道成主编：《圆明园——历史·现状·论争》，北京出版社，1999 年。

北京
2011.10.24.20
颐和园

第五章

皇家航线 一脉连通

清代时，帝后御舟以颐和园昆明湖为中心，西北从玉带桥可达玉泉山静明园，东南从绣漪桥直通西直门倚虹堂。长河——昆明湖——玉河一线，成为连接北京城与西郊诸名胜的皇家水上航线，将长河两岸的倚虹堂、五塔寺、豳风堂、畅观楼、紫竹院行宫、广源闸、万寿寺行宫、麦庄桥、长春桥、广仁宫，以及颐和园、玉泉山等京西历史人文名胜串联起来。至今，除玉河一段已淤塞外，其他大部分仍然在发挥水运观光价值。

昆明湖是大运河的重要水源地。昆明湖水经长河，入护城河，入内城，而后同汇于通惠河，至通州注入北运河与大运河相连。

一、长河沿岸的重要景观

（一）长河历史文脉

长河又称高梁河、玉河、南长河，为通惠河上源水系。长河名称在清代乾隆时期就已经出现，《日下旧闻考》中认定绣漪桥到倚虹堂为长河。长河水系西北起自昆明湖绣漪桥，东南至西直门外高梁桥，全长约5.8公里。

长河的历史追溯到最早是永定河故道之一的古高梁河故道。约4000年前至2000年前，永定河的一支干流古高梁河东流经紫竹院区域。古高梁河摆动走后留下的微小河流，就是《水经注》中记载的高梁水，也就是长河的前身。曹魏时期刘靖率民众修戾陵堰，开凿车箱渠，利用了高梁水的河道，因此现在的长河并不完全是自然河道。金代开凿了从瓮山泊到今紫竹院区域的金水河，为中都以北的皇家苑囿提供水源。元代兴建了大都，郭守敬开白浮瓮山河，拓展瓮山泊，开通惠河，使长河成为大都的主要供水河道，河上设置了广源闸等水利设施。元代开始，长河就具有了皇家航线的功能。长河岸边有了大护国仁王寺、西镇国寺等人文景观。明代皇帝谒陵回程多游览西湖，并由长河回宫。在明代长河也是民众的游赏胜地，两岸的人文景观极大丰富，寺庙、园林棋置。

清代随着西郊皇家园林建设活动的兴起，长河演变成为从北京城内到西郊皇家御苑的水上交通线。此后乾隆启动“长河工程”，对两岸进行整治，添设防卫建筑。清代长河两岸出现了乐善园、紫竹院、圣化寺等皇家园林；火器营、镶蓝旗营等军事设施为护卫西郊皇家园林而设；蓝靛厂、巴沟村、六郎庄等村落布列两岸。

长河是元明清三个朝代为北京城市供水的重要河道，同时承担灌溉功能，并为漕运提供水源。它同时是一条交通要道，是皇家和民众共享的游憩空间。

长河作为北京主要的历史河道之一，它见证了北京城市的发展，也见证了北京皇家园林的形成与变迁。在历史的进程中，长河以其独特的风貌容纳了诸多历史文化遗产和秀丽的自然风光，犹如一幅优美的风景画卷。

京城内外河道全图（国家图书馆藏）

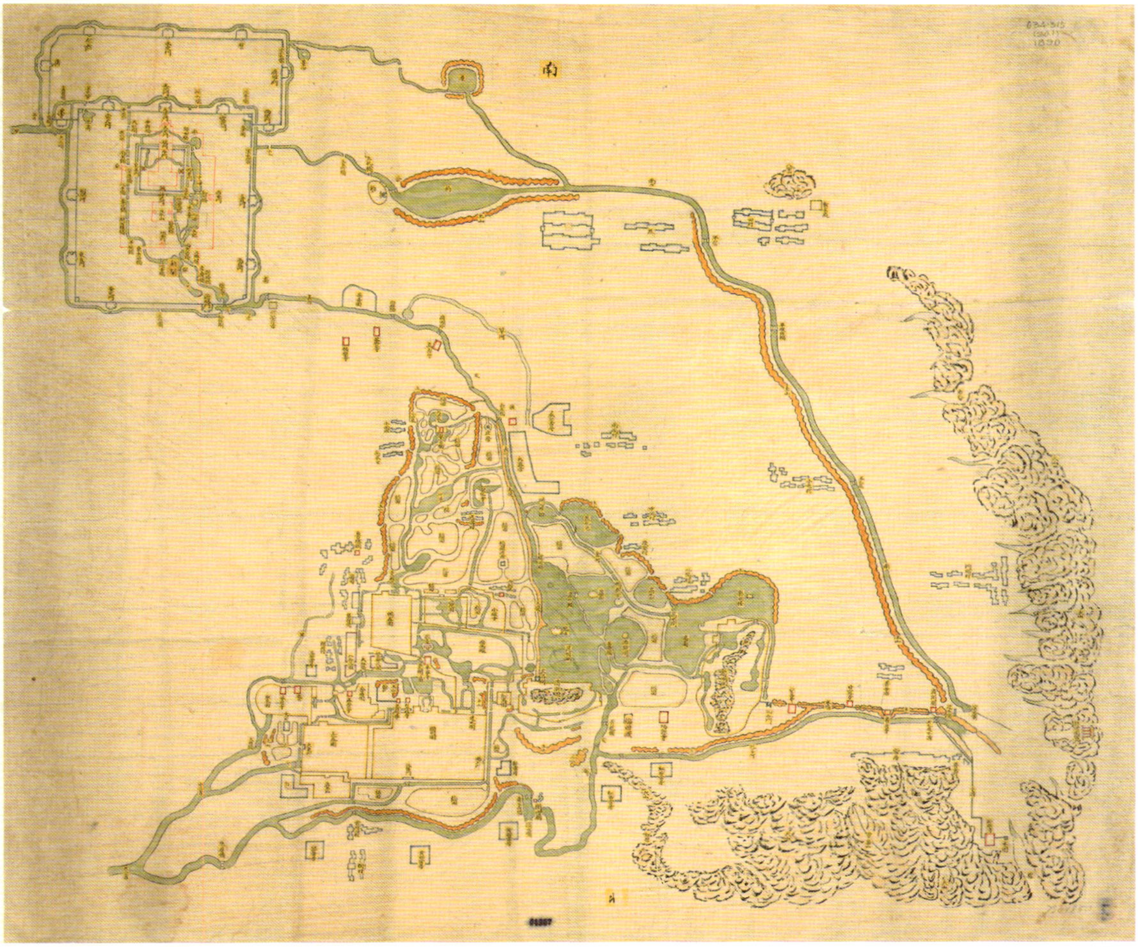

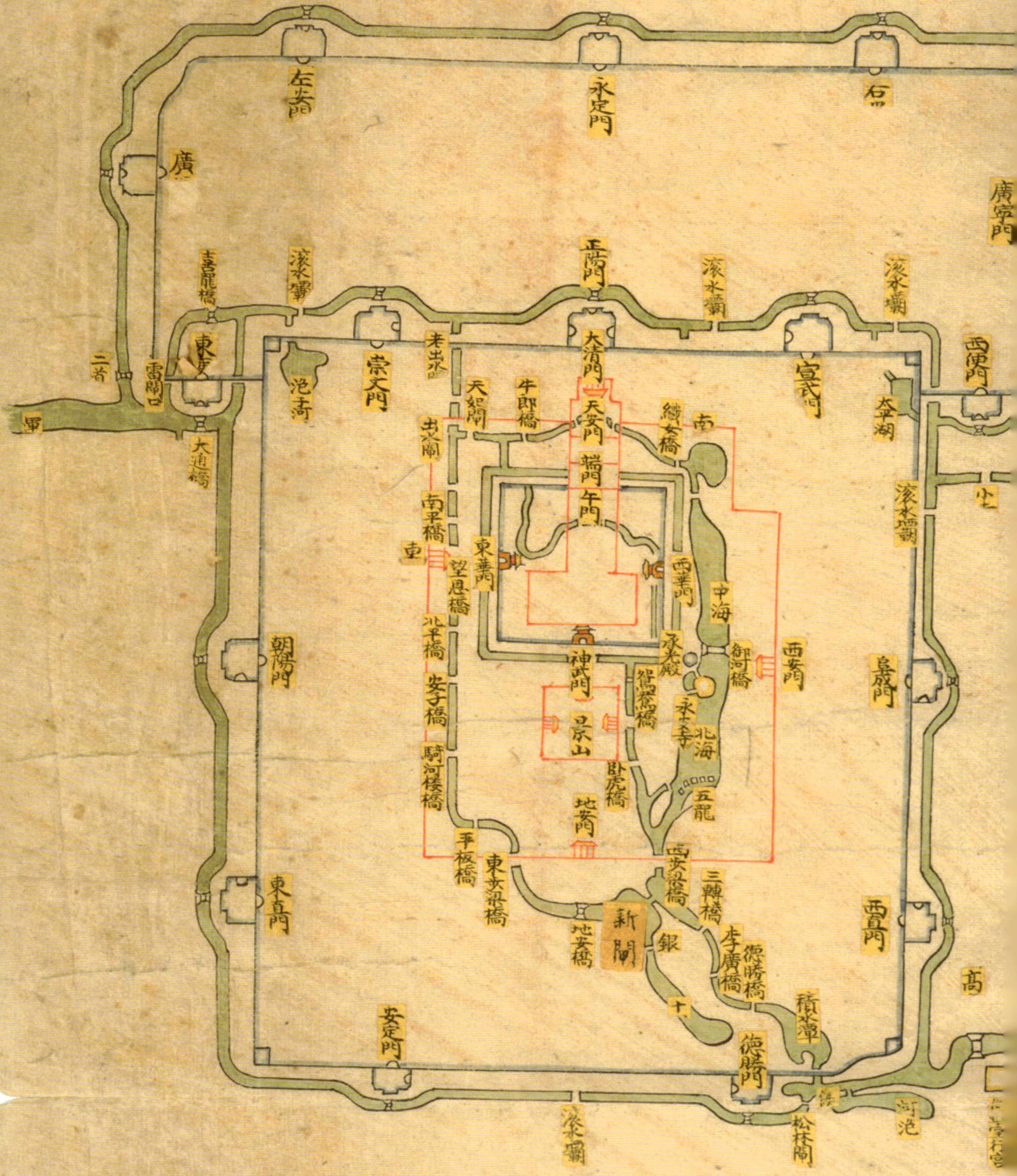

左安門
永定門
廣寧門
正陽門
滚水壩
東便門
大通橋
崇文門
大清門
天安門
宣武門
西便門
太平湖
牛郎橋
織女橋
端門
午門
東華門
西華門
中海
神武門
景山
御河橋
西安門
阜成門
承光殿
永安寺
北海
朝陽門
望恩橋
騎河樓橋
平板橋
地安門
五龍
東直門
新閘
地安橋
三轉橋
李廣橋
德勝橋
西直門
積水潭
安定門
德勝門
松林閘

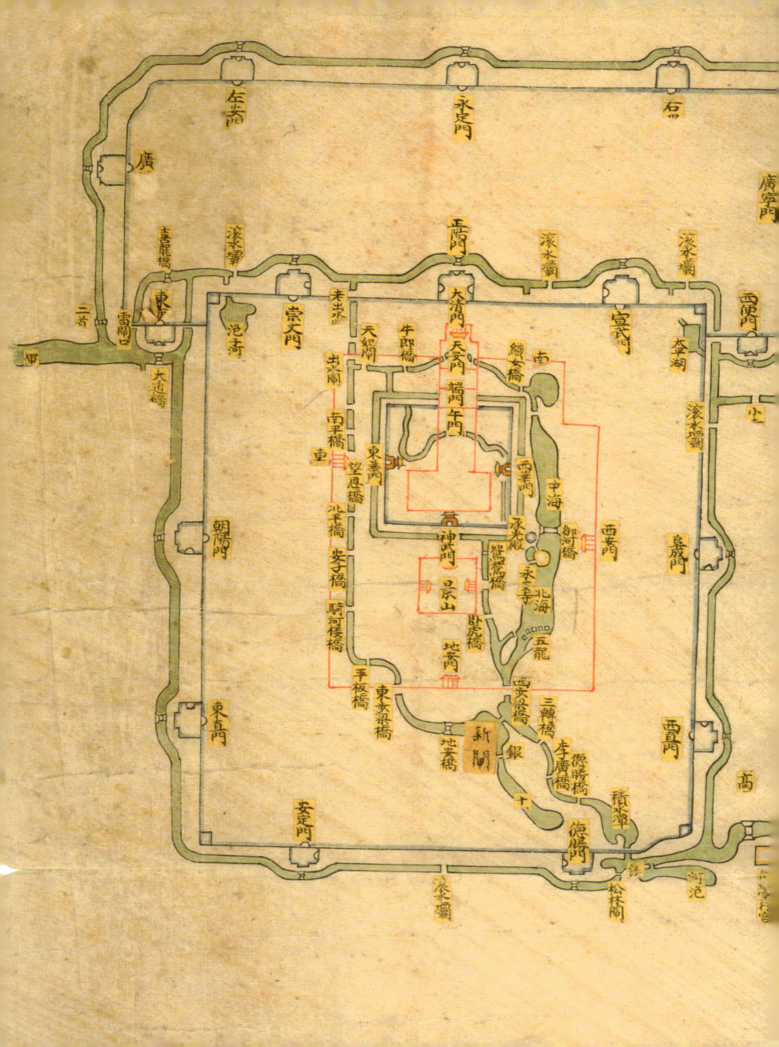

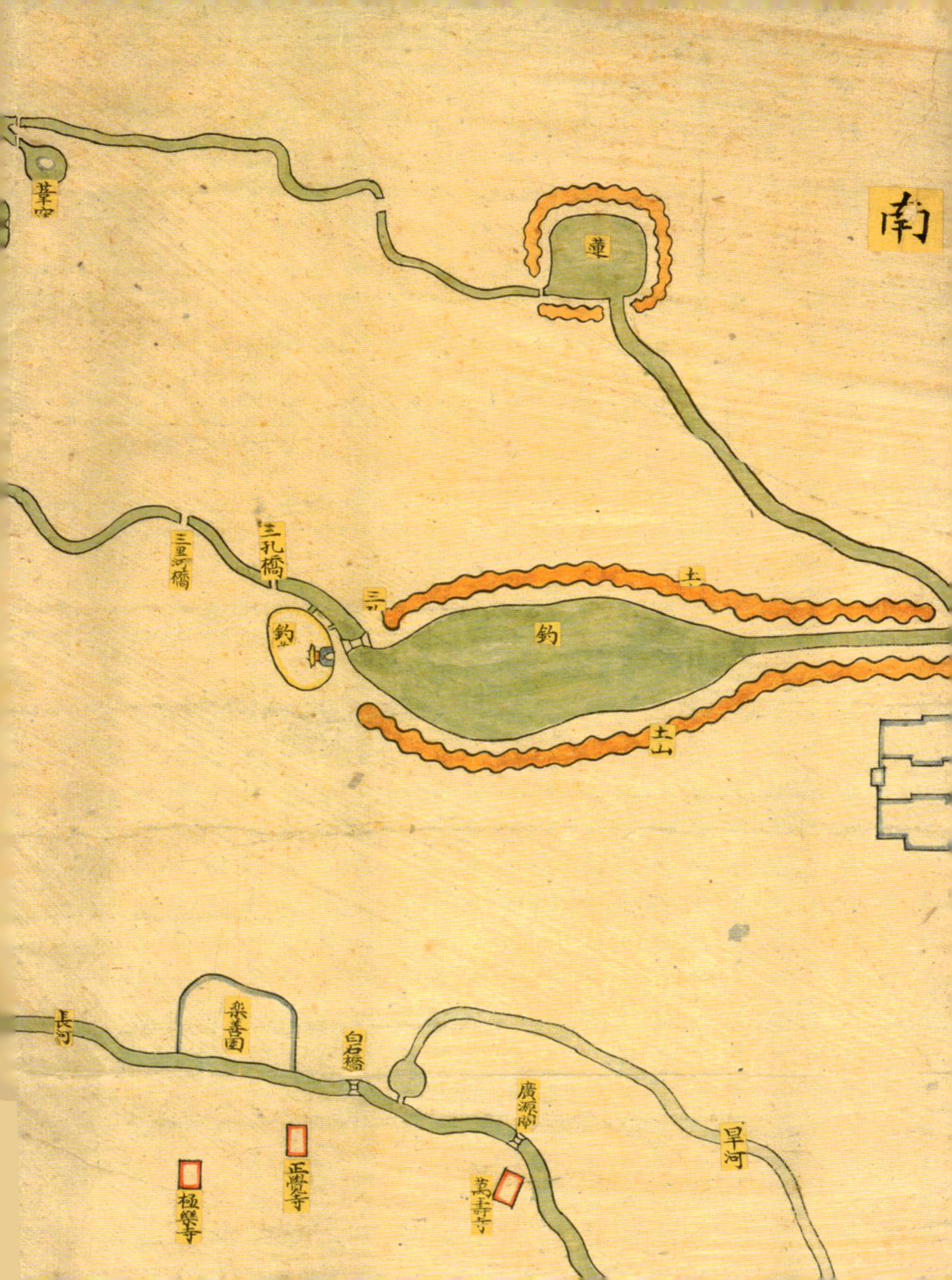
南
三里河橋
三孔橋
釣
釣
土山
長河
樂善園
白石橋
廣源閘
旱河
正覺寺
極樂寺
萬壽寺

稻田
大泼泉
小泼泉
小南庄
泉宗廟
高泉庄
河泡
土山
魯班廟
海甸
黄甫泡
集賢院
暢春園
陳府村
三旂营房
八爺花園
大紅橋
永寧寺
五孔閘
永恩寺
正覺寺
長春園
圓明園
大東門
大石橋
小三岔
朱房橋
大三岔
前河沿村
黄旂营房

長春橋
廣
火器營
長河
南塢村
土山
小屯村
土堤
湖心樓
中塢村
稻田
後窪村
金河
繡漪橋
北塢村
六郎
暢觀堂
高水湖
影湖樓
小廠子
高水閘
治鏡閣
玉帶橋
昆明湖
文昌閣
清漪園
靜明園
甘露寺
水墻
四合門
稻田廠
青龍橋
功德寺
北旱河
新營房
紅旗營房
大山
關帝廟
滾水壩
黃旗營房

（二）长河边的重要景观

1. 高梁桥

高梁桥，民间又称高亮桥，横跨长河之上，是长河的东边起点。高梁桥始建于元代至元二十九年（1292），现存桥梁为清代重修，是一座单孔青白石拱桥，桥台带八字翼墙。高梁桥是明清时期自西直门北行的交通孔道。明代高梁桥是都人郊游的佳地，两水夹堤，垂杨十里，水急而清，寺庙棋置，时人袁宏道称：“当春盛时，城中士女云集，缙绅士大夫非甚不暇，未有不一至其地者也。”清代高梁桥南北各有一牌坊，南牌楼南面额书“长源”，北面额书“永泽”；北牌楼北面额书“资安”，南面额书“广润”。高梁桥西有闸称高梁闸，现存有闸板漕及一对绞关石架。

2. 倚虹堂

倚虹堂位于高梁桥以西长河北岸。乾隆十六年，皇太后六旬万寿，自长河至高梁桥易辇进宫，修建倚虹堂作为休息的场所。乾隆皇帝赴西郊园林，多在此进餐并临时处理政务。倚虹堂宫门额书“云楣星鄂”，与“倚虹

倚虹堂老照片

Cliché R. Tillot
107. - Canal impérial de Pékin au palais d'été — Imperial canal from Peking to the Summer palace

堂”匾额都是乾隆所书。倚虹堂宫门外原有戏台一座。光绪年间，倚虹堂增修了船坞，存放帝后的御舟。慈禧太后及光绪皇帝在此登舟赴颐和园。民国年间倚虹堂废弃。现仅存遗址位于绿地中。

3. 五塔寺

真觉寺又名正觉寺、大正觉寺，俗称五塔寺。位于白石桥东侧的长河北岸。创建于明永乐年间，以金刚宝座塔闻名。真觉寺是明清时期北京著名佛寺，清代直属理藩院管理。明成祖永乐年间赐建真觉寺，并下诏建金刚宝座塔，成化九年（1473）宝塔建成。真觉寺经历清政府的重修和改建，特别是乾隆年间，真觉寺增建、扩建殿堂房屋，并在塔院之东增建行宫。清乾隆十六年、二十六年，乾隆皇帝为庆祝皇太后万寿两次修缮真觉寺。为避雍正皇帝名讳将“真觉寺”更名为“大正觉寺”。清末以来由于管理不善及战乱等原因，仅存金刚宝座塔。中华人民共和国成立后，1961年金刚宝座塔被列为第一批全国重点文物保护单位，1987年在原寺院遗址上成立北京石刻艺术博物馆。

真觉寺的整体空间布局寺院坐北朝南，以金刚宝座塔为中心，全寺主

五塔寺金刚宝座塔老照片

金刚宝座塔现状

要建筑集中于南北中轴线上，包括山门、天王殿、心珠朗莹殿、金刚宝座塔、五佛殿、后照殿。寺内东西两侧建有廊庑、配殿、僧房等。

4. 乐善园

今长河南岸的北京动物园区域在明代可能为皇庄，因为乾隆皇帝《乐善园》诗中提到"胜国为皇庄"。在清代初年为康亲王的私家园林。乾隆年间收归内府，变为皇家御园。《日下旧闻考》卷七十七中记载："倚虹堂西二里许为乐善园，园门三楹，北向。臣等谨按：乐善园门额，皇上御书。是处旧为康亲王园亭，颓废已久。乾隆十二年重加修葺，其上游与昆明湖相接，为龙舸所必经云。"

乐善园中的建筑可以分为四个组群，分别为中路、东路、中西路和西路。中路建筑组群包括意味外、于此赏心、云垂波动、池月岩云、气清心远、鸾举轩，中路为主体建筑之所在。东路建筑有冲情峻赏、红半楼、踞秀亭、画不到、揖长虹、荫林宅岫。中西路建筑有又一村、揽众翠、得佳赏、兰秘室、环青亭碧、赏仁圣地等。西路建筑包括自然妙有、诗画间、玉潭清谧、个中趣、坐观众妙、致洒然、光碧涵晖、远青无际、云林画意、心乎湛然、绿云间等。

乾隆十六年，乐善园又兴建了行宫。

乐善园西有三贝子花园，又称"环溪别墅"，是富察氏的私家园林。后又变为可园、继园。

清光绪三十二年，以乐善园、继园及并入的广善寺、惠安寺筹办农事试验场，隶属于当时的农工商部。1908 年正式开放。中华民国成立后，北洋政府接管农事试验场，改称中央农事试验场，直属农商部。1928 年改为北平农事试验场，次年改称天然博物馆，1934 年改回原名，俗称万牲园。

北京动物园内现有乐善园建筑遗存畅观楼、鬯春堂和豳风堂。其中畅观楼作为帝后休息的场所。慈禧自长河舟行至农事试验场，即从西北宫门入内进畅观楼。楼正门有太后自题匾额："畅观楼"。楹联曰："池御迓龙旌斋云成幄，轩窗骞象纬方旭扬晖。"楼周围环水，楼前数十米处有南薰桥。不同于颐和园的"畅观堂"，畅观楼的建筑风格为欧洲复古式，楼

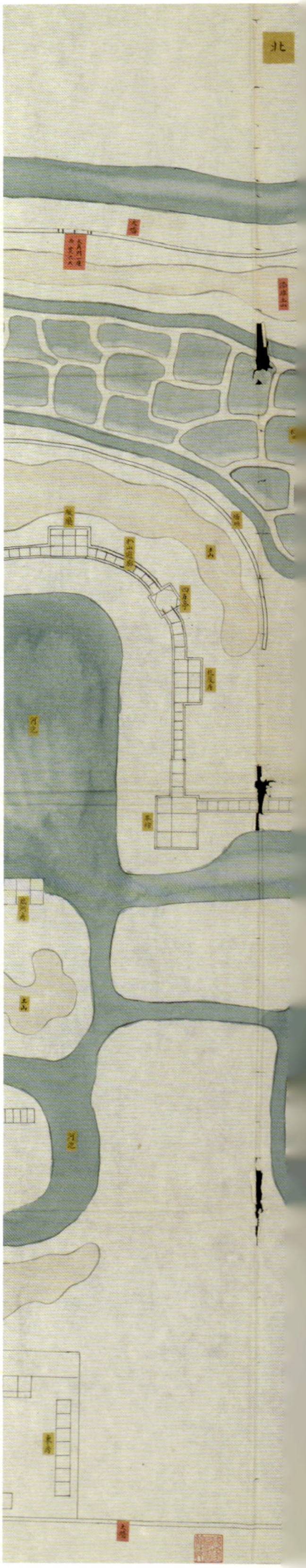

乐善园地盘样局部（右）（国家图书馆藏）

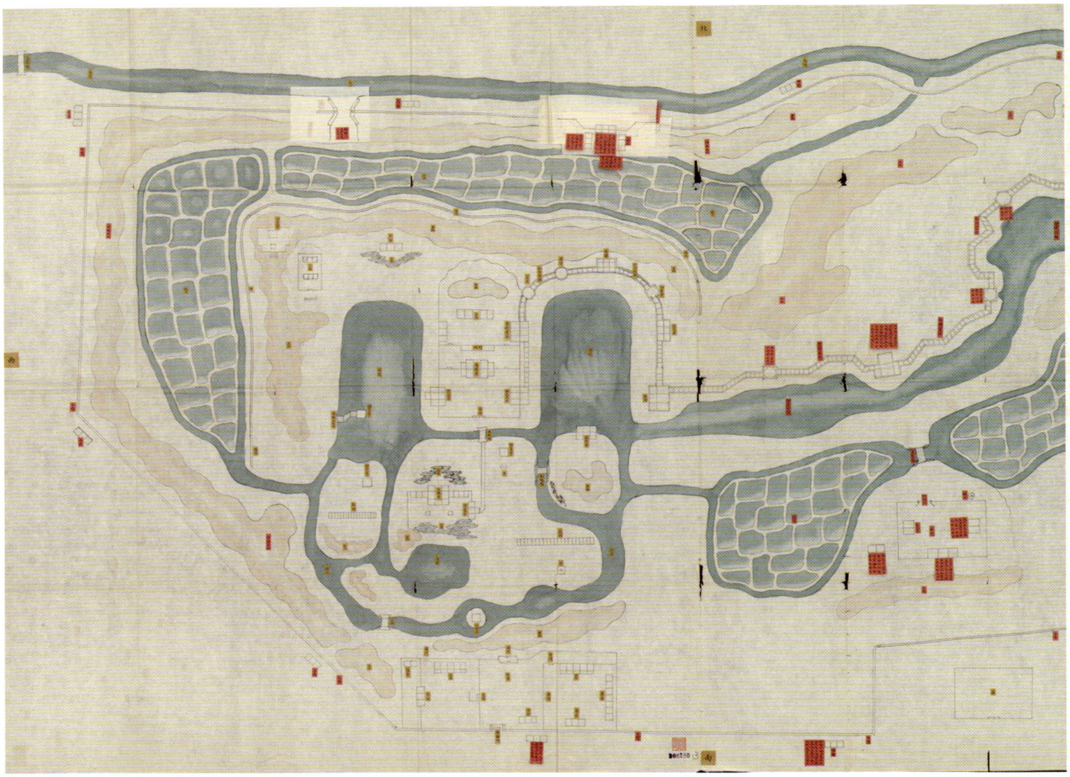

乐善园地盘样局部（左）·形式1（国家图书馆藏）

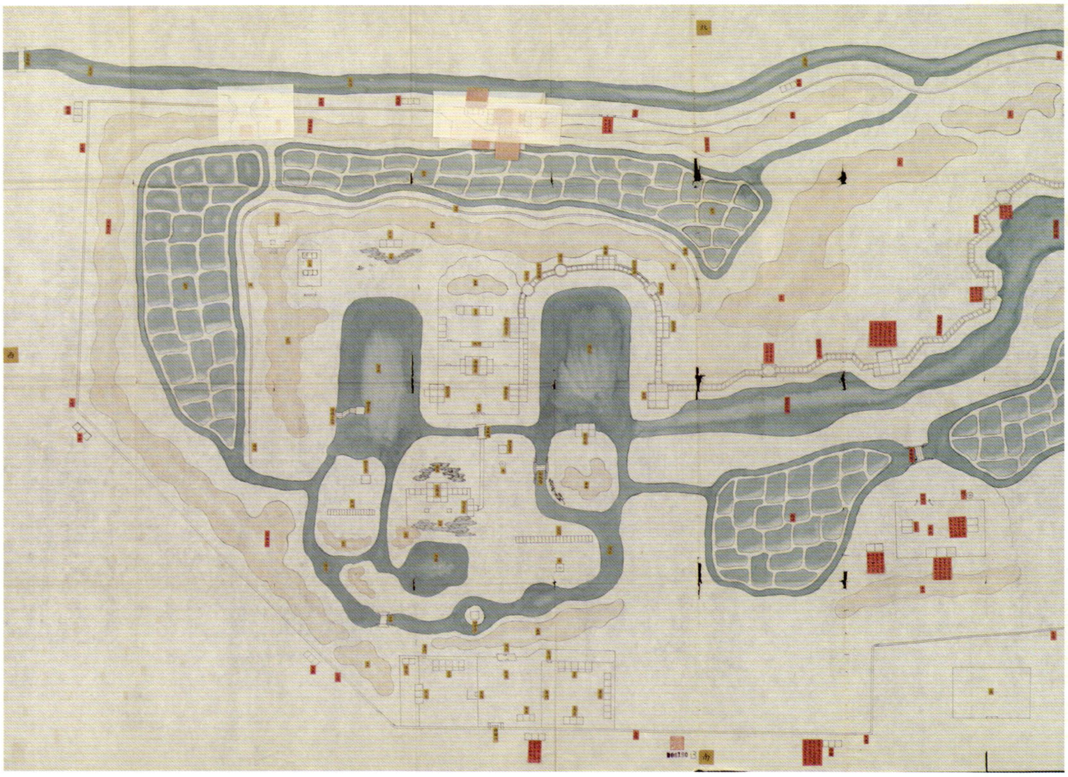

乐善园地盘样局部（左）·形式2（国家图书馆藏）

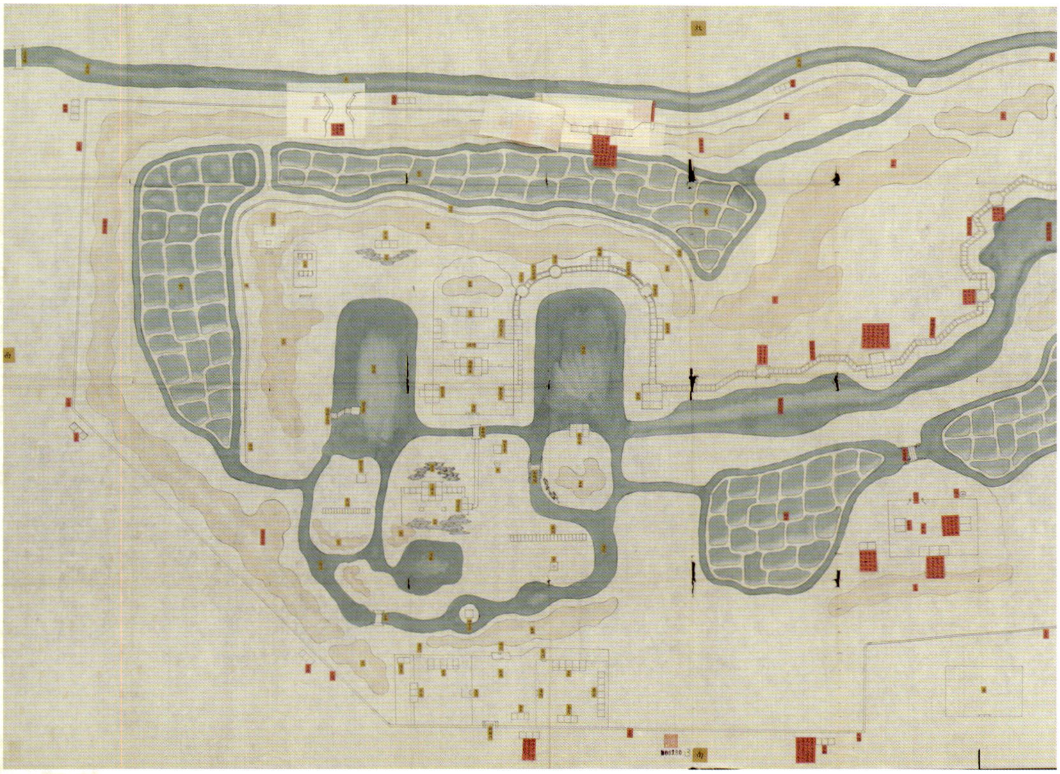

乐善园地盘样局部（左）· 形式 3（国家图书馆藏）

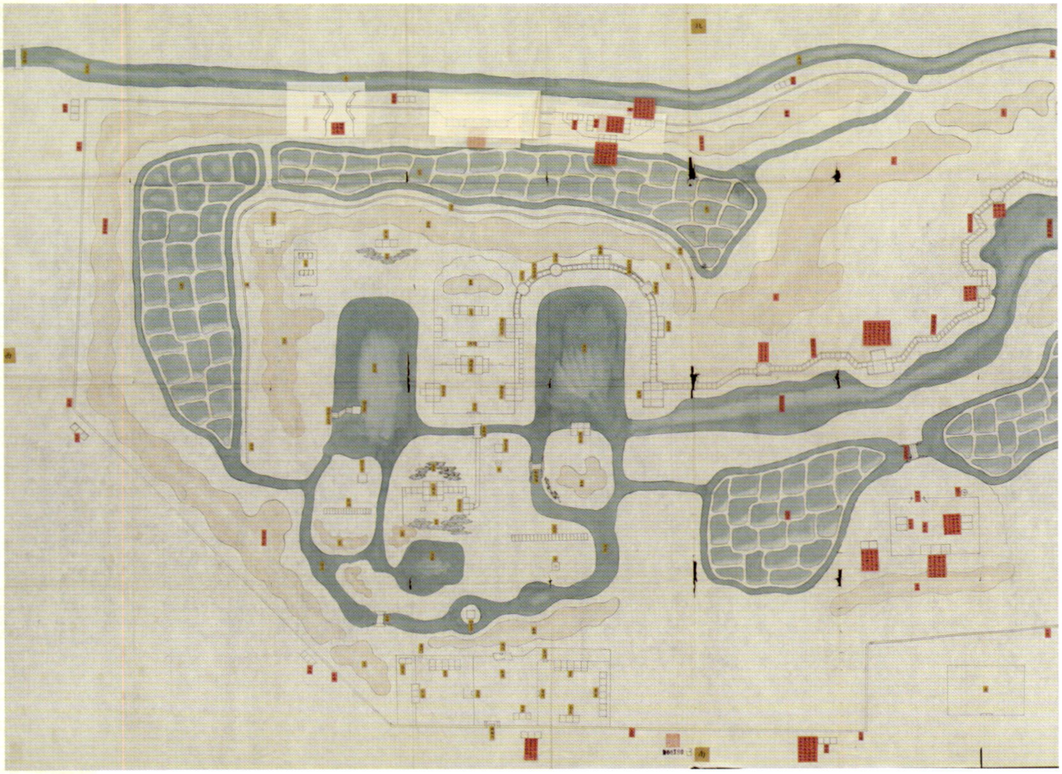

乐善园地盘样局部（左）· 形式 4（国家图书馆藏）

畅观楼珐琅匾额（北京动物园提供）

为七楹两层，整个墙体均为清水墙，土红色。有75厘米高的基座，为灰色砖砌筑。楼的东西两侧不对称。东边为圆柱形三层，楼顶为一圆形平台，在此可俯视远处。西边为八角形二层，屋顶为西式盔顶。正面为七开间，两边为三开间外廊。

畅观楼为传膳之所，楼内的陈设，器具都是当时最新式样。楼内有特制的各式沙发、椅垫等，大部分是农工商部绣工科特别制造的，花卉禽鱼五彩灿烂。地板、楼梯皆铺地毯，五彩织绒，铜条饰边。楼内四壁悬挂螺钿屏、钿绣屏，绣屏上有款识。西边二层两室，各置铜床，黄色帐褥，为慈禧、光绪来场时休息之处。光绪三十四年四月、九月，慈禧及光绪曾两次来场，均在此小憩。宣统三年(1911)，畅观楼即开始售票。票价为每人二百钱。

鬯春堂采用三卷，为三卷勾连搭式建筑，整个大厅四面环廊，周围叠石为山，林木茂盛，环境清幽。

暢觀樓

畅观楼现状（北京动物园提供）

颐和园藏畅观楼蓝玻璃盘

颐和园藏畅观楼蓝玻璃碟

5. 白石桥

白石桥是长河上重要的景观，始建于元代。白石桥西有闸名为白石闸，建于元至元二十九年。元代白石桥东建有大护国仁王寺。白石闸北明代有驸马万炜的白石庄。白石庄的景物以柳取胜，春夏秋冬各有不同，园中亭台堂阁错落有致，土山池塘布列其中，芍药、牡丹、海棠等花木在园中也有种植。《燕都游览志》中记载白石庄："台榭数重，古木多合抱，竹色葱蒨，盛夏不知有暑，附郭园亭当为第一。"

1998 年白颐路（今中关村大街）改扩建时，白石桥被拆除。

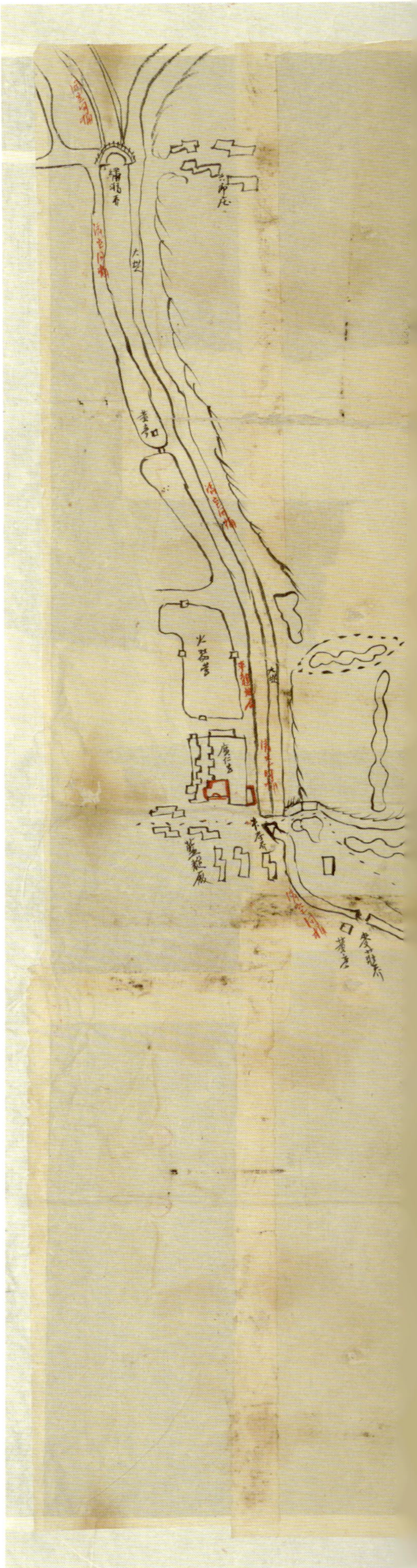

绣漪桥起至长春桥麦庄桥广源闸白石桥高梁桥至铁棂闸止修理河道工程画样（国家图书馆藏）

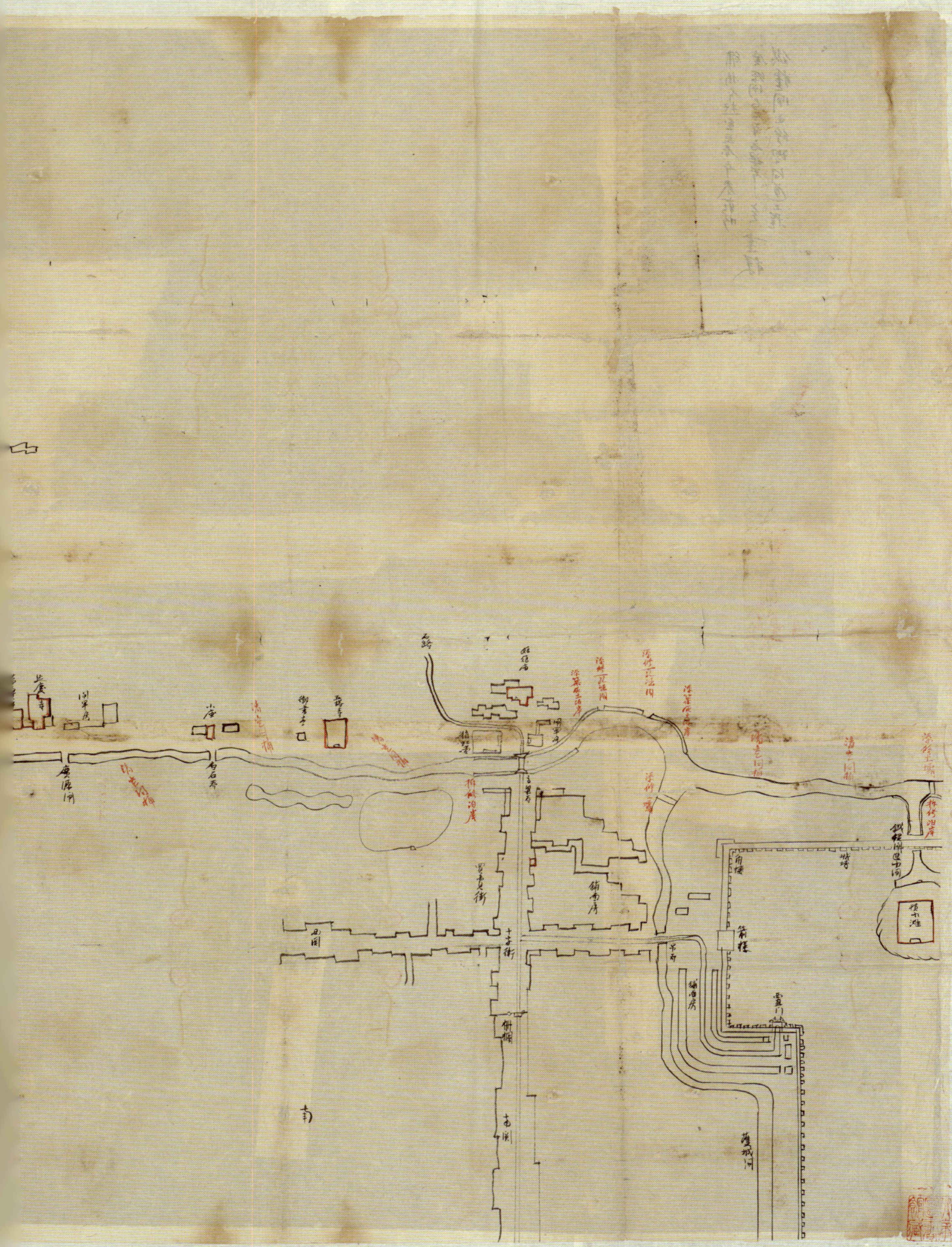
广源闸
白石桥
五塔寺
倚虹堂
娘娘庙
高梁桥
十字街
铺面房
角楼
城墙
箭楼
积水滩
南关
护城河

紫竹院御码头（紫竹院公园提供）

6. 紫竹院

约4000年前至2000年前，永定河的一支干流古高梁河流经紫竹院区域。古高梁河摆动走后留下的泉水溢出带上，形成紫竹院区域的湖泊，就是《水经注》中记载的高梁水的上源。由于高梁河的水量有限，魏国嘉平二年(250)，镇北将军刘靖率民众修戾陵堰，开凿车箱渠，灌溉蓟城以北的田地。车箱渠利用了紫竹院区域的水源。金代开凿了从瓮山泊到今紫竹院区域的河道，为中都以北的皇家苑囿提供水源。元代郭守敬开白浮瓮山河，拓展瓮山泊，开通惠河，使长河成为大都的主要供水河道，紫竹院是其中一段。据元代史籍《析津志》记载，紫竹院在元代为广源闸别港，藏有元英宗、文宗两位皇帝的御舟，相当于船坞。在明代紫竹院为万寿寺下院。明代在今紫竹院东门内东南地方有佛寺名双林寺，为太监冯保的营藏地，其地建有一座七层密檐实心砖塔双林寺塔。清代乾隆时期启动“长河工程”，在今紫竹院区域开挖湖泡，新建建筑、码头，使紫竹院成为皇家苑囿。光绪十一年宦官刘诚印等重修“福荫紫竹道院”。颐和园建成后，紫竹院又添建一座码头，慈禧太后和光绪皇帝往来紫禁城和颐和园的途中紫竹院是重要的一站。《光绪帝起居注》中关于光绪“诣紫竹院少坐”的记载非常多。

民国之后，紫竹院仍为清室私产，由清室内务府派员管理，用于出租。1924年清室将紫竹院赐予京畿卫戍司令王怀庆。中华人民共和国成立后，紫竹院成为公园。现存的紫竹院行宫坐北朝南，有宫门三间并左右倒座房各三间。进门由左右游廊可达正殿。正殿五间，四出廊厦。再进为二宫门三间，进门正对为报恩楼，两层，面阔九间。长河岸边乾隆和光绪两个时期的码头都有遗存。

7. 广源闸及龙王庙

广源闸为元代古闸，元代开凿白浮瓮山河，引白浮泉水入瓮山泊，再经长河引至大都城内，广源闸就是长河上极为重要的一座水闸。它建于至元二十六年，分上、下两闸，用于调控水位。由于广源闸上下水位差距较大，清代帝后往来西郊与紫禁城途中需要在此换船。乾隆御制《过广源闸换舟遂入昆明湖沿缘即景杂咏》诗中写道“广源设闸界长堤，河水遂分高与低”。

广源闸的结构大体可分为闸门、闸墙和基础三部分，广源闸不仅有调节河水流量、控制水位高低的作用，而且在闸上铺设木板，又具有桥的功能，是一座闸桥。

广源闸龙王庙，建于明代。正德六年（1511）所撰的《重修龙王庙记》中写道：“西山玉泉注为西湖。水中流至广源闸之北岸立庙以祀龙王之神，盖欲资其威灵默佑也。国朝百余年来，屡著显应，乡众按时祈祷，冀御其旱涝。”这座龙王庙是长河边祭祀龙王祈雨的场所。

从文昌阁经绣漪桥至西直门之间部分河道丈尺及闸板尺寸略节

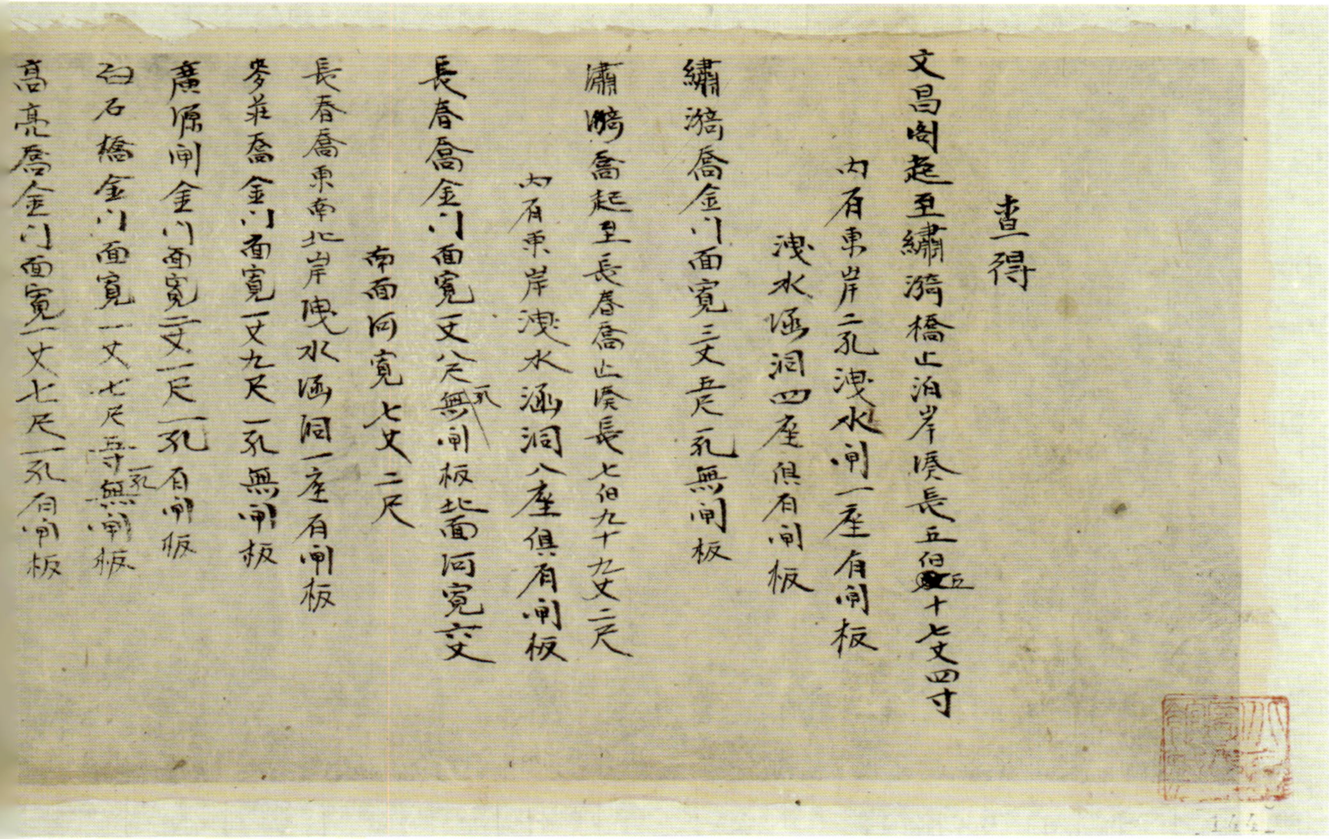

查得
文昌閣起至繡漪橋止泊岸湊長五佰五十七丈四寸
内有東岸二孔洩水閘一座有閘板
洩水涵洞四座俱有閘板
繡漪橋金門面寬三丈五尺一孔無閘板
繡漪橋起至長春橋止湊長七佰九十九丈二尺
内有東岸洩水涵洞八座俱有閘板
長春橋金門面寬一丈八尺一孔無閘板北面河寬二丈
南面河寬七丈二尺
長春橋東南北岸洩水涵洞一座有閘板
麥莊橋金門面寬一丈九尺一孔無閘板
廣源閘金門面寬二丈一尺一孔有閘板
白石橋金門面寬一丈七尺一孔無閘板
高亮橋金門面寬一丈七尺一孔有閘板

广源闸现状

万寿寺

8. 万寿寺

万寿寺位于广源闸西侧的长河北岸，是明清两代著名的皇家寺院。明万历五年(1577)，万历皇帝之母慈圣皇太后等出资兴建，由太监冯保统领营建事宜，次年竣工，赐名万寿寺。当时建造此寺的目的是为收藏汉文佛经，祝厘延贶。寺院佛事活动主要为皇帝和皇太后祝寿举行佛事。

清顺治二年(1645)，顺治皇帝新赐寺匾。顺治十六年，寺院遭火焚。康熙二十五年，清圣祖康熙重修并扩建万寿寺，寺院增建为七进，增建的建筑为无量寿佛殿、千佛阁和三圣殿。并于西路增建行宫。

清朝万寿寺的建筑规模在乾隆年间达到了鼎盛。清乾隆十六年和乾隆二十六年，清高宗为皇太后祝寿，万寿寺两度重修和扩建，基本形成了东、中、西三路的建筑格局，融园林、寺院和行宫于一体。光绪二十年，慈禧太后六十寿辰时，重修了万寿寺，并在万佛楼前碑亭内立重修万寿寺碑。

清朝的万寿寺主要是作为皇帝、皇太后举办大规模万寿庆典的场所。康熙帝六十岁寿辰，乾隆朝崇庆皇太后六旬、七旬、八旬万寿庆典都在万寿寺举办佛事道场。每年农历四月初一至十五，万寿寺还会举行庙会。

清代帝后自倚虹堂登舟至广源闸下船，入万寿寺行宫进茶休息，而后在万寿寺码头换船赴颐和园。

万寿寺今为北京艺术博物馆所在地。由于突出的价值，万寿寺在2006年被列为全国重点文物保护单位。

9. 麦庄桥与麦庄桥记

麦庄桥位于广源闸与长春桥之间的长河上，又名麦钟桥。其地原立有御制文碑亭，碑阳刻有《麦庄桥记》，主要记述京西地区的水系变迁。碑阴刻有乾隆所作《麦庄桥》诗，诗曰：“新涨平堤好进舟，霁空风物报高秋。闻钟背指万寿寺，摇橹溯洄西海流。送爽一天云似缕，娱情两岸稼如油。石桥郭外经过屡，试问常年得似不？”麦庄桥和麦庄桥碑，今都已不存，仅存桥基遗址。

麦庄桥遗址

《麦庄桥记》拓片
（国家图书馆藏）

西頂廟

10. 西顶庙

西顶庙，又称护国洪慈宫，碧霞元君庙，广仁宫，位于长春桥以西蓝靛厂，是明清时期京师碧霞元君信仰“五顶”中的西顶。西顶庙始建于明代万历年间，名为护国洪慈宫。清代康熙五十一年改名为广仁宫，康熙皇帝亲自撰写《重修西顶广仁宫碑》。其正殿内原有康熙御书匾额“金阙宣慈”，乾隆御书匾额“坤元广毓”。山门外原有三座牌坊，南牌坊内额书“泰岳同瞻”，外额书“坤贞普育”；左牌坊内额书“安贞福地”，外额书“弘育仙都”，右牌坊内额书“资元真境”，外额书“怀保春台”，都是康熙御笔。乾隆皇帝对广仁宫也比较重视，写有《广仁宫瞻礼诗》。

广仁宫坐北朝南，分东、中、西三路，中轴线现存的主要建筑有山门、山门殿、工字殿、后殿。

广仁宫与民间信仰关系甚巨，每年农历四月初一至十五开庙会，民间的香会组织会到广仁宫进香，庙内存有多通香会的碑刻。

西顶庙

11. 立马关帝庙

立马关帝庙位于长春桥北长河岸边，是北京知名的道教庙宇，其历史可以追溯到明朝嘉靖年间。此后一直由道士主持。清代光绪七年潘祖荫撰写的《立马关帝庙碑》中记载当时李莲英（李乐元）、刘诚印等人重修了立马关帝庙。刘诚印、李莲英等接办立马关帝庙后，该庙就成了太监道士庙。晚清及民国时期立马关帝庙收留了众多的太监。

立马关帝庙奉祀关羽，因为山门左侧殿内有一匹红色马，故称立马关帝庙。立马关帝庙院落坐北朝南，分东、中、西三路，东路为庙宇，中、西两路原为太监住所。寺庙由山门、前殿、正殿和后殿组成。

12. 蓝靛厂

蓝靛厂始自明代，隶属于内织染局，生产用于染色的染料蓝靛。刘若愚《酌中志》中记载："又有蓝靛厂，在都城西，亦本局之外署也。"清代八旗火器部队火器营就坐落在蓝靛厂。圆明园护军八旗中的镶蓝旗营坐落在蓝靛厂西边，又被称为老营房。西顶庙和立马关帝庙是蓝靛厂知名的寺庙。

由于旗营中的官兵不事生产，蓝靛厂附近聚集了为旗营服务的商铺，使蓝靛厂成为长河边重要的商业街镇。街内建有清真寺。蓝靛厂清真寺建于清代。现存东西两院，东西中轴线对称布局，砖木结构，有门楼、垂花门、礼拜殿、讲经堂、望月亭等建筑。

13. 火器营

火器营又称外火器营，位于长河西岸蓝靛厂后，始建于清代乾隆三十五年，用于安置八旗满洲的火器营官员兵丁。火器营内有官廨一千二十四楹，官厅义学等房六十楹，炮甲连房六千三十八楹，营房外围有大墙，大墙外有护墙河。火器营西门之西设有大教场，为八旗合操之地，其南门外蓝靛厂后设小教场，为兵士早晚较射的场所。火器营是八旗中的火器部队，具有当时较为先进的武器，设置在西郊用于保卫皇家园林的安全。

现今火器营已经完成城市化，只剩下一座永山宅院。永山宅院进门为砖雕影壁，而后为东西两院。西院有倒座南房、五间正厅及东西配房。东院北、中、南各建大厅五间，游廊各十五间。后院正北建有排房十五间。东院两廊墙壁上绘制有《红楼梦》人物图景。

14. 圣化寺

《日下旧闻考》中记载："出小西厂之南门二里许为圣化寺，北门门内西为河渠，东为稻田，前临大河。山门三楹，对河为高台，大殿五楹，二门内三皇殿五楹，西角门内为观音阁，东角门龙王殿三楹，后星君殿三楹。臣等谨按：圣化寺大殿额曰香界连云，观音阁额曰海潮月印，圣祖御书。圣化寺内檐额曰能仁妙觉。联曰：三藏密微超色相；十分安稳得津梁。皇上御书。圣化寺山门外左右建桥，由东闸桥度河迤西为北所。宫门三楹，正殿五楹，西院正殿三楹，左为虚静斋，临河为欣稼亭。圣化寺册。臣等谨按：北所正殿额曰青翠霄汉，西院正宇额曰和风霁月中，及虚静斋额皆圣祖御书。宫门内额曰怡庭柯，与欣稼亭额皇上御书。乾隆八年御制西园泛舟至圣化寺诗：万泉十里水云乡，兰若闲寻趁晓凉。两岸绿杨蝉嘒嘒，轻舟满领稻风香。远山螺黛映澄潭，润逼溪村绿意含。谁向萧梁庾开府，帧头买得小江南。淰淰清寒上葛裳，物情人意酿秋光。芰荷惆怅西风里。作意临波艳晚妆。苾蒭一滴觅曹溪，觅得曹溪也是谜。何似无心闲逐景，好山迎我作诗题。"

程庭《停骖随笔》中记载，康熙五十二年他随同官员入京恭贺康熙六旬万寿的情形，其中写道"圣化寺，喇嘛处焉"。

乾隆皇帝在《御制过广源闸换舟遂入昆明湖沿缘即景杂咏》中写道："东岸墙临圣化寺，其中林木颇清幽。"《大清会典事例》记载："圣化寺内外水田三顷四十二亩二分六厘，岁征租银一百九十两九钱四分。"可见圣化寺内部景观清幽，颇具田园气息。

到了民国时期，妙舟《蒙藏佛教史》中记载："圣化寺，在万泉庄堤南八沟。寺碑门内，西为河渠，东为稻田，前有大河。额定喇嘛十九名。"

现今圣化寺的地区已经完成城市化，踪迹不见。

15. 金河诗碑

金河诗碑为海淀区文物保护单位。碑文为乾隆御制诗一首，诗曰：“金河之水高玉河，灌输町畖蓄流波。其初一渠可步踱，岁久淤塞滋芦莪。疏泉因为广其壑，益开稻畦千亩多。金河宽乃足行舸，溯洄乘便延缘过。鳞塍蔚左昆明右，万寿山屏叠翠螺。玉泉其遥云莅止，江南之景夸则那。宁为斯乎一图展，祝振古兮万箱罗。”碑文为乾隆御笔行书。尾题“乾隆乙亥夏五月御题”，即乾隆二十二年所书。乾隆在诗中写明了金河与玉河（长河）的高下关系，强调自己疏浚金河的功劳，多开出千亩稻田，并描绘出昆明湖、万寿山、玉泉山之间宛如江南的胜景。金河诗碑原位于船营村东金河与长河相接之处。金河从玉泉山下高水湖金闸引出，东南流入长河。在金河与长河相接处建有滚水坝。滚水坝以西为一处河泡，河泡中心建有湖心楼。金河诗碑就立于滚水坝之南。此碑之上原覆盖有黄色琉璃瓦亭子，称黄亭子。

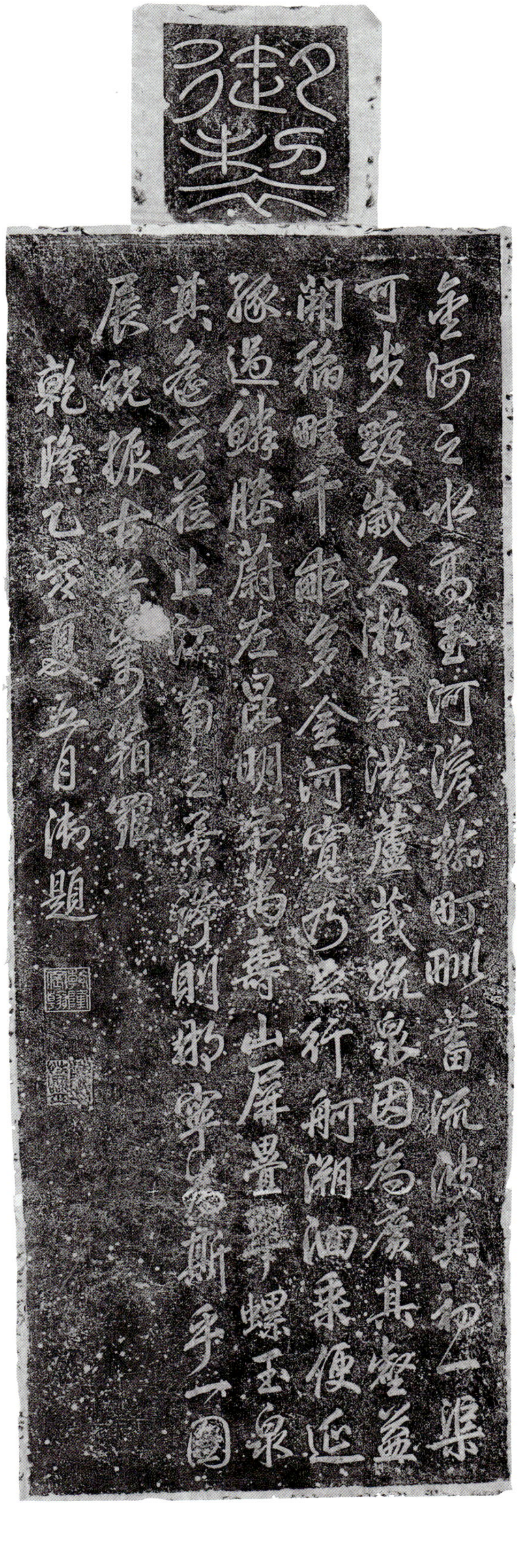

金河诗碑拓片
（国家图书馆提供）

二、 清代“样式雷”与颐和园御船设计初探

中国清代皇家园林建筑设计多出自样式房雷姓世家，被誉为“样式雷”设计。样式雷的设计除皇家园林外，还涵盖了都城、宫殿、坛庙、陵寝、府邸等皇家建筑，其所绘制的建筑画样(设计图纸)、烫样(建筑模型)、工程做法(设计说明)以及相关文献，被称为“样式雷图档”，列入“世界记忆遗产”。这些珍贵的文化财富是“样式雷”建筑创作实践活动的真实记录，不仅展现了清朝在科学技术、艺术等领域极其优秀的传统文化，也是中国古代建筑修缮及复原的重要依据。颐和园是清代著名的皇家园林，也是样式雷建筑设计遗存的珍贵实例之一。颐和园中的御船是样式雷建筑设计中一个较为稀少的门类，至今因为成不了体系而未得到重视。近几年，随着历史档案和历史影像图片的大量浮现，颐和园御船的设计及历史沿革过程渐渐明朗起来。在以万寿山昆明湖为主体结构的大型山水园林中，在占据着园林四分之三面积的浩渺昆明湖中，承载着厚重历史的皇家游船，不仅是帝后进行水上交通、运输、游湖等娱乐活动的工具，美丽的画舫楼船还是颐和园青山绿水间一道独特的风景。与皇家苑囿中金碧辉煌的亭台楼阁一样，颐和园御船是昆明湖水系上流动的建筑，是这座园林重要的组成部分。

昆明湖一带走御船，自古有之。颐和园修建之前，昆明湖的前身西湖是北京西北郊著名的风景游览区，1995年，由地矿部组织的包括颐和园等八家单位参加的对昆明湖地质的研究证明，昆明湖的形成经过了3500年的历史过程，至辽金时期湖泊稳定，逐步形成风景名胜。元代开始，统治者就经常前来游湖，各式各样的御船游弋湖中，成为靓丽的风景。元代学者宋褧著《燕石集》记载，元朝皇帝都有专门游西湖的“御舟”。游西湖时，从大都水路沿通惠河(长河)溯流而上。元至顺三年(1332)，文宗来游西湖时，“调卫士三百挽舟”，也就是调来300人在两岸为御船拉纤，可见御船的规模。明代神宗游西湖，阵容庞大，“经西湖，登龙舟，后妃嫔御皆从……是时艅艎青雀，首尾相衔，即汉之昆明殆不过是”。到了清代，昆明湖成为皇家园林的专属水面，湖面上通行的御用船只种类有游船、茶膳船

（帝后游湖时的服务用船）、水操战船（乾隆皇帝仿照汉武帝在昆明湖中操演水军的船只）。乾隆时期御船的特点：

第一是大，最大的御船长四十余米；

第二是用材讲究，有楠木装修、紫檀装修等；

第三是陈设华贵，所有的御船上都有华贵的陈设；

第四是配套，船上的宝座御案屏风等陈设一般都与御船的名称、材质、形式相对应，显示了乾隆一朝经济的富足和良好的艺术文化修养。

光绪时期的御船大多为慈禧太后和光绪皇帝专门设计，装饰华丽，颐养与长寿的元素较多，处处显示慈禧太后的权贵。这些御船与颐和园园林古建一样经过了精心的设计和建造，不仅传承着皇家的建筑文化，也传承着皇家的御舟文化，对中国古代建筑和古代船舶都有着重要的借鉴作用。

（一）颐和园御船的历史沿革

颐和园在清代经过三建二毁的历史过程，御船与园林建筑同期出现并与园林的兴衰相始终。颐和园的前身清漪园始建于清乾隆十五年，是清代在京西北郊建造的三山五园中最后的一座。清漪园命名于乾隆十六年，而清漪园的御船也出现于乾隆十六年。中国第一历史档案馆藏清漪园陈设清册中，记录了清漪园时期的十艘御船，名称有："镜中游、锦浪飞凫、芙蓉舰、澄虚、景龙舟、祥莲艇、万荷舟、九如意船、镜水、昆明喜龙舟等。"

其中，镜中游是一艘楠木黑彩漆装修船，船身长五丈九尺六寸，乾隆十六年六月初四日由浙江巡抚永贵恭进。锦浪飞凫是一艘彩漆湘妃竹装修船，身长四丈四尺，乾隆十六年八月由圆明园交进；芙蓉舰是一艘楠柏木油画装修船，身长五丈四尺四寸，乾隆十六年八月由圆明园交进；澄虚是一艘楠木装修船，身长四丈五尺五寸，乾隆十六年八月由奉宸苑交进；景龙舟是一艘彩漆装修船，身长五丈九尺九寸，乾隆二十年七月十五日由浙江巡抚杨廷璋进；祥莲艇是一艘紫檀楠木装修船，身长四丈三尺，乾隆二十二年七月十五日由普福进；万荷舟是一艘亭式船，身长四丈四尺二寸，乾隆三十年杭州府同知张铎进，此船舱内安楠木荷花式宝座和香几，与御船的名称相衬；还有九如意、镜水和昆明喜龙舟，此三艘船没有标注进献的时间和人名，应为清漪园自行打造的御船。九如意舟身长三丈三尺，上安花梨椅式宝座，黑漆五彩小照背；镜水是一艘楠木装修船；昆明喜龙五彩楼船长十三丈五尺，稍宽二丈八尺，舱深七尺，船上楼房一座，下檐面阔显三间，进深显七间，上檐后庑殿五间，面阔显三间，进深显五间，前重檐方亭一座，后稍八方舵亭一座（昆明喜龙船粘修销算银两册）。昆明喜龙舟是乾隆时期清漪园中最大的一艘游船，这艘御船是专为乾隆皇帝七十大寿赶制的。船高二层，上设有楼亭，船上陈设着各种古玩珍宝及佛像460余件，像一座豪华的水上宫殿。

清漪园时期还有两类舟船，一是水操战船，二是茶膳船。水操战船不仅在档案中有大量造船及修船的记录，还有绘制精细的水操图示，从中可以看到乾隆时期对昆明湖水操的重视。茶膳船是帝后游湖时的服务用船。

光绪时期的颐和园，被慈禧修造成为一座兼具政治、生活与娱乐功能的行宫，御船是其出行、游玩必不可少的工具，因此御船的制造是专门为慈禧量身定制的，特点是根据主人的身份打造装饰，宫廷生活气息浓重。光绪时期可见诸记载的颐和园御船有两类：一是帝后的游船，有名称的有镜春舻、木兰艘、水云乡、鸥波舫、平台船、位分船等；二是火轮船，有名称的有永和、翔云和捧日，是御船的拖带船。还有一艘安澜艑，船的外观是汽艇的形式，但是没有机械的动力。

大船坞老照片

大船坞现状

从上述记载分析，乾隆时期清漪园中的御舟样式比较新颖，打造精细，装修典雅，陈设精美。船的来源在园林修建前期多为其他园林调拨和大臣进献，后期有专项设计，御舟的文字记载较为翔实，但遗存至今能够见到的船样仅有“水操图”中的战船。此图全称《威远健字枪炮队健锐营马队、威远利字枪炮队外火器营马队水军炮船合操阵图》，图中绘制了乾隆时期清漪园昆明湖南湖岛至玉带桥之间水军操演的 12 个阵势，从中不仅可以看到炮船（水操战船）的样式，也印证了乾隆皇帝在清漪园昆明湖中操演水军的历史。

颐和园时期的御船为慈禧专属设计，注重身份装饰，出现了用火轮船为拖带船。此时期御船的文字记载较少，样式雷设计的图纸较全，珍贵的还有一件御船的烫样和许多历史的影像，这些为我们认识与了解颐和园及颐和园御船的历史发展提供了真实的证物。

炮船图样（中国科学院文献情报中心藏）

礮船 照此樣八隻

（二）样式雷设计的颐和园御船图（烫）样

至今发现的样式雷家族设计中以皇家建筑居多，御船设计存世较少，尤其是御船烫样至今可见的仅有一件，属于烫样中的罕见品种，极具史料与艺术价值，难能可贵的是，这些御船的设计、图纸、烫样、照片经过梳理，形成了一个完整的历史发展序列，对了解颐和园御船的建造及传承极具价值。

1. 御船图样

样式雷设计并存世的建筑图档超过二万件，其中对颐和园的建筑设计约有 700 件，而目前对皇家船舶的设计仅见到 30 多件，可以确定为颐和园御船的设计约有 20 件。

颐和园御船是帝后出行和游湖的御用船，不仅是水上的船只，还是御苑中游动的宫殿。御船与古建一样同为大木结构，设计程序是相同的。从存世的样式雷图档分析，样式雷设计图样的完整过程应有粗图（或草图）、精图（或详图）。精图又可分为总平面图、透视图、平面与透视结合图、局部放大图、装修花纹大样图等；在用途上还可分为进呈图、留底图、改样图等。每份图样都有相应的工程做法（做法册）和工程预算（算房高家档案）相配套。经过了历史战乱和百年流传，今日我们能看到的样式雷船样设计已经不完整，但经过梳理仍然可以形成从设计粗样到呈览细样的系列，能够反映出样式雷的设计思想和设计过程，为我们解析颐和园御船的设计、建造及历史流传提供了重要依据。

现在存世的样式雷设计御船图样主要收藏在中国国家图书馆、中国科学院文献情报中心和中国第一历史档案馆中。中国国家图书馆善本部舆图组收藏的船样均为黑白墨绘图，反映了清代御船从设计初始，并逐步细化图纸的过程。笔者所能见到的 20 张船样设计图，共涉及现办、现修、新拟等十艘（类）船，从图上草书或正书说帖上可以看到，图样中的现办船有平台式活轴八杆桅船、主位船、快船、茶膳船；现修的有军机船、纤船；新拟的有扑拉船，还有一些精细图绘制的没有标注说明的平台船、棚船和船的分体局部透视图等，大部分的图样都标有设计尺寸，如：“现办平台式活轴八杆桅船，通长三丈三尺”，“现办主位船，通长三丈”，“现办茶膳船，通长一丈八尺”，“新拟扑拉船，通长二丈九尺九寸”，等等。图样上标示的“现办”是正在进行的设计，“新拟”是准备进行的设计。从图样的设计形式、尺寸、说帖等可以看出平台船和主位船是帝后的御坐船，茶膳船和扑拉船则是御船的跟随船及服务用船。在中国国家图书馆收藏的船样中，有一张小御船的设计，船舱户设有宝座，上支搭船篷，黑白带透视及细部结构的设计图样上面没有任何说明，但绘制得非常精致。笔者曾在中国第一历史档案馆见到过一张彩图与此船相似，彩图年代为乾隆时期，船中宝座镶嵌着景泰蓝的座心，图案与颐和园藏乾隆时期的景泰蓝镶嵌宝座的图案近似，可惜当时不知是何处的游船，未能留下影像和记录。在中国国家图书馆收藏的船样中还有四张图上标注着“红船”“翔凤”船名，这两艘船的设计每种有两幅，先粗图后细图，其中标示着“翔凤”艇细图的文字是由粗图中“香凤”艇圈改而成。翔凤艇船名在《扬州画舫录》上有记载，是乾隆皇帝南巡时的一艘御用船。

镜春舻图样（中国科学院文献情报中心藏）

光绪时期，慈禧的一艘火轮船也曾沿用此名称“翔凤”。

由此可见，中国国家图书馆收藏的御船图样是清样式雷对皇家御船雏形设计的一部分，设计的年代为清代乾隆朝到光绪朝，虽然遗存的图样不完整，但在设计思路上可以看出，光绪时期的御船在一定程度上沿用了乾隆时期的御船形式和船名。但这张船样，不能明确是颐和园的御船设计。

中国科学院文献情报中心收藏的样式雷御船设计为一彩绘图册，全名《御座镜春舻水云乡平台船木兰艭鸥波舫位分船轮船炮船并车棚楼扑拉纤船册页》，该册页半页长约 37 厘米，宽约 25 厘米，封面和封底为厚约 0.7 厘米的檀木板。题名刻于封面正中，“御”字红色，其余填石绿，题名右侧刻有“光绪年月日”字样。内共有 16 幅绘制工整的彩色立面透视全图，涉及 14 艘有名字的御船：镜春舻、水云乡、平台船、鸥波舫、木兰艭、位分船、车棚楼船、安澜艑洋船、翔云轮船、捧日轮船、扑拉船、炮船、纤船、洋划子。图纸用黄绫包边。每图右上角都贴有黄纸说签，标明所绘船名及尺寸。彩图绘画精致准确，册页装潢庄重华丽，是进呈皇帝御览的准样设计。该图册封面刊刻注明为光绪时期的御坐船，也就是当朝慈禧太后、光绪皇帝及后妃的御用船只，但没有注明光绪朝的具体年份。从御船设计的形式、种类、数量 (炮船、纤船、洋划子、扑拉船的彩图上写明照此样做四只、做八只等) 等分析，这些御船是为光绪十四年出现的皇家园林颐和园设计的，不仅仿照了乾隆皇帝清漪园时的御船规模，还专为慈禧光绪量身定制。时年，只有颐和园的湖光山色才能够容纳如此高规格、大数量、多种类的豪华画船，而丰富的御船，又增加了昆明湖厚重的历史和独有的魅力。

中国第一历史档案馆藏慈禧的万寿专档，对上述御船有很真实的记载：“皇太后御用镜春舻船一只，停在颐和园内船坞；御用木兰艭船一只，停在西直门船坞；皇上御用水云乡一只，停在颐和园内船坞；御用鸥波舫船一只，停在西直门船坞；位分船二只，颐和园、西直门船坞各一只，均著安挂彩绸……”

此为光绪二十三年，慈禧 63 岁庆辰档案，证实了中国科学院图书馆收藏的样式雷御船画样是为慈禧、光绪及后妃专门设计的，而且按照设

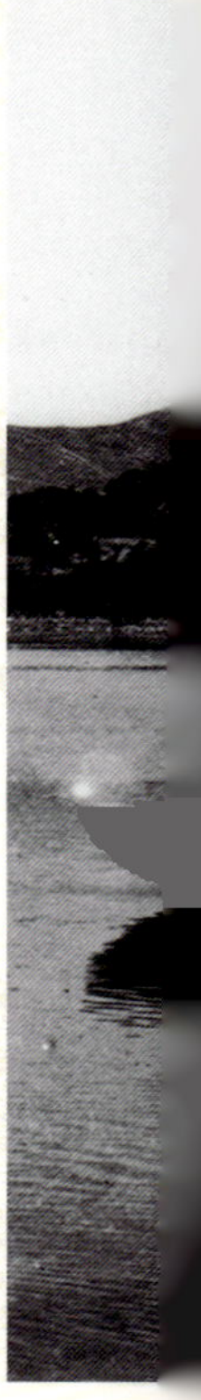

计完成了制造，成为颐和园中的专属御船。

近几年，由于国家的开放和文化的交流，一些承载着御船影像的历史照片陆续浮现，使我们对颐和园御船的设计、制作及流传过程有了进一步的了解。笔者以样式雷设计的御船彩图为基点，对颐和园御船的设计、制造及流传做一简要叙述，如下：

慈禧的御坐船“镜春舻”，船身通长六丈五尺，舱楼为带抱厦成两卷式的屋顶，上插一旗杆，旗杆上攀附着一只硕大的彩凤，凤凰的羽毛五彩斑斓，一双利爪紧握旗杆，身子竖立，头朝左，尾朝右，翅膀伸展作欲飞状。船尾飘扬着四面满覆流苏璎珞，绣着精致凤凰的旗帜。这艘船在图册中的设计尺寸最大，彩绘及装饰华丽，规格等级高，船主人的身份特点明确。“镜春舻”平日就停放在颐和园的船坞中，慈禧乘用游湖或从水路回紫禁城时，前面要用汽艇进行拖带。1930年，这艘船曾被国民政府修理待客营业，因此直至民国年间，还能在昆明湖上见到它的船影，只是船顶上的彩凤已经没有了踪迹。1938年，“镜春舻”沉入西堤附近的湖底。

民国时期仍在运营的镜春舻老照片

木兰艘老照片

“木兰艘”是慈禧在颐和园中的另一艘御座船，船长五丈七尺，船舱舱楼为一平顶、一歇山顶，装饰得比较华丽，但没有旗帜标志。这艘船平日停放在西直门倚虹堂船坞，供慈禧从水路往来颐和园时乘用。民国时期也被用来在长河上拉客运输。

木兰艘图样（中国科学院文献情报中心藏）

水云乡老照片

光绪皇帝的御坐船“水云乡”，船身通长六丈四尺，比“镜春舻”仅仅短了一尺。船楼为带抱厦三卷式建筑屋顶，船舱木架构安装着大玻璃，下部绘制淡淡的花纹，船体装饰高贵典雅，船尾立着四面龙旗表示着皇帝的身份。“水云乡”平日停泊在颐和园内的船坞里，皇上乘坐时，前面也要有火轮船进行拖带。清末民初，经常出没在昆明湖上，该船留下了许多历史影像。

水云乡图样（中国科学院文献情报中心藏）

光绪皇帝乘用的另一艘船名为“鸥波舫”，船身通长五丈六尺，虽然没有“水云乡”大，却非常有特色。这艘船的船楼建设得极为丰富，有歇山顶，方亭顶，卷棚、抱厦、平台等，船舱木构架大玻璃，四边有冰裂纹，装饰着蝙蝠、如意、福寿等，舱门有瓶式门和圆光门，建筑很华美。船上虽然未插龙旗，但依然可以看到主人的高贵。“鸥波舫”一般停放在西直门倚虹堂船坞内供光绪皇帝从紫禁城往来颐和园时乘用。

鸥波舫图样（中国科学院文献情报中心藏）

木蘭艭
船身通長五丈七尺

平台船（中国科学院文献情报中心藏）

在中国科学院文献情报中心珍藏的御船图册上还有几艘光绪后妃的座船，它们没有名字，其中一艘按照船舱楼的样式名为“平台船”，这艘船长五丈八尺，比光绪帝的御船整整短了六尺，船的样式很普通，船舱为中国典型的平台式古典建筑，但船尾处飘扬的四面凤旗表示着船主人的身份。《颐和园游船场所存船只清册》记载 :1928 年这艘“平台大船”在昆明湖沉漏。还有一艘“位分船”，也是平台样式，但体量仅有四丈五尺，比“平台大船”小很多。“位分船”装饰得比较素雅，蝙蝠式冰裂纹的窗子，船舱上部装饰卷草花纹，下部绘有蝙蝠和寿字。船身小巧精致，又不失皇家的大气。

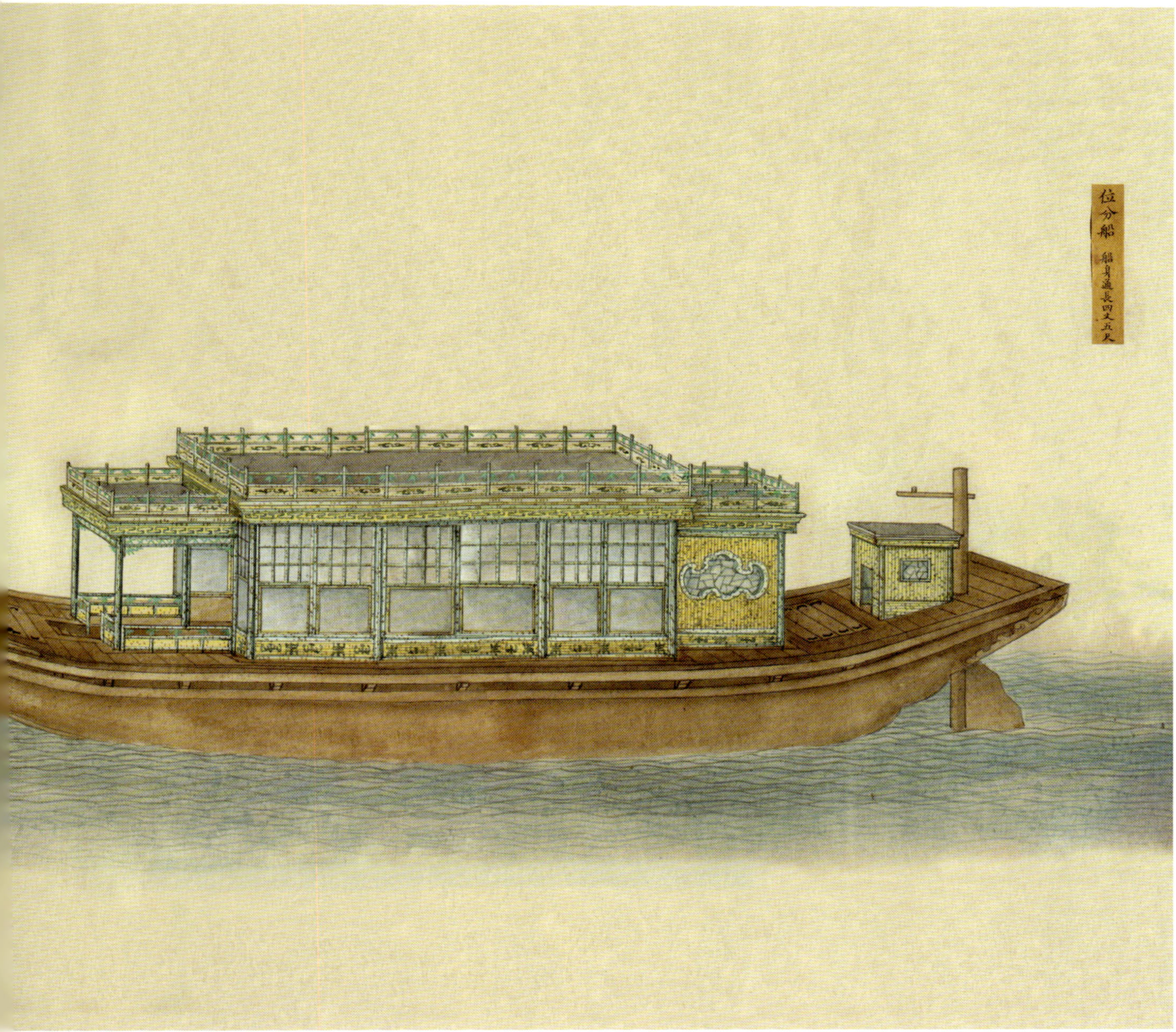

位分船（中国科学院文献情报中心藏）

安澜福老照片

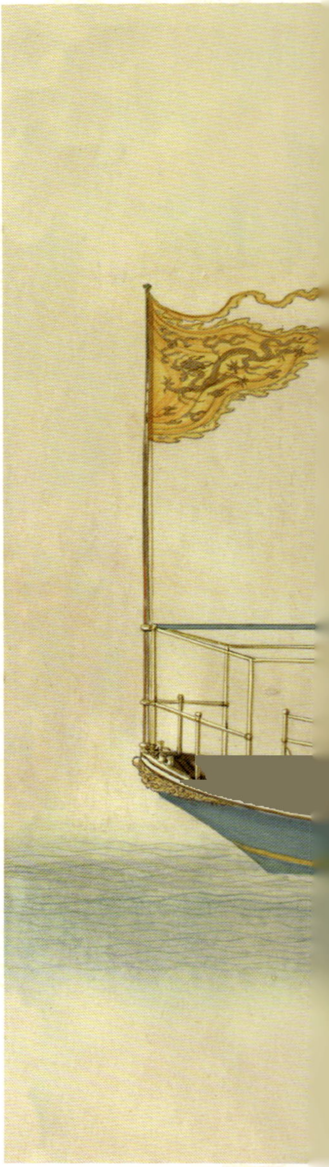

彩色图册中还有三艘御船不是大木结构的设计，其中“安澜福”被称为洋船。

安澜艑（中国科学院文献情报中心藏）

颐和园藏安澜福匾额

船头和船尾各安插一面龙旗，表示其皇家的身份。船上木制匾额雕刻精细，为慈禧太后御书。这艘御船在新中国成立后还停放在颐和园的船坞内，“文革”时期被锯碎卖了废铁，“安澜艑”匾额一直保存至今。还有两艘样式大致相同的轮船，名为“翔云”和“捧日”，它们的区别在于“翔云”中部无轮，“捧日”中部有轮，是慈禧光绪座船的拖带船。除此之外，图册中还有车棚楼船及扑拉船、纤船、洋划子等设计，是帝后游湖不可缺少的服务用船。

捧日轮船图样（中国科学院文献情报中心藏）

祥云轮船图样（中国科学院文献情报中心藏）

扑拉船与车棚楼船图样（中国科学院文献情报中心藏）

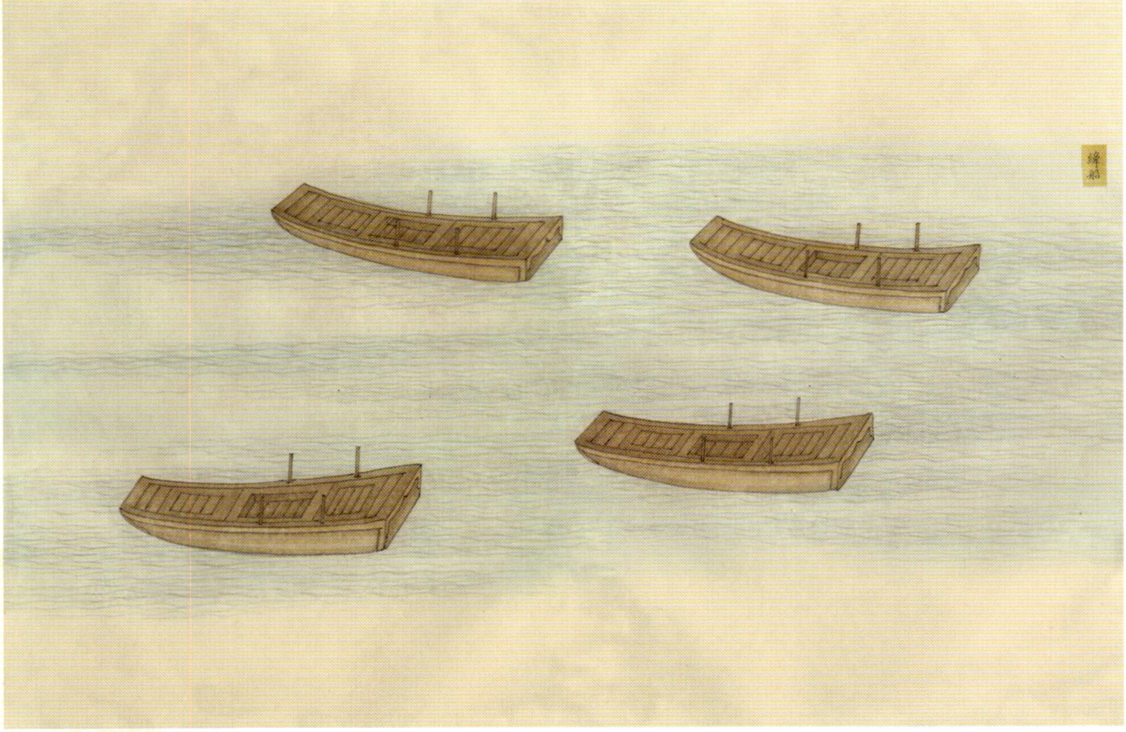

纤船图样（中国科学院文献情报中心藏）

洋划子图样（中国科学院文献情报中心藏）

洋划子
照此樣二隻

（二）御船烫样

烫样是设计图样在建造前按实物比例制作的模型小样，专供皇帝审定。模型小样以纸板、秫秸和木头为原材料，用剪子、毛笔、蜡版、小烙铁等制样褁烫成型而得名，是当时营造情况最可靠的记录。因而形象逼真，数据准确，具有极高的历史价值。“样式雷”设计制作的建筑烫样流传至今的约有上百件，大部分收藏在故宫，御船烫样存世仅见一件，并保存完好，十分不易。这件御船烫样原为一位美国老人收藏，老人去世后，其家人拿出拍卖，被北京一位著名的古家具专家购藏，珍贵的国宝才得以浮出水面，令人瞻仰。

御船烫样，长 1.07 米，前有双锚，后有舵桨，保存完整。船体为木制，外层油刷的大漆底下，是一层非常珍贵的鹿角胎漆，这种传统工艺一般只用于精致的古琴制作上，在故宫倦勤斋的珍贵家具上也使用了这种工艺，至今鹿角胎漆的工艺已经失传，御船烫样的出现，对考证御船的制作及工艺传承具有重要的价值。

御船烫样的船舱为二层，舱楼为一歇山顶一平台顶，自下层顶部以上，皆可分部件揭开，展现内部结构。烫样的构件、室内装修，均用工整的馆阁体黄签墨笔说帖标明各处尺寸，船舱下层标示“前抱厦进深六尺”“中殿进深八尺”“平台廊进深五尺”“后殿进深一丈”；上层“敞厅进深七尺”“上层平台面宽七尺”等；舱内装潢“二面水纹式嵌梅花落地罩”“雕作二面蝠流云罩”“二面灯笼框碧纱橱”等；船舱的窗扇使用了中国早期进口的赛璐珞透明胶片，周边饰以万福万寿纹，全船苏式彩绘山水、人物、花鸟，颜色华丽，色彩丰富。船头上说签虽然有损，但可看到残存墨迹：“身通长五丈七尺，加长三尺，改进通长六丈。”说明烫样已经过皇帝审定，才要加长改进。这件御船烫样制作得不仅精致考究，重要的是它与颐和园御船的设计、制作和流传都有着重要的关系。御船烫样的船舱与中国国家图书馆收藏的 350-1351 设计图中的船舱样式极为接近，整体与中国科学院文献情报中心收藏的彩图木兰艭大体相似，还和 1900-1906 年间日本人山本赞七郎拍摄的停靠在颐和园昆明湖西

堤岸边的御船基本一致。把墨图、彩图、烫样、历史照片排列在一起，就能很直观地看到颐和园御船从设计初稿、完善细稿，再到制作小样、完成大船制造的全过程，这个过程反映了颐和园御船变迁的历史和当时的建筑设计、工艺制作及文化传承的历史，也反映了清代统治者在皇家园林颐和园中的物质和精神追求，是进行颐和园历史文化研究的珍贵实物。目前，在样式雷图档的传世设计中，像颐和园御船设计能够达到如此序列的并不多见，可用于研究雷氏的设计思想和设计制造过程。

（三）颐和园御船文化的保护与发展

颐和园是中国清代建造的最后一座皇家园林，在中国古代园林发展史上具有重要的地位，同样在中国御船文化的保护与发展中，也有着举足轻重的价值。样式雷设计并遗存至今的御船图（烫）样，为我们研究、考校、复原已经消失了近百年的颐和园皇家用船提供了重要的数据和历史依据，尤其是清晚期颐和园御船的模型样本，极具史料与艺术价值，可资重建之用。

从20世纪90年代开始，颐和园依据清宫档案，开始复原曾经在昆明湖上出现过的御船，因为当时没有影像资料，仅凭档案中的文字描述进行设计，如园中的“太和号”，是按照清漪园时期乾隆皇帝最大的御船“昆明喜龙”设计建造的；“安澜艑”是根据记载中的慈禧三卷屋顶的御坐船设计建造的，并将慈禧书写的匾额挂在了船上。还有大大小小的龙舟画舫都是仿造古意建造的。如今，可以借助样式雷的图样、烫样进行一些重建设计，重新恢复其旧貌，保护和发展颐和园的御船文化，保护颐和园的历史文化。

总之，颐和园御船设计画烫样，是样式雷舟船设计最直观的表现实物，展示了中国古代舟船在设计、科技、绘画及传统工艺等方面真实的历史信息，是颐和园进行历史文化发掘和研究、保护、利用的重要依据。颐和园御船设计画烫样，历史序列完整，不仅对样式雷图档具有珍贵的研究价值，对中国清代皇家的舟船也有着极其实用的传承价值。

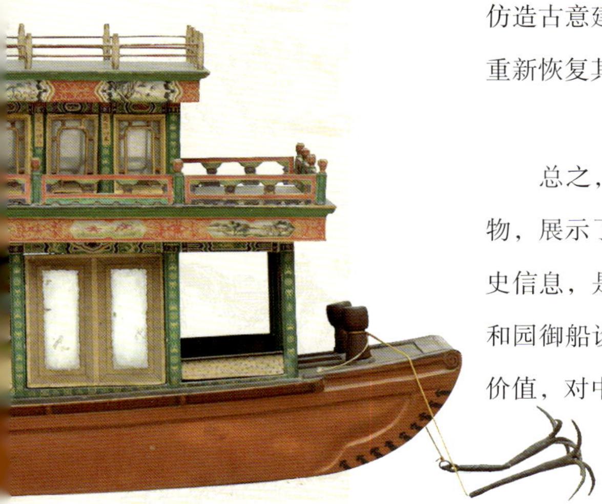

图书在版编目（CIP）数据

明珠耀“两河”：西山永定河与大运河文化带中的颐和园 / 北京市颐和园管理处等编著．--
北京：国家图书馆出版社，2019.4
ISBN 978-7-5013-6509-8

Ⅰ．①明… Ⅱ．①北… Ⅲ．①颐和园－文化研究 Ⅳ．①K928.73

中国版本图书馆CIP数据核字（2018）第228272号

书　　名　明珠耀“两河”：西山永定河与大运河文化带中的颐和园
著　　者　北京市颐和园管理处　国家图书馆
　　　　　中国科学院文献情报中心　北京市海淀区档案馆　编著
责任编辑　王燕来　景　晶
装帧设计　一瓢文化 · 邱特聪

出　　版　国家图书馆出版社（100034　北京市西城区文津街 7 号）
　　　　　（原书目文献出版社　北京图书馆出版社）
发　　行　010-66114536　66126153　66151313　66175620
　　　　　66121706（传真）　66126156（门市部）
E-mail　nlcpress@nlc.cn（邮购）
Website　www.nlcpress.com →投稿中心
经　　销　新华书店
印　　装　天津图文方嘉印刷有限公司
版　　次　2019 年 4 月第 1 版　2019 年 4 月第 1 次印刷

开　　本　889 × 1194（毫米）　1 / 16
印　　张　15.25

书　　号　ISBN 978-7-5013-6509-8
定　　价　380.00 元